JN114890

中央大学人文科学研究所　研究叢書73

考古学と歴史学

小林 謙一 編著

中央大学出版部

序　文
―――「考古学と歴史学」私見と試行の一つとして―――

　考古学と歴史学の関係は、深くて遠いものがあると思う。その学問としての成り立ち、目的、手法、研究方法や扱う資料のそれぞれにおいて深い関連性と相反するほど異なった面との両面を持っているといえるのである。

　学問としての成り立ちから考えてみよう。歴史学はヘロドトス、司馬遷を挙げるまでもなく、人類社会が言語を獲得した段階にはその概念は存在していたと考えられるし、文字を発明した直後には歴史記録が意識的無意識的にかかわらず、身の周りを囲んできたといえるだろう。すなわち、人間の意識のなかに時間的感覚があるならば、大なり小なり歴史概念は存在したものと思われるし、それを歴史学として認識したのは文化のはじまりに近い段階だととらえることができるのではないだろうか。それに対し、考古学は、博物誌として万物に対する興味関心のなかから、特に「過去のもの」に対する関心として現れてきたととらえられるが、少なくとも「考古学」として認識されるにいたるのは、人文科学の諸分野の中でも比較的新しい時期に位置づけられるのではないだろうか。シュリーマン、木内石亭など近世・近代と呼ばれる時代に先駆者が現れてくるというのが一般的な理解といえるだろう。

　そもそも分野として考えた場合、歴史学は文字通り「歴史学」という分野であるということに大きな異論はないだろう。それに対し、「考古学」は、日本では「歴史学」の一分野という理解が一般的ではないだろうか。しかしながら、考古学が歴史学に属する、そればかりか人文科学に属するという理解は、世界共通のものではない。アメリカでは「人類学」、しかも本来は形質人類学とともに自然科学に含まれるものであった。もともとは、アメリカ大陸にいた先住民、自らと異なる文化に対する理解を求める学問として、当

時の人種・種族という概念に基づいた、骨から違いを探る形質人類学、文化物からその文化体系を探る文化人類学が存在しており、主にその方法論的骨子を探る方法として発達してきたのが考古学なのである。そのため、明治初期にアメリカの動物学者モースによって伝えられた日本の考古学は、東京帝国大学では理学部に所属していた。一方で、ヨーロッパではギリシャ・ローマ時代の古典期といわれる遺跡・遺物の研究として考古学が発達してきたため、歴史学の一部としての性格が強く認められたが、進化論の発展とともに化石人類の研究が盛んとなり、その古人類が用いていた石器類の研究や、農耕や鉄利用の発生に関する興味関心から、考古学的調査が広がるにつれて、次第に考古学が独自の地歩を占めるに至ったといえる。

その点、日本では明治期に中途半端な形で考古学の発掘が伝わったのち、江戸期からあった好古・尚古といわれる古物趣味や、国学のなかで上古の天皇家さらには日本古来の国家の成立に興味関心をもつグループが古事記・日本書紀や魏志倭人伝の検討と相まって、古墳などに対する関心を深めていった経緯がある。有名な水戸黄門と一般に呼ばれる水戸光圀が那須国造碑の研究に関連して古墳の発掘をおこなったことは、その一例として挙げられる。明治期にも日本人の起源という今も続く議論が国民的な関心を集め、コロボックル論、アイヌ説、原日本人論というように人種論争が盛んとなっていた。昭和の時代までは考古学は歴史学の補助学問と位置付けられてきた、すなわち、文字記録のない原始・先史時代は考古学によって歴史復元を果たす必要があるだけだといわれてきたに等しい。

そうしたなかで、山内清男、小林行雄といった才人が、大正期から昭和初期にかけて、考古学の科学的背景を整えてきた。考古学によって、文献史学が描くのと異なった歴史的復元を果たしえるということを具体的に示したと評価できる（時代的制約もあり対象としたのはあくまで先史時代であるが）。その烽火となったのが、著名な歴史学者喜田貞吉と「縄紋の父」と呼ばれる山内の間で戦われたミネルヴァ論争であることは興味深いところである。

歴史学と考古学とは、人類社会の時間的復元という共通した目的をもつと

いう点で大きくは同一分野にくくれるが、その意図するところは微妙にずれているといえる。

　当然ながら分析対象として扱う史料が異なっている点も重要である。歴史学、その基幹をなすのは文献史学であり、文字記録、絵図など人が意識的に記してきたものを対象とする。それに対し、考古学は、土中に埋まっている物質（遺物）や痕跡（遺跡・遺構）を対象とするが、それは人が無意識的に廃棄したゴミがほとんど（意識して埋置した墓や経塚という場合もある）である。その扱う史料・資料自体が大きく異なる性格をもっている。もちろん、発掘される文字資料という点で考古学と歴史学が共有する資料もあり、文献史学でも料紙など記録媒体に対する物質的研究では考古学的手法も重視されるのであって、完全に分離しているわけではない。

　対象史料が異なるのであるから必然的に研究の方法論も異なってくる。まず資料の扱いが異なっているのではないだろうか。歴史史料は、原典の劣化という点を除けば、対象となる史料自体は実体性が十分に保証されており、史料批判はその由来・真贋から内容の読解・解釈に関する点での検討によることにある。一方、考古学では土器・石器といった遺物は確かに実体をもっているが、完全な形で出土することは少なく、材質によっては劣化・欠落を伴うし、なによりも出土状況などの文脈は限定的な記録にたよることになる。まして遺構・遺跡といった「調査地」は、考古学的情報の大きな部分を占めるが、掘り出した状態をそのまま保管することはできず、発見された状況を完全な形で復元することもできない。すなわち、少なくとも「遺跡」レベルでは完全な形での史料批判は困難であり、2次加工された調査報告書という記録の上で検討することしかできない。今後、立体写真や3次元デジタルデータによる記録として、より情報の保全や共有化は進むと思うが、調査は破壊と裏表の関係にあり、一度調査した過程を再び戻して再現することはできない。再現性には限界があることは明らかであり、考古学の主要な研究手段である発掘調査が再現性のない一度限りの実験であるという状況は基本的に変えることはできないのである。

　もちろん、どのような学問にも完全はなく、文献資料には勝者の記録が上書きされており、意識的に書かれた事柄しか残らないこと、逆に考古資料は意識的無意識的に限らず、廃棄されたものは痕跡として残されるが、埋没環境や材質によって残されないものがあるなど、もともと多くの限界をもった材料しか与えられていない。それぞれの利点・弱点を補い生かすことが研究方法を発展させてきたのであるから、分野によって研究方法に異なりがあるのは当然である。人文科学と自然科学が、過去、現在の謎の解明に協同して当たっていく必要があるように、過去の文化の解明に歴史学、考古学、さらに民俗学、人類学が協同して当たっていくべきことは、さらに頻度が増すことがあっても必要性をなくすことは決してないであろう。その一点において学問分野の壁を越えて共同研究を果たしていくことが重要であることは、疑うべくもない。その一点が、我々の研究会チーム「考古学と歴史学」を立ち上げた所以であり、特段に何かを具体的に明らかにすることを目的としてきたものではないことは、お断りしておきたい。

　研究会チームでは2016年度から2019年度の1期4年間で多くの研究会、資料調査をおこなったほかに、2017年12月16、17日には当時並行して進めていた小林の科学研究費基盤B「炭素14年代測定による縄紋文化の枠組みの再構築」成果報告会とあわせて人文研公開研究会をおこなった。本書は、研究会チームのメンバーである西川広平、遠部慎、永田悠記とともに、公開研究会に参加いただいた佐々木憲一、工藤雄一郎、河西学、建石徹の各氏の論稿を集めた。佐々木憲一は上記の公開研究会で発表した古墳時代の出土文字資料をとりあげ、当時の日本列島に暮らす人々にとっての文字の認識について、掘り下げた。公開研究会において発表者となった河西学、工藤雄一郎、建石徹は、その研究会の際の「文化のはじまり」を探るというテーマに、各々の立場に応じた自然科学的アプローチによって挑戦した議論をまとめた。すなわち、河西は胎土分析から土器製作の実態を、建石は黒曜石の産地推定から過去の流通の復元を、工藤は漆という物質文化のあり方から文化史的な再構成を目指した具体的研究例を示した。

　西川広平は、別の研究会で論じた開発の痕跡について、絵図史料・文字史料などの文献史学的アプローチと土地に残る考古学的アプローチの両面から迫る歴史的接近法を披瀝した。準研究員として参加してきた永田悠記は「信仰」という考古学的遺物にも文字記録にも残りにくいテーマに、自らの研究フィールドに立って挑戦した。遠部慎は考古学でも歴史学でもない第三の視点として民俗学的アプローチをあえて導入した議論を開陳した。一方で、私は本来研究会代表者として正面から「考古学と歴史学」というテーマに挑むべきであったが、抽象的な次元の議論を展開するよりは日本列島における、または人類史における歴史的画期を探る具体例の一つを意識し、現在関心を抱いているテーマである日本列島での新石器文化である縄紋文化の成立過程の一端として、定住化を取り上げることとした。うろんと感じられるかもしれないが、歴史上の画期の一つ一つをきちんと議論していく土台を示すことが、考古学の側に身を置く私が「考古学と歴史学」という関係に対して発するべき意見であると考え、記したことをお許しいただきたい。

　私を典型例とするように、「考古学と歴史学」と銘打った看板に比して何ら正面からの意見の明示はないことについては、開き直るようではあるが、答えはないものと受け取って貰いたい。もとより、我々の研究は全く未完成のものではあるが、今回各自の研究成果がまとまったのを機会に第1期の研究会チームの活動を終え、第2期の研究会チームとして発展させていくこととした。考古学と歴史学という、我々にとっては古くて新しい問題点、すなわち両分野にとって共同研究の模索という場は原点回帰なのか、新たな方法論へ向けての脱皮なのかを問い続けていきたいと考えている。我々にとって、というよりも、なによりも「私」にとっての問いかけではあるのだが。

　2020年2月

　　　　　　　　　　研究会チーム「考古学と歴史学」

　　　　　　　　　　責任者　小 林 謙 一

目　　次

子産石の民俗
──四国地方を中心に──

縄紋時代草創期の住居状遺構からみた定住化

小 林 謙 一

は じ め に

　人類社会の歴史の始まりは先史時代に遡る。先史とは、文字史料による歴史記録以前という意味であるが、実際の人類の歩みが文字記録以前から営まれていたことは明らかであり、文字に書かれていなくとも物質史料として遺跡・遺物といった考古史料から歴することができると捉えられる。すなわち、大地に刻まれた証左から、その営みの歴史をたどっていく必要がある。人類の歩みを大きく進展させえた画期である、火や石器などの道具の利用、言葉、土器という加工製品の製作、栽培・農耕の発明といった事柄に比されるイベントとして、定住生活の開始が挙げられる。それは、家族・社会の成立とも関連し、栽培に続く高度な植物利用に係わる生業活動や、物々交換などを含む集団間の相互作用に基づく社会活動へと展開していく基点となっていると評価できる。一定空間を占める一箇所に定着することによって、同居する集団の結びつきが固定化され、同時に他の場所にいることが認知できる集団同士での関係が固定化できるからである。そうした一定箇所への定着度を測る考古学的尺度として、居住用の施設すなわち住居跡の存在が重要と考えられる。

　筆者は、1980年代後半に神奈川県藤沢市に所在する慶應義塾湘南藤沢キャンパス内遺跡（以下SFC遺跡）の調査に参加し、縄紋草創期の良好な生活

痕跡の調査に係わることができた（小林 1992）。ほぼ同じ時期に横浜市花見山遺跡や藤沢市南鍛冶山遺跡の縄紋草創期住居状遺構の調査に接し、さらに相模原市田名向原遺跡における旧石器時代住居の年代測定に係わったことが契機となり、草創期住居の年代測定について論ずる機会を得た（小林 2008）。その後、神奈川県内における小保戸遺跡の住居状遺構をめぐるシンポジウム（小林 2014）、上黒岩岩陰遺跡を中心とした草創期居住に関するシンポジウム（小林 2019）などにも参加し、縄紋草創期の AMS 法炭素 14（以下 ¹⁴C と略記）年代測定結果についても加味しつつ、筆者なりの縄紋草創期における居住形態の分析をつづけてきた。本稿は、縄紋時代草創期の住居状遺構を集成し検討することで、縄紋時代の成立に深く係わる「定住生活」の定立について検討していくこととする。

1　後期旧石器時代から縄紋時代移行期にかけての 住居施設跡の認定基準

縄紋時代前期以降と異なり明確な竪穴が少なく炉や柱穴の痕跡を認めることも難しい場合が多いなど、旧石器時代から縄紋時代移行期にかけての住居状遺構の認定の難しさは、居住活動を探ることが困難な研究状況の背景となっている。縄紋時代草創期の住居遺構の認定についても同様の問題を抱えており、考古学的な事象からどのように居住施設を実証的に示しうるかが問題となる。まずは旧石器時代の住居の認定について研究史的に振り返っておくこととする。

鹿児島県上場遺跡、群馬県小暮東新山遺跡、福岡県椎木山遺跡、鹿児島県水迫遺跡の旧石器時代の住居とされていた遺構について再検討した稲田孝司は、周氷河地域では地層の擾乱が通有でもあり、住居としての認定が難しいことを示しつつ、判断の条件として以下の 3 点を挙げている（稲田 1988）。

1)　一定の構造を持ち、それが安定した状態にあること。

2)　旧石器時代と判定可能な遺物を伴い、住居構造と遺物分布に有機的な

関連がみられること。

3)　住居の上を安定した無遺物層が覆い、新しい時代の遺構遺物との見分けが明確なこと。

　近年では、神奈川県において田名向原遺跡・小保戸遺跡の住居状遺構の可能性がある遺構についての議論が盛んとなった。栗原伸好は田名向原遺跡の住居状遺構の上屋構造の復元に触れる中で、旧石器時代の住居状遺構を「雨・風・暑さ・寒さ・外敵から身を守るために構築された前後・左右および上部の一定空間を人為的に囲ったもの」と定義（栗原2010）する。

　縄紋時代草創期・早期の住居跡についても、草創期・早期段階など、不明瞭な痕跡が残される場合は、旧石器時代の住居と同様に認定の上での問題点が少なくない。筆者は、SFC遺跡II区調査区における縄紋時代草創期住居状遺構の確認において、縄紋時代草創期の住居状遺構の認定条件を以下のように整理した。これらの点は、上記の稲田孝司が旧石器時代の住居について検討を加える基準とした①住居構造、②遺物の伴出、③遺存状態がよく後世の遺構遺物の影響がないこと、の3つの事項を考慮しつつ、草創期の状況を考慮したものである。

①　住居構造：柱穴、床面状の硬化面や落ち込み、炉または炭化物集中・焼土について、すべてまたは複数の項目において人為的な所作の痕跡が認められること。

②　遺物出土状況：遺物分布が集中域を持ち、遺構と考えられる範囲と重なるまたは隣接するなど明確な関連を示すこと。層位的に安定した出土を示すこと。

③　遺構の遺存状態が良好であること、また調査の記録が明確で後からの検証に耐えられること。

　以上の3点は、定住化初期である縄紋時代草創期の住居状遺構の認定に必要条件となると考える。さらに年代測定（可能な限りその遺構に伴うことが確実な炉内出土炭化物などの炭化材片や、出土土器付着物）が必要である（小林2008）。例えば旧石器時代の住居状遺構と認識された田名向原遺跡にお

いても柱穴2穴（ピット2、4）および炉内から水洗選別で得られた炭化物3点について¹⁴C年代測定をおこなった結果が、1σの誤差範囲以内で一致し、中心値である17,960¹⁴C BPを中心とした年代に、炉内などに残された燃料材が伐採され使用されたことが想定できた（小林2008）。このことは遺構の遺存状態が良く上面からの炭化物の混入がないことを示すとともに、その遺構の帰属時期を端的に示してくれる。多くの場合は報告書の上からの検討になるが、そうした検討がおこなわれることを前提に、まずは可能性がある遺構について集成しておくこととする。

2 日本列島における旧石器時代の住居状施設跡の可能性がある遺構

　大阪府はさみ山遺跡や、神奈川県田名向原遺跡における旧石器時代の住居状遺構の発見によって、旧石器時代にも住居に相当する施設が構築されていた可能性が指摘されるようになった。同時に、その認定基準の難しさから、前述のように稲田孝司らによって厳しく資料批判もおこなわれている。言うまでもないことであるが、こうした検討は、旧石器時代の住居に限ったことではなく、当然縄紋草創期の住居にも当てはまるほか、筆者自身が早期の住居について調査や集成作業をおこなった際にも改めて再認識してきた点であると言える。本稿では旧石器時代の住居状遺構自体を扱うことを目的としていないため、岡村道雄の集成（岡村1990）と、かながわ考古学財団が旧石器時代の住居状遺構について検討した際の資料集での集成にその後の事例を加味した集成を表1に示すことで、簡単に概略しておきたい。なお、新堤遺跡、駒形遺跡など詳細未確認の遺跡を含むが、ここでは岡村らの集成に従う。ただし、岡村の集成に含まれる座散乱木遺跡例については2000年前期旧石器遺跡ねつ造事件後の検証結果に従い、削除する。

　北海道端野町上口遺跡A地点では、長軸1.9mで深さ7cmの楕円形の浅い掘り込みがみつかっている。石器製作時の砕片と考えられる十勝石ととも

に炭化物が多く含まれる径 40cm、深さ 10cm の穴が西寄りの位置に設けられており、炉と考えられた。なお、端野町内では近くの吉田遺跡においても、中本 A 遺跡と同じ火山灰の下から焼土と柱穴とがセットでみつかっているが、トレンチでの調査であり全貌は明確ではない（加藤・藤本 1969）。

　上口遺跡と同じく加藤晋平らが調査した北海道北見市中本遺跡では、3 m 内外の円形の浅い落ち込みで、炉を有する 1 基と炉を有さない 1 基の、計 2 基の住居状遺構が検出されている（加藤・桑原 1969）ほか、加藤によれば釧路市大楽毛遺跡でも旧石器時代の浅い落ち込みの住居状遺構が検出されているという。

　神奈川県相模原市田名向原遺跡は、相模原市の台地上に存在する旧石器時代遺跡で、環状にめぐる柱穴群、2 箇所の炉と考えられる炭化物集中とその内部に遺物が集中し、柱穴群の外部に礫などが環状にめぐる状況が検出され、住居状遺構と想定された。住居状遺構の付属施設である柱穴 2 穴および炉内から水洗選別で得られた炭化物を 3 点、^{14}C 年代測定をおこない、おおよそ 17,960^{14}C BP を中心とした ^{14}C 年代にまとまった。較正年代を算出すると紀元前 19,000 年（cal BC）を越えた年代となった。

　神奈川県相模原市小保戸遺跡のローム層 B1 層下部の旧石器時代第 3 文化層において検出された「環状礫群」とされる第 7 ～ 10 号遺物集中は、直径 3.3 ～ 5.0m の範囲で焼けた礫（および石器類・炭化物）が環状分布を呈する遺構で、相模原市田名向原遺跡の住居状遺構と対比される可能性が指摘された（栗原 2013）。栗原伸好は環状の範囲内での礫・石器製作の分布状況と中央部に炭化物集中が存在することから、上屋構造を持っていたと推定している（栗原 2013）。

　新潟県荒屋遺跡では、竪穴住居状遺構 1 基と土坑 23 基が検出された。遺構は重複し、多量の焼土や炭化物を含む堆積土であった。炭化物は、キハダなどの木片やオニグルミなどの種子であり、^{14}C 年代で約 14,000BP（較正年代で 17,250 年前）の測定結果であった。出土石器は、細石刃が 6,000 点、彫刻刀形石器が 1,000 点、彫刻刀スポールが 9,000 点を超え、総数 10 万点にの

表1　日本列島における旧石器時代住居状遺構一覧

遺跡	地域	所在	遺構名	時期	平面形	断面形	長軸 m	短軸 m	深さ m	柱穴	炉	分類	遺物分布	文献
中本	1 北海道	北海道北見市	1号ピット	細石器	楕円形	皿状	3	2	0.12	なし	中央部	IBc1 イ	内部4点	加藤晋平・桑原護 1969 [中本遺跡]
中本	1 北海道	北海道北見市	2号ピット	細石器	隅丸方形	皿状	3.4	2.4	0.2	なし	なし	IBa1 ロ	重複	加藤晋平・桑原護 1969 [中本遺跡]
上口 A	1 北海道	北海道端野町		細石器	卵形	皿状	1.9	1.7	0.7	なし	西側・炭化物集中の浅い堀り込み	IBc1 イ	立川ポイント・石器製作	加藤晋平・藤本強 1969 [1万年前のたんの]
炉辺	1 北海道	北海道		細石器	?	平坦	9	8	0	?	なし	IAa-	? 住居跡外に炭化物集中する	会田容弘 1992 「旧石器時代の住居遺構」『考古学ジャーナル』351
新堤	2 東北	山形県	(住居跡)	ナイフ形石器後葉	半円形	平坦	?	?	0	3以上	?	IA-5	不明	岡村道雄 1990 『日本旧石器時代史』
越中山 A′	2 東北	山形県鶴岡市		ナイフ形石器後葉	半円形	平坦	4	2	0	5柱穴列	中央	IAc3 イ	A3ブロックと重複	加藤稔 1975 「山形県越中山遺跡 A 地点第2次発掘調査略報」
小保戸	3 関東	神奈川県相模原市	7号遺物集中	ナイフ形石器後葉	略円形	平坦	3.4	3.3	0		中央やや北寄りに台石・浅い堀り込み	IAb- イ	B1層下部に環状分布する礫群、内部に石器72点・炭化物	栗原伸好ほか 2013 「小保戸遺跡」かながわ考古学財団調査報告288
小保戸	3 関東	神奈川県相模原市	8号遺物集中	ナイフ形石器後葉	略円形	平坦	3.8	3.7	0		中央に台石	IAd- イ	B1層下部に環状分布する礫群、内部に石器57点・炭化物	栗原伸好ほか 2013 「小保戸遺跡」かながわ考古学財団調査報告288

遺跡名	番号	地域	所在地	遺構名	石器	平面形	断面形				柱穴	炉	分類	備考	文献
小保戸	3	関東	神奈川県相模原市	9号遺物集中	ナイフ形石器後葉	略円形	平坦	3.4	3.4	0		中央に炭化物が密	IAc-イ	B1層下部に環状分布する礫群、内部に石器59点・炭化物	栗原伸好ほか2013「小保戸遺跡」かながわ考古学財団調査報告288
小保戸	3	関東	神奈川県相模原市	10号遺物集中	ナイフ形石器後葉	略円形	平坦	5	5	0		なし	IAa-イ	B1層下部に環状分布する礫群、内部に石器700点、石器製作址	栗原伸好ほか2013「小保戸遺跡」かながわ考古学財団調査報告288
田名向原	3	関東	神奈川県相模原市	住居状遺構	ナイフ形石器後葉	円形	平坦	10.5	9.8	0	外周円礫内側10、中央2	中央2基	IAc3 イ	内部に3037点	相模原市教育委員会2004『相模原市埋蔵文化財調査報告書31 田名向原遺跡II』
赤山	3	関東	埼玉県川口市	住居址状遺構	ナイフ形石器中葉	馬蹄形	平坦	5.9	4	0	11	なし	IAa5 ホ	ブロックと重複	辻本崇夫・伊藤健1989「赤山」川口市遺跡調査会報告第12集、金箱文夫編
池花南	3	関東	千葉県四街道市	竪穴遺構	ナイフ形石器後葉	隅丸方形	竪穴	2.6	2.2	0.4	なし	なし	IIa1 ロ	北東部28点と重複	渡辺修一1991「池花南遺跡第2文化層」『四街道市内黒田遺跡群』千葉県文化財センター調査報告第200集
ナキノ台	3	関東	千葉県	住居跡状竪穴遺構	ナイフ形石器後葉	円形	竪穴	2.9	2.7	0.32	壁沿い9、内側12	?	II-12 イ	遺物なし、5m東にB	(財)千葉県文化財センター1983『千葉県文化財センター年報』No.9
上和田城山	3	関東	神奈川県大和市	遺構	細石器	楕円形	皿状	4	3.2	0.6	周辺8、内側21程	?	IB-15 イ	遺物なし	曽根博明・中村喜代重1979「上和田城山」大和市文化財調査報告書第2集

遺跡名	地域	都道府県	住居状遺構	ナイフ形石器	(桁)形	竪穴					炉		遺物	文献
木暮東新山	3 関東	群馬県前橋市	住居状遺構	ナイフ形石器後葉	円形	竪穴	4	4	?	7	なし	IIa5 イ	遺棒から300点	群馬県教育委員会 2011『小暮東新山遺跡』群馬県農政部
荒屋	4 北陸	新潟県川口町	竪穴住居遺構	細石器	隅丸方形	皿状	3.9	2.4	0.21	未確認	中央部	IBc- ロ	北部で重複	東北大学文学部考古学研究室 1990『荒屋遺跡―第2・3次発掘調査概報―』川口町教育委員会
駒形	5 中部	長野県		有舌?	円形	皿状	3.8	3.6	0.2	なし	中央石組炉	IBc1 イ	炉を中心に8点	岡村道雄 1979「旧石器時代遺跡の基礎的な理解について」『考古学ジャーナル』第167号
はさみ山	7 近畿	大阪府	住居址	ナイフ形石器中葉	楕円形	皿状	6	5	0.3	7以上/内傾	なし	IBa2 イ	内部と外側、中間空白	一瀬和夫 1987「大阪府はさみ山遺跡」『日本考古学年報』38
南花田	7 近畿	大阪府	竪穴状遺構(26-50)	ナイフ形石器中葉	不整円形	皿状	2	1.6	0.15	周囲6、中央1	?	IB-23 イ	内部で重複	安里進・竹原伸次 1988『南花田遺跡発掘調査概要Ⅲ』大阪府教育委員会
南花田	7 近畿	大阪府	竪穴状遺構(26-31)	ナイフ形石器中葉	不整円形	皿状	3.8	2.8	0.15	落ち込み周縁4/外	なし	IBa10 イ	内部で重複	安里進・竹原伸次 1988『南花田遺跡発掘調査概要Ⅲ』大阪府教育委員会
南花田	7 近畿	大阪府	竪穴状遺構(25-10)	ナイフ形石器中葉	不整楕円形	皿状	2.8	1.8	0.36	なし	なし	IBa1 イ	周辺に分布	安里進・竹原伸次 1988『南花田遺跡発掘調査概要Ⅲ』大阪府教育委員会
西ガガラ	8 中四国	広島県	1号住居跡	ナイフ形石器前葉	楕円形	平坦	3.5	2.9	0	9~10	なし	IAa5 イ	内部1点、北にB5	河野正利・藤野次史 1988『広島大学総合移転地埋蔵文化財発掘調査年報』Ⅵ、広島大学総合移転地埋蔵文化財調査委員会

遺跡	地域	県	遺構	石器	平面形	床面						類型	備考	文献
西ガガラ	8 中四国	広島県	2号住居跡	ナイフ形石器前葉	楕円形	平坦	3.4	?	0	5	なし	IAa5 イ	内部なし、北にB5	河野正利・藤野次史1988『広島大学総合移転地埋蔵文化財発掘調査年報』VI、広島大学総合移転地埋蔵文化財調査委員会
西ガガラ	8 中四国	広島県	3号住居跡	ナイフ形石器前葉	楕円形	平坦	4	3.2	0	10	なし	IAa5 イ	B5北部と重複	河野正利・藤野次史1988『広島大学総合移転地埋蔵文化財発掘調査年報』VI、広島大学総合移転地埋蔵文化財調査委員会
西ガガラ	8 中四国	広島県	4号住居跡	ナイフ形石器前葉	楕円形	平坦	4.2	3.4	0	10	なし	IAa5 イ	内部2点、南にB5	河野正利・藤野次史1988『広島大学総合移転地埋蔵文化財発掘調査年報』VI、広島大学総合移転地埋蔵文化財調査委員会
西ガガラ	8 中四国	広島県	5号住居跡	ナイフ形石器前葉	楕円形	平坦	4.3	3.5	0	10	なし	IAa5 イ	内部6点、東にB3、4	河野正利・藤野次史1988『広島大学総合移転地埋蔵文化財発掘調査年報』VI、広島大学総合移転地埋蔵文化財調査委員会
西ガガラ	8 中四国	広島県	6号住居跡	ナイフ形石器前葉	楕円形	平坦	4.5	3.5	0	10	なし	IAa5 イ	内部5点、東にB3、4	河野正利・藤野次史1988『広島大学総合移転地埋蔵文化財発掘調査年報』VI、広島大学総合移転地埋蔵文化財調査委員会
下城	9 北九州	熊本県	柱穴状ピット群	ナイフ形石器後葉	方形	平坦	3.3	2.6	0	周辺15、中央1	なし	IAa13 ロ	遺構内部から出土、分布中心は遺構より西側にずれる	緒方勉・田中寿夫1979『下城遺跡I』熊本県文化財調査報告第37集

椎木山	9 北九州	福岡県	1号住居跡	ナイフ形石器後葉	隅丸長方形	竪穴	6.5	3.5	0.2	長軸に直交4	北西隅	IIc5 ロ	4点?のみ出土	上村桂典・梅崎惠司1987「椎木山遺跡第2地点」北九州市埋蔵文化財調査報告書第62集
椎木山	9 北九州	福岡県	2号住居跡	ナイフ形石器後葉	長い五角形	竪穴	4.1	2.6	0.35	ピット5	なし	IIa5 ホ	3点（他に小礫30点）	上村桂典・梅崎惠司1987「椎木山遺跡第2地点」北九州市埋蔵文化財調査報告書第62集
上場	10 南九州	鹿児島県出水市	1号住居跡	細石器	円形	鉢状	3.7	3.5	0.7	?	なし	IIa- イ	2点（折断剝片、磨石）	池水寛治1967「鹿児島県出水市上場遺跡」「考古学集刊」第3巻第4号、東京考古学会、池水寛治1977「鹿児島県上場遺跡」「日本考古学年報」28
上場	10 南九州	鹿児島県出水市	2号住居跡	細石器	楕円形	皿状	7.3	3.7	0.65	なし	なし	IIa1 イ	数点有り	池水寛治1967「鹿児島県出水市上場遺跡」「考古学集刊」第3巻第4号、東京考古学会、池水寛治1977「鹿児島県上場遺跡」「日本考古学年報」28

ぼる。細石刃は湧別技法とホロカ技法での製作とされている。

　鹿児島県上場遺跡（出水市教育委員会 1986）は、1971 年の第 4 次発掘調査で日本列島初の旧石器時代の竪穴住居跡が発見された。爪形紋土器と細石器が出土する第 2 層・第 3 層の下位の第 4 層、第 6 層からは台形石器、ナイフ型石器、掻器、削器などが出土している。また第 4 層に掘り込まれた竪穴住居跡 2 基が発見され、径 3.5m の円形と、長径 7.3m の楕円形と報告された。この住居跡に対しては、前述の稲田論文（1988）によって、遺構としての存在に疑義が呈された。

　以上のような事例を概観すると、平面的にピット群が環状にめぐる構造のテント状の居住施設が存在した可能性は十分考えられる。また、旧石器時代には石組炉や地床炉と考えられる炉が存在するが、竪穴の存在を確定することは批判もあり難しいことから、屋外炉の可能性と簡単なテント状の簡便な施設が存在した可能性が考えられる。個別に検証を重ねていく必要があるが、ここでは草創期住居を主たる対象とすることから、これ以上の言及は避けておくこととしたい。

3　縄紋時代草創期の住居状遺構

　縄紋草創期においてその存在が明確となる住居状遺構から竪穴住居への変化について、以前にその年代測定からの年代的検討をおこなったことがある（小林 2008）。以下に、その際の集成にその後の知見を追加して検討しつつ、時期的な変遷を整理したい。

1. 縄紋草創期の時期設定
　本稿では、日本列島の旧石器時代終末期（無紋土器出現期）から縄紋草創期を経て縄紋草創期末と早期最初頭（撚糸紋土器初頭併行直前段階）までの段階を、旧稿（小林 2017）での実年代比定にそって下記のように時期区分する。

　S0 期　無紋（大平山元 I）13,000^{14}C BP を遡る値、IntCal13 較正年代で

16,500 ～ 15,000 cal BP の中に当たり、OxCal プログラムでの解析から 15,860 ～ 15,540 cal BP 頃と推測する。

S1-1 期　隆起線文成立期の御殿山遺跡の年代は 13,000¹⁴C BP を遡る値、15,500 cal BP に該当する。隆起線文土器段階を 3 細分した場合の隆線文 1 期（SFC Ⅱ区・Ⅴ区の太めの隆線）を S1-1a 期、隆線文 2 期（SFC Ⅰ区の細隆線、上野 2、万福寺、久保寺南、上黒岩など）を S1-1b 期とする。S1-1 期は 12,800 ～ 12,000¹⁴C BP、15,500 ～ 14,000 cal BP である。較正曲線との関係および OxCal プログラムの統計上の Median の値から 15,540 ～ 14,170 cal BP の期間と推定する。

S1-2 期　隆線文 3 期（SFC Ⅲ区の微隆起線、黒姫、星光山荘）・隆帯文（宮西、葛原沢Ⅳ、奥ノ仁田）および円孔文（壬）・無紋（野沢、仲町）・それらに共伴する爪形紋土器がみられる段階、12,000 ～ 11,500¹⁴C BP、較正曲線との関係および統計上の Median の値をとって 14,170 ～ 12,930 cal BP の期間と推定する。なお、葛原沢Ⅳ遺跡の隆帯文土器が新しい値を含むので、S2-1 期にまたがる場合は推定年代の下限が異なってくる可能性がある。

S2-1 期　爪形紋（登谷、薬師寺稲荷台、西鹿田中島）・押圧縄紋（卯ノ木南）・無紋（粥見井尻、相谷熊原）土器段階。長野県美女遺跡の葛原沢Ⅱ式（押圧縄紋、爪形紋）が 11,050 ± 30¹⁴C BP など。11,500 ～ 10,000¹⁴C BP の測定値で、較正曲線との関係および統計上の Median の値をとって 12,930 ～ 12,485 cal BP の期間と推定する。爪形紋単独の時期が前半（S2-1a 期）に比定され、後半に押圧縄紋が伴う時期（S2-1b 期）が当たると考える。

S2-2 期　多縄紋（室谷下層式並行）・表裏縄紋（丸尾北）土器段階である。10,900 ～ 9,800¹⁴C BP の測定値で、統計上の Median の値をとって 12,485 ～ 11,345 cal BP の期間と推定する。

S3-0 期　無紋土器群や表裏縄紋土器群などのうち、撚糸紋系土器 11,345 ～ 10,055 cal BP（9,395 ～ 8,105 cal BC）の直前段階の可能性がある土器群を、便宜的に S3-0 期としておく。将来的には草創期末か早期初頭に振り分ける必要がある。

２．縄紋時代草創期住居状遺構の様相

形態分類

　表1・2に示す旧石器時代および縄紋草創期の住居状遺構とされる事例を概観すると、当該時期の遺構は、Ⅰ平地式とするべきもの（まったく凹凸が認定できないⅠAと、ごく浅い落ち込みやドーナツ状の落ち込みなど部分的な凹凸が残るⅠBとする）とⅡ竪穴状に区分できる。それぞれに炉の有無と種類（a炉なし、b石囲炉、c地床炉、dその他）、柱穴配置（1内部に柱穴なし、2内部壁際または環状柱穴、3内部中央主柱穴、4内部に不規則に多数の柱穴、5内部にその他の柱穴配置、10外部に周辺柱穴）、平面形（イ円形、ロ方形、ハ長方形、ニ不定形、ホその他）の違いが認められ、その組み合わせで形態区分とすることができる。表には、その形態区分を記しておく。なお、本文中の名称としては、以下の個別の記述においては各報告書での名称に従うが、考察において総合的に居住施設として検討する際には竪穴遺構、平地遺構と称し、全体をまとめる際には住居状遺構と称する。

　① 旧石器末葉～縄紋草創期隆線文土器段階（S0期～ S1-1期）

　旧石器時代末に比定する無紋土器段階（S0期）の居住施設として神奈川県相模原市勝坂遺跡45次、東京都前田耕地遺跡が知られる。静岡県大鹿窪遺跡8・13号竪穴状遺構は3-3D区において隣接して構築されていた。8号竪穴状遺構は不整方形で、床面から尖頭器のみがまとまって検出された。炉・柱穴ともに認められない。同遺跡の13号竪穴状遺構は溶岩をはぎ取り平坦面を構築したとされる。溶岩をはぎ取った分の立ち上がりが壁となっている。炉・柱穴はなく、遺物も検出されていないため、遺構としての確実さには欠ける。

　初期の住居状遺構は、ごく浅い落ち込みは認められても、竪穴としての掘り込みは認められない場合が多い。

　縄紋草創期隆線文土器段階（S1-1期）としては、SFC遺跡Ⅱ区、花見山遺跡、南鍛冶山遺跡の住居例（桜井1996ほか）などが知られている。南鍛冶山

掘り込み

　　　　IA 平地　　　　　　　　　IB 一部落ち込み　　　　　　　　　II 竪穴

炉

a なし　　b 石囲炉　　c 地床炉　　d その他

柱穴配置

1 なし　　　2 壁柱穴　　　3 中央主柱穴　　　4 不規則　　　　10 壁外柱穴

平面形

　　　イ 円形　　　　　　　ロ 方形　　　　　　　ハ 長方形　　　　　　ニ 不定形

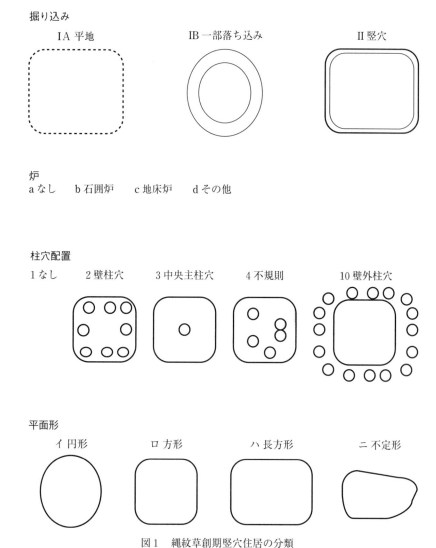

図 1　縄紋草創期竪穴住居の分類

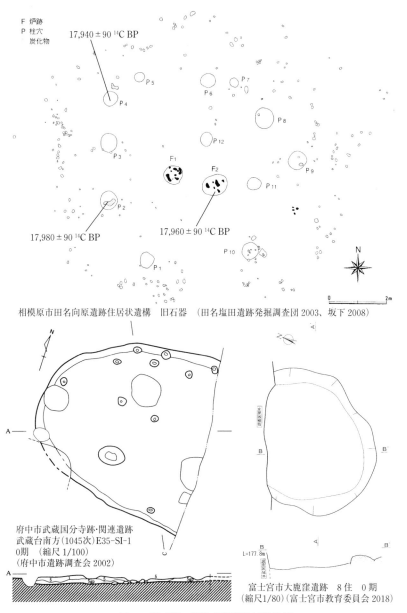

F　炉跡
P　柱穴
　　炭化物

17,940 ± 90 ^{14}C BP

P 5

P 7

P 6

P 8

P 12

P 4

P 3

F 1

F 2

P 9

P 11

P 2

17,980 ± 90 ^{14}C BP

17,960 ± 90 ^{14}C BP

P 10

P 1

N

0　　　　　　　2m

相模原市田名向原遺跡住居状遺構　旧石器　（田名塩田遺跡発掘調査団 2003、坂下 2008）

N

A

A

府中市武蔵国分寺跡・関連遺跡
武蔵台南方(1045次)E35-SI-1
0期　（縮尺 1/100）
(府中市遺跡調査会 2002)

A

A

Z

A

B

B'

B

B'

A

A

B

B'

L=177.8m

富士宮市大鹿窪遺跡　8 住　0期
（縮尺 1/80）(富士宮市教育委員会 2018)

図 2　旧石器～縄紋草創期住居状遺構

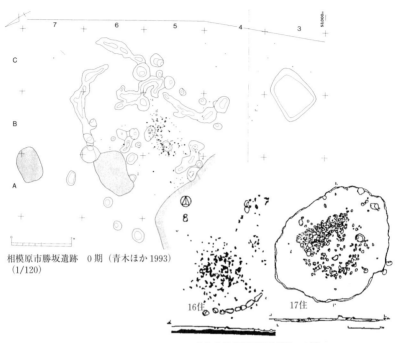

相模原市勝坂遺跡　0期（青木ほか1993）
（1/120）

16住　　　17住

あきる野市前田耕地遺跡　0期
（東京都教育庁生涯学習部文化課2002）（1/120）

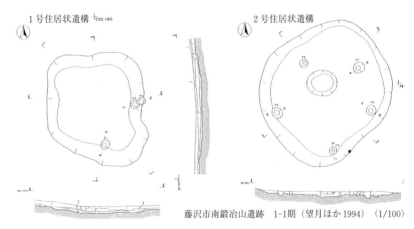

1号住居状遺構　　　　　　　　　2号住居状遺構

藤沢市南鍛冶山遺跡　1-1期（望月ほか1994）（1/100）

図3　縄紋草創期住居状遺構

表2　縄紋時代草創期の住居状遺構一覧

地域	遺跡	遺構名	所在	細別段階	掘り込み	平面形	長軸 m	短軸 m	深さ m	炉	柱穴	分類	炭素14年代	特記事項	判断	文献
2 東北	泥湯		岩手県葛巻町	0期	平地	円	5.00	3.00	0	石組	13	IAb2 イ		分火山灰KP層(15000年前)上	L3	葛巻町教委1988 泥湯遺跡 註)KP・小岩井浮石13,000～14,000¹⁴C BP
	日向洞窟西	2次大形竪穴状	山形県高畠町	1-2期	竪穴	隅丸方	4.20	2.60	0.50	なし	なし	IIa1 ロ		他に土坑	L3	佐川正敏他2006 日向洞窟遺跡西地区出土石器群の研究I
	黄櫨	2竪穴遺構	青森県八戸市(南郷村)	2-1a期	竪穴	円	1.60	1.46	0.20	なし	なし	IIa1 イ	12360±50		L3	南郷村教委2001 黄櫨遺跡発掘調査報告書
		3竪穴遺構		2-1a期	竪穴	円	1.13	1.00	0.24	なし	なし	IIa1 イ			L3	
		4竪穴遺構		2-1a期	竪穴	楕円	2.90	1.87	0.32	なし	なし	IIa1 イ			L3	
		5竪穴遺構		2-1a期	竪穴	不整円	2.05	1.58	0.23	なし	なし	IIa1 イ			L3	
		6竪穴遺構		2-1a期	竪穴	不整円	1.56	1.00	0.29	なし	なし	IIa1 イ			L3	
	滝端	竪穴状	青森県階上町	2-1a期	竪穴	不整円	2.10	1.90	0.50	なし	なし	IIa1 イ	集石10260±40	他に集石	L3	森淳2000 滝端遺跡発掘調査報告書
	岩瀬	SXH66	秋田県横手市	2-2期	竪穴	楕円	2.20	2.00	0.3?礫除去	焼土	なし	IIc1 イ	SXQ60炉地磁気10910±170	他に集石炉2・炉8など	L3	利部修ほか1996 秋田県文化財報告263
	櫛引	1住	青森県八戸市	2-2期	竪穴	不整円	6.50	5.50	1.10	なし	4	IIa4 イ	4土坑10030±50	他に土坑6、集積	L3	小田川哲彦1999 櫛引遺跡
		2住	青森県八戸市	2-2期	竪穴	楕円	5.20	4.60	0.80	なし	なし	IIa1 イ			L2	

地域	遺跡名	住居番号	所在地	時期	竪穴/平面	平面形	長	幅	比	炉	ピット	型式	年代	備考	区分	文献
	北町	S101	山形県南陽市	2-2期	竪穴	不整方	2.40	(1.00)	0.20	なし	壁際・壁沿に小ピットが巡る	IIaa12 ロ			L3	長井謙治 2019「約12,000 年前の低湿地遺跡 山形県南陽市北町低湿地遺跡」『季刊考古学』第148号
	岩下向A	8住	福島県岩舘村	3-0期	竪穴	不整台	4.00	3.30	0.70	なし	5	IIa2 ロ		他に土坑	L2	松本茂 1987 真野ダム関連X
	上台 I	RA01	岩手県花巻市	3-0期	竪穴	円	4.06	3.48	0.45	なし？	なし	IIa2 イ	9850±50	床 8.6m²	L3	花巻市博物館 2005 上台 I
		RA02		3-0期	竪穴	不整円	3.62	2.88	0.52	なし	なし	IIa1 イ	9540±40	床 6.5m²	L3	
		RA03		3-0期	竪穴	不整楕円	6.16	5.32	0.67	なし	なし	IIa1 イ	9540±40、9845±40	床 19.06m²	L3	
		RA04		3-0期	竪穴	不整方？	5.19	4.53	0.79	なし	なし	IIa1 ロ		床 14.7m²	L3	
		RA05		3-0期	竪穴	不整円	3.72	3.39	0.96	なし	なし	IIa1 イ		床 6.45m²	L3	
	仙台内前	F地点2住	福島県福島市	3-0期	竪穴	不整楕円	4.00	3.20	0.20	なし	8	IIa2 イ	9750±100、9590±100		L3	武田耕平 1988 仙台内前遺跡
3 関東	勝坂	住居状	神奈川県相模原市	0期	平面	台形	6.00	4.00	0	礫を持つ炉	4主？	IAb1 ニ		土坑・集石	L4	青木豊 1993 勝坂遺跡第45次
	前田耕地	16 住居	東京都あきる野市	0期	平面	不整円	3.30	？	0	なし	なし	IAa1 イ		配石、他に屋外炉	L2	東京都教育庁 2002 前田耕地遺跡
		17 住居		0期	浅い	不整円	4.20	3.10	0.10	赤変（炉）	なし	IBc1 イ		サケ骨出土	L4	

遺跡名	遺構名	所在地	時期	形態	平面形	長径	短径	深/径	配石等	柱穴数	分類	備考	L	文献
武蔵国分寺跡・関連遺跡 武蔵台南方 (1045次)	E35-S11	東京都府中市	0期	浅い	不定形	4.60	4.40	0.22	中央に焼け礫の配石	11	IBc4 ニ		L4	府中市遺跡調査会 2002 府中市埋蔵文化財調査報告 30
南鍛冶山	1 住居状	神奈川県藤沢市	1-1a期	浅い	不整楕円	3.30	2.80	0.05	なし	3 (1本は堀直して2主)	IBa3 ニ	他に配石2	L3	桜井準也他 1994 南鍛冶山遺跡第1巻
	2 住居状		1-1a期	浅い	隅丸方形	3.40	3.00	0.08	落ち込み	5	IBd4 ロ		L3	
吉岡A	竪穴状	神奈川県綾瀬市	1-1a期	竪穴	不整円	4.00	3.50	0.15	なし	26	IIa4 イ		L3	かながわ考古学財団 1998 吉岡遺跡群V
湘南藤沢キャンパス (SFC)	I区 (1-1-A) ピット群	神奈川県藤沢市	1-1b期	平面	円?	6.00	6.00	0	なし	環状20	IBa3 イ	円形に Pit が並ぶ	L1	桜井準也・小林謙一他 1992 湘南藤沢キャンパス内第2巻
	II区 (2-4区 17E-X) 炭化物集中		1-2期?	平面	楕円	6.92	6.32	0	地床炉		IAc	11350±160 炉のみ検出	L1	
	II区 (2-4区 15C-Z) 住居状遺構		1-1a期	平面				0.05	炭化物集中落ち込み	9	IBc2 イ	円形に Pit が並ぶ	L4	
徳丸仲田 窪み遺構	1 竪穴状	群馬県前橋市	1-1b期	浅い	不整楕円	3.80	3.10	0.05	なし	なし	IBa1 ニ		L3	群馬県埋文 2001 徳丸仲田遺跡 (1)
花見山	1 竪穴	神奈川県横浜市	1-1b期	竪穴	隅丸方	3.00	2.60	0.08	なし	4主? (11)	IIa2 ロ	他に配石3	L3	坂本彰 1995 花見山遺跡

遺跡	遺構番号	所在地	時期	形態	平面形	長径	短径	深さ	炉	柱穴	型式	14C	他に土坑・集石		文献
西鹿田中島	15 住	群馬県みどり市（笠懸村）	2-1a期	竪穴	円	3.20	2.90	0.20	なし	10?	IIa10 イ	11170, 11180 ± 50		L3	若月省吾他2003 鹿田中島遺跡（1）
	71 土坑		2-1a期	竪穴	不整方	1.20	1.00	0.30	なし	なし	IIa1 ニ			L3	
下宿	5 土坑	群馬県太田市	2-1a期	竪穴	不整円	1.60	1.40	0.15	なし	壁から周辺	IIa2 イ	22号土壙土壌：11723 ± 35	土坑とされる	L2	大田市教育委員会2012 下宿遺跡発掘調査報告書
野沢	SI04	栃木県宇都宮市	2-1a期	竪穴	円	3.90	3.90	0.20	なし	7・中央に主柱	IIa3 イ	11750 ± 40ほか	中央に柱穴	L4	栃木県教委2003 野沢遺跡・野沢石塚遺跡
	SI05		2-1a期	竪穴	不整	2.80	2.60	0.15	なし	2 浅い	IIa5 ニ	11710 ± 50		L2	
	SI06		2-1a期	竪穴	不整	3.00	2.80	0.15	なし	3	IIa5 ニ	11830 ± 50		L2	
東原	住居址	東京都杉並区	2-1a期	竪穴	不整方	2.50	2.10	0.15	なし	15	IIa5 ロ		有舌尖頭器のみ	L2	重住豊1994 東原遺跡
宮林	4 住	埼玉県花園町	2-1b期	竪穴	不整円	4.50	4.50	0.30	なし	なし	IIa1 ニ		12号土坑が重複	L3	埼玉県埋文1985 大林・宮林・下南原
もみじ山	竪穴状1	東京都練馬区	2-1b期	竪穴	楕円	4.17	3.90	0.90	なし	なし	IIa1 イ			L3	東京外かく環状道路練馬地区遺跡調査会1995 もみじ山遺跡II
打越		埼玉県滑川町	2-2期	竪穴							II			不明	荻谷千明2000 利根川下流域の縄文草創期

地区	遺跡	住居	所在地	時期		平面形				焼土	?	II	年代	他に	L	文献
	五日市新田	11住	群馬県伊勢崎市(赤堀町)	2-2期	竪穴		?	?	?	?	?	II		他に集石	L3	群馬県立歴史博物館 2002 第71回企画展 東日本縄文創生 最古の土器文化
		18住		2-2期	竪穴	隅丸方	5.40	4.32	0.40	焼土	3	IIb5 ロ		重複	L4	森谷千明 2007 第2回年代測定と日本文化研究
		19住		2-2期	竪穴	隅丸方	6.40	5.10	0.20	なし	1?	IIa5 ロ			L2	伊勢崎市教委 2006 五日市新田遺跡
	西鹿田中島	7住	群馬県みどり市(笠懸村)	2-2期	竪穴	不整隅丸方	4.50	4.00	0.25	なし	なし	IIa1 ニ	10270、10070、9860±60	7・11重複(7が古)	L3	若月省吾他 2003 西鹿田中島遺跡(1)
		11住		2-2期	竪穴	楕円	3.80	3.20	0.25	なし	なし	IIa1 イ			L3	
4.北陸	小丸山	1竪穴状	新潟県十日町市(中里村)	2-1期	竪穴	不整方	4.40	2.80	0.20	なし	なし	IIa1 ロ			L2	中里村教委 1994 小丸山遺跡・おざか清水遺跡 中里村文調報書7
	中戸		石川県金沢市		竪穴	不整楕円	6.50	5.00	0.25	不明	不明	II		有舌尖頭器のみ	L2	金沢市 1999 金沢市史資料編19
5.中部	お宮の森裏	9住	長野県上松町	2-2期	竪穴	不整円	4.80	4.20	0.38	なし	15	IIa2 イ		他に焼土2、土坑	L3	新谷和孝 1994 日本考古学年報45
		10住		2-2期	竪穴	不整円	4.80		0.16	なし	11	IIa2 イ			L3	上松町教委 1995 お宮の森裏遺跡
		11住		2-2期	竪穴	不整円	4.80	4.30	0.25	なし	15	IIa2 イ		土坑に切られる	L3	
		13住		2-2期	竪穴	不整円	6.00	5.00	0.24	なし	16	IIa23 イ			L3	
		14住		2-2期	竪穴	不整円	4.40	3.20	0.20	焼土	13	IIc2 イ			L4	

地域	遺跡	遺構	所在地	時期	遺構形態	平面形	長軸(m)	短軸(m)	深さ(m)	炉	柱穴	分類	備考	段階	出典
		15 住	長野県富田村	2-2期	竪穴	不整隅丸方	4.40	4.20	0.25	なし	12以上	IIa2ロ	13 住と重複か	L3	
		19 住		2-2期	竪穴	不整円	5.90	5.80	0.42	なし	27	IIa23ロ		L3	
		23 住		2-2期	竪穴	不整円	4.80		0.25	なし	11以上	IIa2イ		L3	
		25 住		2-2期	竪穴	不整円	5.80	3.60	0.28	なし	31	IIa2イ	古段階6、新段階2とされる	L3	
	向山	3 住		2-2期	竪穴	隅丸方	3.40		0.30	なし	なし	IIa1ロ		L3	友野亮一1983 長野県史考古資料編
		5 住		2-2期	竪穴	隅丸長方	4.00	2.20	0.50	なし	壁溝	IIa1ハ		L3	
6 東海	大鹿窪	8 竪穴状	静岡県富士宮市（旧芝川町）	0期	竪穴	円	3.06	(2.76)	0.15	なし	なし	IBa1イ	尖頭器10点	L2	富士宮市教委2018 大鹿窪遺跡発掘調査総括報告書
		13 竪穴状		0期	平地	不整円	4.18	(3.12)	0.10	なし	なし	IBa1ニ	溶岩上	L1	
	宮西	柱穴状遺構	愛知県豊田市	1-1b期	平面	円	1.80	1.80	0.00	なし	6?(現状4本が半周)	IAa10イ	ピットは斜め、深さ20-30cm	L2	田原市教委2015 宮西遺跡II
	大鹿窪	10 竪穴状	静岡県富士宮市	1-2期	竪穴	不整方	5.56	(3.08)	0.25	なし	直列5主?	IIa2ロ	埋没谷斜面を掘り込む	L3	富士宮市教委2018 大鹿窪遺跡発掘調査総括報告書
	葛原沢IV	1 住居址	静岡県沼津市	2-1b期	竪穴	円	3.70	3.40	0.40	なし	3主	IIa2イ	10930±50ほか　火災住居、他に土坑・炉穴など	L3	池谷信之2001 葛原沢IV遺跡（a・b区）
	大鹿窪	1 竪穴状	静岡県富士宮市（旧芝川町）	2-1b期	竪穴	不整隅丸方	4.60	4.22	0.52	浅い土坑状	45	IId15ロ	他に土坑・集石焼土跡など	L4	富士宮市教委2018 大鹿窪遺跡発掘調査総括報告書

	時期	種別	平面形	長軸	短軸	深さ	炭化物	ピット	分類	年代	切り合い	層位
2 竪穴状	2-1b期	竪穴	不整方	4.69	4.02	0.30	炭化物集中僅か	多数	IIc5ロ		3·11·12と切り合う	L4
3 竪穴状	2-1b期	竪穴	不整隅丸方	5.91	(1.72)	0.32	不明	不明	II		2·11と切り合う	L3
4 竪穴状	2-1b期	竪穴	不整楕円	3.12	(2.40)	0.24	なし	27	IIa10ハ		5·14と切り合う	L3
5 竪穴状	2-1b期	竪穴	不整隅丸方	3.68	(1.88)	0.24	なし	5	IIa10ロ	10850±40	4·14と切り合う	L3
6 竪穴状	2-1b期	竪穴	不整楕円	3.36	3.16	0.38	なし	38	IIa10イ			L3
7 竪穴状	2-1b期	竪穴	不整楕円	5.8	4.56	0.57	なし	周囲にピット	IIa10ハ	10910±60		L3
9 竪穴状	2-1b期	竪穴	不整楕円	2.73	2.58	0.52	なし	5	IIa5ニ			L3
11 竪穴状	2-1b期	竪穴	不整隅丸方	4.11	3.59	0.55	なし	なし	IIa1ニ		3と切り合う	L3
12 竪穴状	2-1b期	竪穴	不整楕円	2.50	2.05	0.13	なし	あり	IIa5ニ		2·3·11と切り合う	L3
14 竪穴状	2-1b期	竪穴	不明	4.72	不明		不明	不明	II		4·5と切り合う	L3
16 竪穴状	2-1b期	竪穴	不明	4.50		0.3	不明	不明	II	10987±43, 10950±33	H28-Tr1	L3
17 竪穴状	2-1b期	竪穴	不明	3.00		0.5	不明	不明	II	11054±34, 11006±32	H28-Tr3確認	L3

旗指	遺跡	番号	所在地	時期	平地/竪穴	平面形	4.80	2.70	0.00	床痕?	5本2列のピット	IAcへ	他に土坑・焼土	L4	出典
7 近畿	相谷熊原	1 建物	静岡県島田市	2-2期	平地	長方形?	4.80	2.70	0.00	床痕?	5本2列のピット	IAc5へ	他に土坑・焼土	L4	渋谷昌彦 1990 静岡県史資料編考古一
		2 建物	滋賀県近江市	2-1a期	竪穴	不整円	8.40	8.00	0.70	なし	多数	IIa5 イ		L3	松室孝樹 他 2010 滋賀県出土の草創期土器の新例―相谷熊原遺跡―考古学ジャーナル 12月号・滋賀県教育委員会 2014『相谷熊原遺跡 I』
		3 建物		2-1a期	竪穴	不整円	6.20		0.50	なし	多数	IIa2 イ	半分確認	L3	
		4 建物		2-1a期	竪穴	不整円	4.70		0.40	なし	多数	IIa5 イ	半分確認	L3	
		5 建物		2-1a期	竪穴	不整円	4.30	8.00	0.60	なし	多数	IIa5 イ	半分確認	L3	
	粥見井尻	SH10	三重県松阪市(旧飯南町)	2-1a期	竪穴	円	4.2	4	0.25	なし	壁柱	IIa2 イ	他に土坑	L3	杉谷正樹 1998 日本考古学年報49・三重県埋蔵文化財センター1997『粥見井尻遺跡 発掘調査報告』三重県埋蔵文化財調査報告156
		SH8		2-1a期	竪穴	円	6.35	5.2	0.45	なし	壁柱	IIa2 イ	8を24が切る	L3	
		SH24		2-1a期	竪穴	円	4.25	3.5	0.6	なし	壁柱	IIa2 イ	SH8・10土偶	L3	
		SH4		2-1a期	竪穴	円	6.25	6	0.45	なし	壁柱	IIa2 イ		L3	
8 中四国	奥谷南	SX101	高知県大豊町	1-2期	竪穴?	不整扁形	2.40	1.60	0.40	なし	なし	IIa1 ニ	岩陰あり	L3	松村信博 2001 奥谷南 III
9 北九州	森の木(北部)	S245	大分県佐伯市	1-2期	竪穴	方形	3.4	2.9	0.3	なし	壁際7	IIa2 ロ	配石状の炉	L3	綿貫俊一 2016『森の木遺跡発掘調査報告書』大分県教育庁埋蔵文化財センター調査報告書88集
		S277		1-2期	竪穴	不整方	4.6	4.6	0.45	なし	壁際7	IIa2 ロ	S245に切られる	L3	
		S358		1-2期	竪穴	不定形	3.77	2.98	0.3	なし	なし	IIa1 ニ		L3	
		S383		1-2期	竪穴	楕円形	6	4.6	0.25	なし	不規則25	IIa4 イ		L3	
		S273		1-2期	竪穴	楕円形	2.35	2.7	0.2	なし	直列2主柱か	IIa3 イ	S246に切られる	L2	
		S246		1-2期	竪穴	楕円形	5.32	3.9	0.3	なし	環状14	IIa2 イ		L3	

森の木 (南部)										
S157	3-0期	竪穴	不整円	3.76	3.6	0.37	なし	4 主か	IIa4イ	S158を切る	L3
S159	3-0期	竪穴	楕円形	3.16	2.75	0.16	なし	壁際 8	IIa2イ		L3
S347	3-0期	竪穴	不整円	5	5.35	0.28	なし		IIa		L3
S172	3-0期	竪穴	不整方	4.1	3.35	0.1	竪穴炉	方形 11	IId5ロ		L4
S162	3-0期	竪穴	円	3.8	3.8	0.25	なし	6 主?	IIa5イ	中央竪穴?炭化物無	L3
S370	3-0期	竪穴	不整方	4.18	4	0.38	なし	15	IIa5ロ		L3
S372	3-0期	竪穴	不定形	3	2	0.28	なし	中央 1	IIa3ニ	S372に切られる	L3
S160	3-0期	竪穴	不整方	3.94	3.36	0.25	なし	環状 9	IIa2ロ	中央竪穴?炭化物無	L3
S215	3-0期	竪穴	楕円	5.1	4.5	0.2	なし	不規則 14	IIa5ロ		L3
S187	3-0期	竪穴	楕円	3	2.4	0.2	なし	不規則 7	IIa5ロ	出土土器なし	L2
S186	3-0期	竪穴	不整方	3.7	2.7	0.1	なし	不規則 7	IIa5ロ	S187に切られる	L3
S164	3-0期	竪穴	隅丸五角形	3.5	3.24	0.3	なし	2	IIa3ニ	中央竪穴?炭化物無	L3
S126	3-0期	竪穴	円	2.04	2	0.22	なし	2	IIa3イ	出土土器なし	L2
S253	3-0期	竪穴	不整円	3.5	3.5	0.1	なし	環状 9	IIa2イ	出土土器なし	L2
S216	3-0期	竪穴	不整方	2.75	2.35	0.05	なし	3	IIa3ロ	出土土器なし	L2

遺跡	遺構	県市	期		平面形	長径	短径	深さ			炉	年代	土坑と報告		文献
松木田4次	SK077	福岡県福岡市	3-0期	竪穴	不整円	4.3	3.8	0.35	なし	なし	IIa1イ			L2	長家伸編2013「松木田3」福岡市埋蔵文化財調査報告書第1204集
柏原F III層		福岡県福岡市	3-0期	竪穴	長方	2.15	1.15	0.1	なし	壁際3	IIa2ハ		熱容紋・刷毛文	L3	福岡市教委1983 柏原遺跡群1
大原D	SC003	福岡県福岡市	2-2期	竪穴	円	4.30	3.5	0.20	不明	不明	IIa イ	10840±90	火災住居	L3	福岡市教委1997 大原D遺跡群2
	SC014		2-2期	竪穴	不整方	3.2	3.00	0.20	焼土	不明	IIc ロ	10760±70	他に集石	L4	
王子山	SC9f	宮崎県都城市	1-2期	竪穴	隅丸方	3.7	2.55	0.5	なし	なし	IIa1ロ			L3	米畑光博2011「王子山遺跡」宮崎県都城市文化財調査報告書第107集
	SC21		1-2期	竪穴	隅丸方	2.1	1.75	0.2	なし	周囲に5	IIa10ロ			L2	
	SC22		1-2期	竪穴	隅丸方	1.5以上	1.65	0.2	なし	2	IIa3ハ			L2	
	SC23		1-2期	竪穴	隅丸方	2.1	1.75	0.18	なし	周囲に8	IIa10ロ			L2	
鬼ヶ野 1住		鹿児島県西之表市	1-2期	竪穴	円	2.29	2.22	0.27	なし	6	IIa2イ		他に集石・配石・土坑（10470±60）	L2	堂込秀人他2004 鬼ヶ野遺跡
1竪穴状			1-2期	竪穴	楕円	3.03	2.54	0.22	なし	なし	IIa1イ			L3	
2竪穴状			1-2期	竪穴	不整隅丸方	2.65	2.3	0.29	なし	なし	IIa1ロ	11990±60, 12130±60		L2	
3竪穴状			1-2期	竪穴	不整隅丸方	2.84	2.15	0.23	なし	なし	IIa1ロ			L2	
4竪穴状			1-2期	竪穴	不整隅丸方	3.09	2.76	0.27	なし	なし	IIa1ロ			L3	

10 南九州

遺跡	遺構	所在地	時期	形態	平面形	長軸	短軸	比	炉	柱穴	型式	年代	他に集石等	L	文献
三角山I	1 竪穴住	鹿児島県西之表市	1-2期	竪穴	円	2.48	2.40	0.24	埋土	なし	IIc1 イ	11640±50、11940±70		L2	藤崎光洋 2006 三角山遺跡群 (3)
	2 竪穴住		1-2期	竪穴	円	3.36	3.26	0.28	なし？	なし	IIa1 イ			L3	
掃除山	1 住	鹿児島県鹿児島市	1-2期	竪穴	不整楕円	4.60	3.10	0.40	なし	17	IIa5 イ		壁は片側のみ、他に炉穴・配石炉	L3	鹿児島市教委 1992『掃除山遺跡』鹿児島市埋蔵文化財発掘調査報告書 12
	2 住		1-2期	竪穴	不整	5.50	3.30	0.45	炭化物集中	4	IIc5 二		斜面にあり壁は片側	L3	
牧野	4号集石	鹿児島県知覧町	1-2期	竪穴	円	2.25	2.08	0.33	配石炉	なし	IIb1 イ	11540±30 他	廃棄後集石	L3	鹿児島県立埋文センター 2018『鹿児島県立埋蔵文化財センター発掘調査報告書「牧野遺跡」(193)』
尾花A	竪穴状	宮崎県川南町	1-2期	竪穴	円	2.00	1.62	0.12	なし	なし	IIa1 イ			L3	宮崎県埋蔵文化財センター 2009『尾花A遺跡 A 遺跡1：旧石器時代～縄文時代編』185
清武上猪ノ原第5区	2 住	宮崎県宮崎市（清武町）	1-2期	竪穴	不整楕円	5.00	3.22	0.15	配石炉	外周6	IIb10 二	11330±60	他に集石遺構	L3	秋成雅博 2008 考古学研究 54-4
	4 住		1-2期	竪穴	不整長方	4.22	2.64	0.20	地床炉	なし	IIc1 ハ			L3	清武町教委 2006 上猪ノ原第5地区・秋成雅博 2018 清武上猪ノ原遺跡第5地区 宮崎市文化財調査報告書第 119 集
	5 住		1-2期	竪穴	不整楕円	3.66	2.20	0.10	地床炉	なし	IIc1 二	11730±40		L3	

鹿児島県姶良町教育委員会 2005『建昌城跡』姶良町埋蔵文化財発掘調査報告書 第10集

	遺構名	時期	種類	平面形	長軸	短軸	深さ	炉	周溝	型式	¹⁴C年代	備考	土層
建昌城跡 IX層	10住	1-2期	竪穴	不整円	4.18	2.24	0.15	地床炉	なし	IIc1ニ	11470±60	11住→10住	L3
	13住	1-2期	竪穴	不整方	4.24	2.22	0.18	地床炉	外周2	IIc10ハ		土坑と切り合う	L3
	14住	1-2期	竪穴	不整方	(4.62)	3.62	0.25	なし	外周1	IIa10ロ	11400±40	土坑・炉状遺構と切り合う	L3
	1住	1-2期	竪穴	不整方	3.00	2.16	0.13	なし	なし	IIa1ロ			L3
	3住	1-2期	竪穴	不整方	(2.12)	1.80	0.20	なし	なし	IIa1ロ			L2
	6住	1-2期	竪穴	不整円	2.16	1.86	0.15	なし	なし	IIa1イ	11710±40	土坑と切り合う	L2
	7住	1-2期	竪穴	不整円	5.22	4.64	0.15	なし	なし	IIa1イ	11520±40	8住→9住→7住	L3
	8住	1-2期	竪穴	不整楕円	4.98	3.62	0.20	なし	なし	IIa1イ	11850±40	7,8,9住重複	L3
	9住	1-2期	竪穴	不整円	5.26	5.20	0.10	なし	なし	IIa1イ		7,8,9住重複	L3
	11住	1-2期	竪穴	不整方	2.76	2.08	0.20	なし	なし	IIa1ハ		10,11住切り合い	L2
	12住	1-2期	竪穴	不整楕円	3.62	1.80	0.20	なし	なし	IIa1ニ			L3
鹿児島県姶良市（旧姶良町）	SX1	2-1期	竪穴	隅丸方形	4.1	3.2	0.25	なし	周辺にピット	IIa10ロ	11100±50		L3
	SX2	2-1期	竪穴	不整楕円	3.72	2.68	0.3	なし	周辺にピット	IIa10イ			L3

SX3	2-1期	竪穴	不整長方	4.3	2.8	0.2	なし	周辺にピット	IIa10ハ		L3
SX4	2-1期	竪穴	不整円	3.6	3.52	0.18	なし	壁柱及び周辺	IIa12イ		L3
SX5	2-1期	竪穴	長楕円	3	1.8	0.2	なし	周辺にピット？	IIa10イ		L3
SX6	2-1期	竪穴	円	1.84	1.92	0.1	なし	周辺にピット？	IIa10イ		L2
SX7	2-1期	竪穴	不整楕円	2.4	1.6	0.22	なし	周辺にピット？	IIa10イ		L2
SX8	2-1期	竪穴	不明	3.3以上	1.2以上	0.25	なし	不明	IIa	1/4程度調査	L3

遺跡例は平坦部に皿状の掘り込みを有するもので前田耕地遺跡などのわずかに掘りくぼめた竪穴状遺構の系譜をひくと想定でき、前田耕地タイプと仮称しえる。これに対し、斜面に設けられた半竪穴状の遺構で片側にだけ明確な壁をもつ花見山遺跡例や掃除山遺跡例は異なる竪穴化の経緯をもつ可能性があり、今後の検討に便宜を与えるために花見山タイプと仮称しておきたい。

神奈川県藤沢市 SFC 遺跡Ⅱ区住居状遺構

神奈川県藤沢市の SFC 遺跡（小林ほか 1992）は、多摩丘陵南端の高座丘陵に位置する。合計 13 万 m² が対象地域でⅠ～Ⅴ区の調査区に分けたが、各地区より特徴を異にする隆線土器をもつ遺物集中区がある（SFC Ⅱ（2-4）区→Ⅴ区→（Ⅲ（1-2）区）→Ⅰ（1-1-A）区→Ⅲ a（3-8）区の型式学的序列を想定）。それらに伴って、5 箇所では草創期遺物包含層に相当するソフトローム最上位の土層を覆土にもち、一部に草創期の遺物を出土する遺構が検出されている。そのうちのⅡ区は、相模川支流の小出川に面した標高 34m の舌状台地西側平坦面 15C-Z 区に住居状遺構が隆線文土器前葉（S1-1a 期）を伴う形で検出された。住居状遺構は、炭化物集中と土器・有舌尖頭器や礫などが弱い硬化面上においてほぼ水平に遺存する。中心に向かって傾くような柱穴が、6 ～ 7m の範囲に環状に配置するもので、その内側にはドーナツ状の浅い凹みが認められた（小林 1993）。

SFC 遺跡Ⅱ区住居状遺構から南東に 50m ほど離れた台地西斜面際のⅡ区17E グリッドにおいて 3 号炭化物集中・4 号炭化物集中が見つかっており、検出面はソフトローム上面で 15-C 区の草創期住居状遺構と同一面であるものの確実に伴う遺物がなく、編年的位置付けが難しい。その年代測定を調査時にパリノ・サーヴェイ（株）に委託して測定している。その結果は、11,350 ± 160¹⁴C BP（GAK-15904）であった。なお、同時に樹種同定をおこない、ケヤキ類似種と報告されている。IntCal によって較正すると、11,590 ～ 10,975cal BC 年に 95％の確率で含まれる。年代としては、縄紋草創期隆線文土器 3 期から爪形紋土器期にかけての年代（S1-2 期）に対比され、確率密度のうち最も古い部分にあたる（今からおよそ 13600 年前）とみれば隆線文

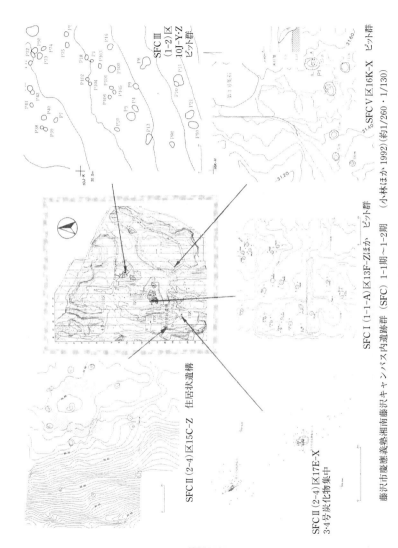

SFC III (1−2)区 10J−Y・Z ピット群

SFC III (1−2)区 10J−Y・Z ピット群

SFC V区16K−X ピット群

SFC I (1−1−A)区13F−Z（ほか） ピット群

SFC II (2−4)区15C−Z 住居状遺構

SFC II (2−4)区17E−X 3・4号炭化物集中

藤沢市慶應義塾湘南藤沢キャンパス内遺跡群（SFC）　1−1期〜1−2期　（小林ほか 1992）（約1/260・1/130）

図4　縄紋草創期住居状遺構

土器群の3期（S1-2期）と捉えうる。この炉跡についても、平地式住居が存在していた可能性は考えられるが、遺構的にも遺物の出土状況の上からも、積極的に遺構の存在を明示できない。表2にはあくまで居住施設の一部の可能性として掲載しておく。

　住居状遺構に類した遺構として、報告ではピット群としたが、SFC遺跡Ⅰ（1-1-A）区の台地上13C-Z区付近においても隆線紋土器中葉（S1-1b期）の土器、石器を伴う環状にめぐるピット群が検出されている。炉と考えられる炭化物集中などは認められなかったが、住居状遺構の可能性があることを改めて指摘したい。

　さらに、SFC遺跡Ⅰ区の北東側に谷を挟んだ台地上にあたるⅢ（1-2）区においても、微隆起線文土器（S1-2期）・石器を伴うピット群が南北5m東西7mの範囲に検出されている。ただし、この地点ではピット群の配列が環状かどうかは明確にしえない。また、Ⅴ区16K-X区においては大型の隆線文土器破片（S1-1a期）を包含する土坑状の大形のピットを含むピット群が検出されている。同一個体を含む土器片がその後の隣接地の調査でも検出されており、活動痕跡が残ることは間違いないが、環状にめぐるピット群としては明確にしえない。Ⅱ区住居状遺構は炉が伴うことから明確であったが、他の地点の炉が認められない環状のピット群にも共通性が認められることから、今後の検討に備えて平地式の環状柱穴の遺構をSFCタイプと仮称することにしたい。

　②　隆帯文・微隆起線文土器（S1-2期）

静岡県富士宮市大鹿窪遺跡

　太めの隆帯を配する土器（1-2期）が出土する10号竪穴住居は、3-3C区で単独で検出された。埋没谷斜面に形成され、弱く掘り込んで斜面を壁にしていると観察されている。略方形で、壁際に小ピットがあるとともに中央に直線的に5基のピットが並ぶ構造を呈する。

栃木県宇都宮市野沢遺跡

　野沢遺跡では、爪形紋土器および並行する無紋土器を出土する竪穴状遺構

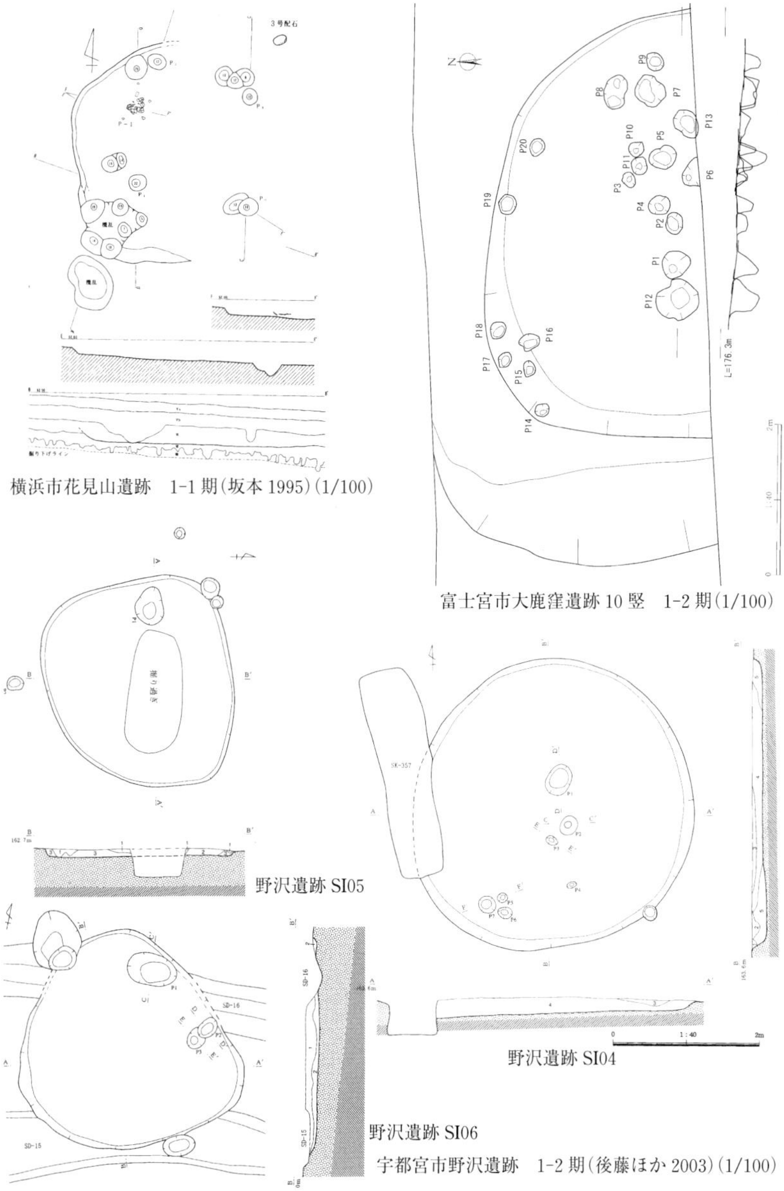

横浜市花見山遺跡　1-1 期（坂本 1995）(1/100)

富士宮市大鹿窪遺跡 10 竪　1-2 期(1/100)

野沢遺跡 SI05

野沢遺跡 SI04

野沢遺跡 SI06

宇都宮市野沢遺跡　1-2 期（後藤ほか 2003）(1/100)

図 5　縄紋草創期住居状遺構

3基が出土している。SI02竪穴状遺構は中央に主柱穴があり、クリ材が柱根として埋設されていた。中央に1本ないし数本の主柱穴を有する特徴的な竪穴住居を、仮に野沢タイプとしておく。報告では、㈱加速器分析研究所に委託し、草創期竪穴出土土器付着物および床面出土炭化材、SI04ピット2柱材についてAMS法¹⁴C年代測定をおこなっている。SI04出土土器付着物、床面炭化材、柱材はほぼ一致した¹⁴C年代測定値であるが、床面のコナラ材1点は1,000¹⁴C年以上新しい。SI05出土土器付着物は300¹⁴C年ほど新しいが、床面出土炭化材は他の測定値とほぼ整合的、SI06出土炭化材もほぼ整合的である。IntCalで較正した結果を見ると、ほぼ11,700〜11,800¹⁴C BPの測定値が多く、較正年代で13,700〜13,200 cal BPころと考えられ、隆線文土器3期〜爪形紋土器段階の住居例として位置づけられる。

群馬県みどり市西鹿田中島遺跡

群馬県みどり市（笠懸村）西鹿田中島遺跡において竪穴状遺構として、押圧縄紋・爪形紋並行期の15号住居と71号土坑、表裏縄紋土器期の7号住居、11号住居が検出されている。同一層から出土した表裏縄紋土器について熱ルミネッセンスによる測定などが試みられ、その結果は12,500±1,200TL年代であった。これは爪形紋〜押圧縄紋・表裏縄紋古手にかけての年代と対比される。

宮崎県都城市王子山遺跡

隆帯文土器を出土する4基の竪穴状遺構が出土している。すべて小型の方形の竪穴で、炉はない。SC9fは柱穴もなく、SC22は長軸方向で半損のため全体が不明だが中央に2本の柱穴が認められる。SC21・23は壁外に小ピットがめぐる。

宮崎県宮崎市上猪ノ原遺跡

第5地区において隆帯文土器（S1-2期）を伴う竪穴住居14基が検出されている。竪穴の構造は壁外に柱穴がめぐるもの、中央に炉跡を設けるもの、楕円形を呈するものが多いことが特徴として挙げられている（秋成2018）。壁外に柱穴を配する特徴的な方形・円形竪穴は、その後東日本太平洋岸の地

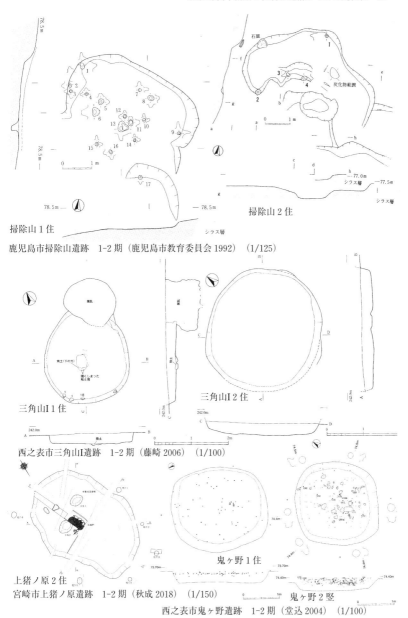

掃除山 1 住

掃除山 2 住

鹿児島市掃除山遺跡　1-2 期（鹿児島市教育委員会 1992）　（1/125）

三角山I 1 住

三角山I 2 住

西之表市三角山I遺跡　1-2 期（藤崎 2006）　（1/100）

上猪ノ原 2 住

鬼ヶ野 1 住

鬼ヶ野 2 竪

宮崎市上猪ノ原遺跡　1-2 期（秋成 2018）　（1/150）

西之表市鬼ヶ野遺跡　1-2 期（堂込 2004）　（1/100）

図 6　縄紋草創期住居状遺構

域にも拡がりを見せており、上猪ノ原タイプと仮称したい。

鹿児島県西之表市鬼ヶ野遺跡

　中種子町三角山Ⅰ遺跡は、種子島に位置する草創期前半末頃の隆帯文土器、奥ノ仁田式を伴う竪穴状遺構をもつ遺跡である。鬼ヶ野遺跡では竪穴出土土器付着物を測定し（2号竪穴の土器3、6の2点）、11,990 ± 60、12,130 ± 60^{14}C BP という結果であった。三角山Ⅰ遺跡、鬼ヶ野遺跡住居状遺構例は、ともに草創期隆線文土器段階末葉（1-2期）から爪形紋・押圧縄紋期併行期（2-1期）にまたがる、奥ノ仁田式土器期の隆帯文土器群の時期である。他に南九州では栫ノ原遺跡、奥ノ仁田遺跡で配石遺構、東黒土田遺跡で舟形石組遺構等が検出されている。

　このほか、南九州地方鹿児島県種子島の三角山Ⅰ遺跡、鹿児島市掃除山遺跡などの隆帯文土器を伴う竪穴状遺構が多数検出されている。三角山Ⅰ遺跡例など、柱穴・炉のない竪穴の遺構が多い傾向がある。鹿児島県牧野遺跡では竪穴状の集石遺構が検出されているが、竪穴状遺構廃棄後に集石に利用された可能性があろう。

③　爪形紋・押圧縄紋段階（S2-1期）

群馬県太田市下宿遺跡

　爪形文土器を伴う土坑が9基程度検出されている（太田市教育委員会 2012）。このうち、5号土坑は、径 3.5m、深さ 15cm の円形の竪穴で、炉は有さないが竪穴住居の可能性があると考える。14 〜 42cm の柱穴が壁から壁外にかけて設けられている。

静岡県沼津市葛原沢第Ⅳ遺跡

　葛原沢第Ⅳ遺跡からは、繊維を多く含む隆帯文土器と、押圧縄紋土器多数を伴出する第1号住居跡が検出されている。このうち、第1号住居跡は火災住居と考えられ、クリ、アワブキなどの材が部分的に放射状に横たわる状態で住居外周寄りを中心とした床面上に遺存していた。調査者によりパリノ・サーヴェイ社に委託して、以下のような年代測定が行われている。

　Gak-18193　試料53　10,930 ± 160^{14}C BP

Gak-18194　試料 54　11,400 ± 140¹⁴C BP

Gak-18195　試料 55　9,600 ± 260¹⁴C BP

Gak-18196　試料 58　9,600 ± 510¹⁴C BP

Gak-18197　試料 83　8,540 ± 150¹⁴C BP

　これらと別に第 1 号住居炭化材を測定した結果、10,860 ± 60 〜 10,960 ± 60¹⁴C BP の結果となり、10,900¹⁴C BP 付近を中心に 1 σの誤差範囲以内でまとまる。以前の測定結果のうちの試料 53 以外はかなりばらけた結果となっているが、これらについては他機関での測定であり試料や処理状況、測定状況も不明なので除外し、新しい測定結果のみを扱うこととする。IntCal を用いた較正年代で、11,000 〜 10,850 cal BC に含まれる確率が 94％以上であり、おおよそ 12,900 〜 12,850 cal BP 頃と推定できる。草創期後半押圧縄紋期として整合的な年代であり、ヤンガードリアス小氷期と呼ばれる寒冷期である。樹種同定の結果がクリであることと、寒冷期の年代であることとの整合性についての検討が必要であるが、野沢遺跡の中央柱穴の柱材もクリ材であり、草創期中葉にクリの利用が広くおこなわれていることは興味深い。

静岡県富士宮市大鹿窪遺跡

　大鹿窪遺跡からは、無紋土器段階の旧石器終末期 S 0 期の土器を伴わない竪穴状遺構、隆帯文土器を伴う S1-2 期の竪穴状遺構、押圧縄紋を伴う S2-1 期の竪穴住居 13 基以上が検出された。押圧縄紋・爪形紋を伴う竪穴住居は、6 〜 3m 程度の不整楕円形を呈し、竪穴外周に柱穴がめぐるタイプが多い。

　1 号竪穴住居址は長さ 4.2m の方形で 55cm と深く、壁外に多数の小ピットをめぐらす。炭化物を伴う浅い掘り込みがあり炉と考えられる。

　2・3・11・12 号竪穴住居址は重複関係を持ち、炉はなく方形・長方形を呈する。2 号住居址の中央付近に炭化物集中があり、炉の可能性がある。柱穴は壁外にめぐる小ピットである。

　4・5・14 号竪穴住居址は重複する。4・5 号竪穴住居址とも不整な方形を呈し、壁外の周辺に小ピットをめぐらせる。6・7・9 号竪穴住居はそれぞれ単独であるが、炉を有さず壁外に小ピットをめぐらせる構造は共通する。他

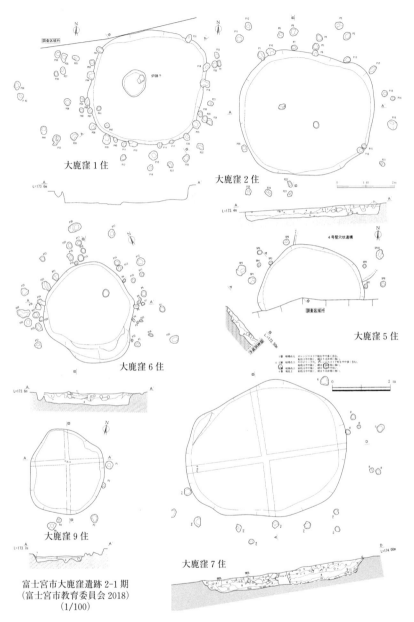

図7　縄紋草創期住居状遺構

の竪穴住居とされる遺構は、重複や部分的調査のため形状等は不明確である。

　筆者は二度にわたる調査時に現地を訪れ、14C 年代測定をおこなっている（小金澤 2003、富士宮市教育委員会 2018）。縄紋時代草創期押圧縄紋土器が出土している 5 号竪穴状遺構土上層に遺存していた炭化材を 14C 年代測定し、較正年代で紀元前 10,935 ～ 10,865cal BC に含まれる可能性が 92％の確率密度分布であった。7 号竪穴状遺構出土炭化材（Beta-170267、縄紋草創期押圧縄紋期）の測定結果は、10,910 ± 6014C BP、δ 13C -26.7‰、較正年代（2 σ）11,005 ～ 10,865cal BC（95.7％）である。おおよそ葛原沢第Ⅳ遺跡 1 号住居炭化材と同一の年代である。押圧縄紋期の竪穴住居として良好な事例である。

三重県松阪市粥見井尻遺跡

　爪形紋に類すると考えられる無紋土器を主とする竪穴住居 4 基が報告されている。うち、SH8 を SH24 が重複している。各遺構は略円形の竪穴で炉はなく、壁柱または一部壁外にかけて環状に並ぶ杭状の小ピットをめぐらす、よく類似した形態を呈する。小ピットについては、中心部に向かって斜方向で「垂木穴」と考えられると報告される。遺構の大きさは、径 6 ｍの 2 基と径 4.2ｍの 2 基に分かれ、掘り込みは 25 ～ 60cm とばらつくものの概ね深い。報告者の中川明は、一時期に 1、2 軒で SH4・10、あるいは SH8・10 または SH10・24 は同時存在した可能性があるとする。

鹿児島県姶良市建昌城跡

　薩摩火山灰の第Ⅷ層下位の第Ⅸ層に、無紋土器（S2-1 期）491 点を伴い、竪穴状遺構 8 基、集石 16 基、炉状遺構 8 基、土坑 105 基が検出された（姶良町教育委員会 2005）。竪穴は方形、円形を呈し、炉は有さず、壁外柱穴をめぐらせる。

　このほか、爪形紋・押圧縄紋段階と考えられる埼玉県宮林遺跡、群馬県西鹿田中島遺跡例他にも多数の当該期居住施設があり、全体の遺構数が増すとともに一遺跡内での検出数も多くなり、個々にみても竪穴が深くなる傾向が認められる。

④　草創期多縄紋〜早期移行期無紋土器段階（S2-2 〜 S3-0 期）

　草創期後葉の住居状遺構は明確な資料がやや少ない印象をもつ。例えば、秋田県岩瀬遺跡 SH66 は、礫層の上に構築されており（図8）、きわめて形状をつかみにくい（利部ほか1996）。近年では山形県南陽市において壁際および壁外に小柱穴をめぐらす竪穴が調査されている（長井2019）。

長野県上松町お宮の森裏遺跡

　多縄文土器を出土する竪穴住居 9 基が検出されている。4.4 〜 6 m の大きさの円形または方形で、1 基には中央床面に焼土があり炉と考えられるが、ほかは炉をもたず、壁際内側に環状に柱穴をめぐらす共通性の高い住居形態をもつ（図8）。こうした形態をお宮の森裏タイプと仮称しておきたい。13 住・19 住は環状にめぐる柱穴とともに中央に深い柱穴があり、中央主柱穴が併用されている可能性がある。報告では、表裏縄紋土器の古段階を伴う 9、10、11、13、15、19 の 6 基と、新段階として 14、23、25 住の 3 基とに区分している（上松町教育委員会1995）。

岩手県花巻市上台Ⅰ遺跡

　上台Ⅰ遺跡は、草創期末から早期初頭に位置づけられる無紋土器を伴う竪穴状遺構が検出されている。道路幅のみの調査であり全体像は不明であるが、複数の竪穴状遺構が検出されている。これらはおおよそ円形を呈し、炉・柱穴は認められない（酒井2005）。住居出土無紋土器付着物や炭化材から、以下の年代測定結果を得ている。炉・柱穴をもたない比較的小型の円形竪穴は、古い段階の三角山Ⅰ遺跡や下宿遺跡などに類例があり、基本的にみられる形態であるが、特に東北地方の草創期後半には、櫛引遺跡、滝端遺跡、黄檗遺跡などに特徴的であり、櫛引タイプと仮称しておく。

　RA01 住居跡は 4 m ほどの円形で床面積 8.6m^2 と報告される竪穴である。出土土器内面付着物は 9,850 ± 50^{14}C BP、較正年代で 9,410 〜 9,240cal BC で、縄紋草創期後半〜早期初頭の年代に整合的な年代である。

　RA02 住居跡は 3 m ほどの円形で床面積 6.2m^2 と報告される竪穴である。出土炭化材で 9,540 ± 40^{14}C BP（Beta-161171）、較正年代 9,135 〜 8,755cal

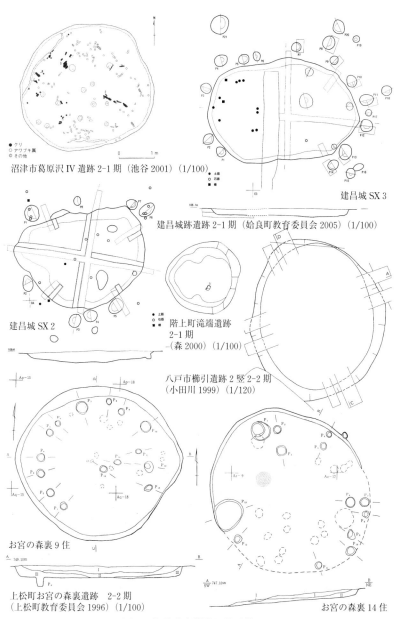

沼津市葛原沢 IV 遺跡 2-1 期（池谷 2001）（1/100）

● クリ
○ アワブキ属
◎ その他

0　　　　1 m

建昌城 SX 3

建昌城跡遺跡 2-1 期（始良町教育委員会 2005）（1/100）

建昌城 SX 2

階上町滝端遺跡
2-1 期
―（森 2000）（1/100）

八戸市櫛引遺跡 2 竪 2-2 期
（小田川 1999）（1/120）

お宮の森裏 9 住

上松町お宮の森裏遺跡　2-2 期
（上松町教育委員会 1996）（1/100）

お宮の森裏 14 住

図 8　縄紋草創期住居状遺構

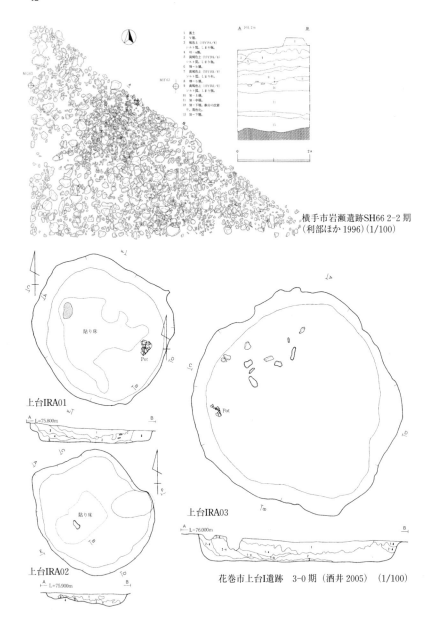

横手市岩瀬遺跡SH66 2-2 期
（利部ほか 1996）（1/100）

上台IRA01

上台IRA02

上台IRA03

花巻市上台I遺跡　3-0 期（酒井 2005）（1/100）

図 9　縄紋草創期住居状遺構

BC であった。

　RA03 は 6 m ほどの円形で床面積 19.06m^2 と報告される竪穴である。住居跡出土炭化材で 9,540 ± 40^{14}C BP（Beta-161171）、較正年代 9,135 ～ 8,755cal BC で、RA02・03 の炭化材は、RA01 の土器付着物に比べるとやや新しい。

　福島県岩下向 A 遺跡 8 住も類似した無紋土器を出土する。不整方形の竪穴で炉はなく、壁際に小柱穴がめぐる。仙台内前 F 地点 2 住も同様の状況がみられる（表 2 参照）。

　上台 I 遺跡などにみられる「薄手無文土器」については、土器編年的にも、草創期末葉に位置づける意見と早期初頭に位置づける意見とがある。中野拓大は「木通沢式」として設定し、草創期末葉多縄紋土器に関連して成立してくるものであり、日計式直前において早期初頭に下限が位置づけられるとしている。

　このほか、多縄紋期では青森県櫛引遺跡、群馬県西鹿田中島遺跡 7 号住などで整合的な年代が得られている。

大分県佐伯市森の木遺跡

　森の木遺跡では、隆帯文土器（S1-2 期）を伴う北部建物群と草創期末から早期初頭と考えられる無紋土器（S3-0 期）を伴う南部建物群が検出されてい

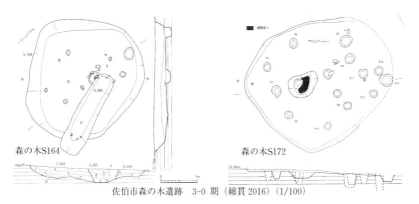

佐伯市森の木遺跡　3-0 期（綿貫 2016）（1/100）

図10　縄紋草創期住居状遺構

る。北部建物群は 6 基の竪穴建物が中央の遺構が少ない空間を囲むように配
置されると報告されている（綿貫 2016）。S246、S385、S263 は近接または切
りあうが、それ以外は 4 〜 6 m の距離を置く。円形・方形・不定形で大きさ
3 〜 6 m、深さ 20 〜 45cm の竪穴で、柱穴はもたないもの、壁近くに配置さ
れるもの、直線的に並ぶものなど多様であるが、壁際柱穴をもつものが最も
多い。南部建物群は、15 基が帯状に並ぶとされる。S168 と S186、S158 と
S370、S372 が切りあう。円形、方形の竪穴で、中央に炉と考えられる焼土
を含む掘り込みをもつものもある。炉としなかったが S160、S162、S164 は
竪穴中央に土坑状の掘り込みをもち、灰床炉の可能性もある。柱穴は不規則
に多数設けられるものが多い。九州地方では方形の竪穴で竪穴内に炉・柱穴
をもたず、壁外の周辺に柱穴をめぐらすタイプが、S1-2 期の上猪ノ原遺跡、
S2-1 期の建昌城遺跡などにみられたうち、S3-0 期とした森の木遺跡を経て、
早期に至っても 10,700 〜 10,300cal BP 頃の加栗山式期と考えられる鹿児島
県上野原遺跡の集落などに類似した平面形の小型竪穴状遺構として受け継が
れていくものととらえられる。

4　縄紋時代草創期の居住活動

1．住居状遺構の様相

　以上のように見ていくと、旧石器時代、およびそれに類した内容をもつ縄
紋草創期住居状遺構の考古学的調査例については、稲田による批判に照らし
ても多くの検討を要する点がある。その点については筆者も草創期住居の認
定について上記したとおりである。しかしながら、もともと遺構としての遺
存が不明瞭とならざるを得ない平地式の住居構造を想定すると、最初からす
べての可能性を排してしまうとなんらの検討をおこなうことも不可能となる
恐れがある。したがって、その確かさについての検討を加えていくためにも
まずは既報告例を集成し、いくつかのレベルに応じて示していかざるをえな
いと考える。

　まずは、いくつかのレベルの視点から、遺構としての確かさ、考古学的な
性格を検討するためのデータを示しておく必要がある。

Level-1　発掘調査におけるピット・炉・掘り込みの調査者の認識、意識
　　　　　的・無意識的ねつ造や誤認からの保証・検証手段

Level-2　考古学的事実として遺構が存在した場合の自然営為（植物痕跡や
　　　　　地割れ等）との弁別

Level-3　人為的な痕跡として認められた上での住居と捉えるかどうかの
　　　　　基準（住居状遺構の定義）

Level-4　住居状遺構として認められた上での、その規模・構造（柱穴本数
　　　　　や炉・床面・壁の有無）や上屋構造（覆屋の構造・入口施設など）、耐
　　　　　久性、居住期間、居住員数など、その性格の検討が可能かどうか

報告書からの検討では限界もあるが、今回の集成においてはあくまで筆者
の判断において、どのレベルでの検討が必要かを示しておく。炉が存在する
場合は、人為遺構としての存在が確実と考えるが、炉のみでは住居状遺構と
とらえる根拠にかけ、大きさが3m未満の竪穴では住居としての利用が可
能かどうかの判断が難しい。炉・床面・柱穴・竪穴など複数の構成要素につ
いて存在の確からしさがあったとしても住居として認定できるか、またその
上でも時期が確定できるか、どのような構造かが検討できる事例はきわめて
少ないと言わざるを得ない。

　そうした点を踏まえたうえで、表に示した縄紋草創期およびそれに近似し
た時期と考えられる住居状遺構について、住居状遺構の数および遺跡数に対
する比率、住居状遺構を有する場合の一遺跡での遺構数、竪穴状遺構または
ピット群での平面位置からの大きさ、平地から竪穴へと移り変わる掘り込み
の深さといった点について検討を加えたい。

　表2に示したように、一部に出土土器がなく詳細な時期が未確定なもの
（中戸例）、旧石器時代に属する可能性があるもの（泥道例）、早期に下る可能性
があるもの（上台Ⅰ・森の木遺跡例など）を含むが、草創期の住居状遺構の可
能性がある例として150例を集めることができた。ただし、大きさが2m

表3　地域・時期別の住居状遺構数

	1・2 北・東北	3 関東	4・5 北陸 中部	6 東海	7・8 近畿 中四国	9 北九州	10 南九州	計
旧石器	6	10	2		10	3	2	33
S0期	1	4		2				7
S1-1期		8		1				9
S1-2期	1			1	1	6	29	38
S2-1期	6	12	1	14	9		8	50
S2-2期	4	3	11	1		2		21
S3-0期	7					17		24
不明			1					1
計	25	37	15	19	20	28	39	183

表4　時期別の住居状遺構の大きさ　　（長軸　単位 m）

大きさ	-3.0	3.01-4.0	4.01-5.0	5.01-6.0	6.01-7.0	7.01-8.0	8.01-m	計
旧石器	6	15	5	2	1	1	2	32
S0期		2	4	1				7
S1-1期	2	4		1	1			8
S1-2期	15	8	9	6				38
S2-1期	17	9	14	2	3	1	1	47
S2-2期	2	4	9	5	2			22
S3-0期	5	12	4	2	1			24
計	47	54	45	19	8	2	3	178

程度の例を含み、居住に用いられない例もあり得る。また、秋田県岩瀬例、高地県奥谷南例など、人為的な整地面かにわかに判断できかねるものもあり、今後とも検討していく必要がある。本稿では、将来の検討の必要を認めつつも、まずは全体的な傾向を把握する目的から、あえて疑義の残る報告例も含めて住居状遺構の変遷について検討することとした。

表5　時期別の住居状遺構の深さ　　　　　　　（単位 m）

深さ	-0m	-0.1m	-0.2m	-0.3m	-0.4m	-0.5m	-0.6m	0.61-m	計
旧石器	16	0	6	2	4	0	1	3	32
S0期	3	2	2						7
S1-1期	2	5	1						8
S1-2期		2	16	12	3	4			37
S2-1期		1	13	14	6	5	7	2	48
S2-2期	1		5	9	1	2		2	20
S3-0期		5	4	6	3	1	1	4	24
計	22	15	47	43	17	12	9	11	176

表6　時期別の住居状遺構の炉

炉	なし	地床炉	配石炉	計
旧石器	19	4	6	29
S0期	3	1	3	7
S1-1期	6	3		9
S1-2期	30	6	2	38
S2-1期	42	4		46
S2-2期	15	4		19
S3-0期	23	1		24
計	138	23	11	172

表7　時期別の住居状遺構形態

形態	IA	IB	II
旧石器	16	10	7
S0期	3	4	
S1-1期	2	5	2
S1-2期			38
S2-1期			49
S2-2期	1		21
S3-0期			24
不明			1
計	22	19	142

２．居住活動および住居の出現率のあり方

　日本旧石器学会によると旧石器時代と縄紋時代草創期に該当する遺跡／文化層は、それぞれ 14,542 と 2,526 である。重複文化層を１遺跡として遺跡単位で数えると、旧石器時代遺跡が 10,150 遺跡、縄紋時代草創期遺跡が 2,432 遺跡となる。 旧石器時代の遺跡／文化層のうち、ナイフ形石器文化に属するものは 9,681、細石刃文化に属するものは 1,834 である（日本旧石器学会 2010）。

　旧石器時代の住居（縄紋草創期に属す可能性がある S0 期を除く）としては、

48

認定に賛否があるものを含めて 20 遺跡 33 例で、旧石器時代遺跡数で住居が
みられた数で比すると 0.20％、住居数を文化層数で除すると 0.23％となる。
今回の集成によると、縄紋草創期では、早期前葉に含まれる可能性のあるも
のや住居としての賛否があるものが含まれるが、旧石器末期の S0 期〜縄紋
早期最初頭の可能性がある S3-0 期まで広くとると 50 遺跡（56 文化層・地点）
150 例、狭義の意味で草創期と捉える S1-1 〜 S2-2 期に限定すると 41 遺跡
119 例となる。縄紋草創期遺跡のうち S1-1 〜 S2-2 期の住居のある遺跡は
1.69％、草創期文化層に対し住居数は 4.71％、S0 〜 S3-0 期では 2.06％、
5.94％となる。また、住居として表には掲載していないが、竪穴と報告され
居住施設の可能性がある遺構、南九州などで多い配石炉や、各地に散見され
る焼土跡・炉跡など炉のみがみつかっている 34 遺跡 42 遺構例を住居状遺構
に含めると S1-1 〜 S2-2 期で 75 遺跡 161 例となり、遺跡数では 3.08％、住
居数では 6.37％、S0 〜 S3-0 期で 84 遺跡・3.45％、192 例・7.60％となる。

　旧石器時代において住居状遺構は稀であり、特殊な条件下で構築されたか
遺存するに至った例外的な存在なのに対し、縄紋草創期では住居の存在は一
般的に普及したとは言えないが基本的に存在するものといえよう。

　ついで、時期ごとにその遺跡数での存在率と、存在する遺跡における住居
軒数を検討する。縄紋草創期の遺跡について、時期が特定でき、同時に単独
の石器出土のみの偶発的な活動痕跡と考えられる遺跡を除くため土器が出土
している遺跡に絞って集計している（ただし、当初段階とした S0 期無紋土器期
については遺跡数が減ってしまうため石器から同時期と考えられる神子柴長者久保段
階の遺跡を集計に加えた）。その結果、北海道〜鹿児島県までの縄紋草創期遺
跡として 522 遺跡を検討した（それらの遺跡一覧については本稿では紙数の関係
上省略する）。さらに縄紋草創期に対比される本ノ木型尖頭器が出土する遺跡
が、橋本勝雄（2017、2018）の集成によれば 157 遺跡数えられている。その
集成を S0 期に加算して計算する。旧石器時代最終末を含む S0 期から早期
最初頭を含む S2-2 〜 S3-0 期とした上で、時期ごとに住居状遺構またはそ
の可能性がある遺構を有する遺跡の比率をみると、下記のようになる。住居

状遺構・炉を合計して「住居」と略記する。

　S0 期　225 遺跡、住居のある遺跡 6、住居数 7 で、住居のある遺跡 2.67％、その平均住居数 1.2

　S1-1 期　108 遺跡、住居のある遺跡 11、住居数 17 で、住居のある遺跡 10.19％、その平均住居数 1.5

　S1-2 期　118 遺跡、住居のある遺跡 12、住居数 38 で、住居のある遺跡 10.17％、その平均住居数 3.2

　S2-1 期　111 遺跡、住居のある遺跡 15、住居数 49 で、住居のある遺跡 13.51％、その平均住居数 3.3

　S2-2 ～ S3-0 期　114 遺跡、住居のある遺跡 22、住居数 75 で、住居のある遺跡 19.30％、その平均住居数 3.4

　草創期（S1-1 ～ S2-2 期）計　451 遺跡、住居のあるのべ遺跡（文化層）47、住居数 125 で、住居のある遺跡 10.42％、その平均住居数 2.7

　これをみると、時期が下るごとに土器や遺構が出土する遺跡は徐々に増加し住居状遺構を伴う遺跡の比率も増加していく傾向が見られる。S0 期については草創期併行の可能性がある尖頭器出土遺跡を数えているが、母数となる無紋土器段階に併行する遺跡数の把握が難しいため、住居状遺構のある遺跡の比率が実態を反映しているか不明な点があるが、明確な住居状遺構は前田耕地遺跡例など数例に限られ、住居の存在はきわめて少ない比率となることは確かである。明確に住居状遺構が伴うと考えられるのは隆線文土器前半期の S1-1 期からで、約 10％の遺跡に居住痕跡が残るとみることができ、その遺跡に残る住居数は 1 ～ 2 軒といえる。S2-2 期以降、住居状遺構のある遺跡の比率は 20％近くに増え、居住痕跡が明確になっていくことが見て取れる。また、住居状遺構をもつ遺跡における住居状遺構軒数は S1-2 期以降 3 軒を超える。これらの遺跡における住居状遺構の同時期性についてはさらに検討を加える必要があるが、単独住の一時的構築から、同一地点における回帰的な居住または複数住居が同時に利用される可能性が検討されるであろう。なお、S1-2 期の一遺跡における住居状遺構数の増加は、主に南九州

の遺跡（上猪ノ原遺跡など）における住居状遺構の増加が大きく寄与するが、S2-1期以降はむしろ南九州は減退し、関東・東海など各地の住居状遺構を有する遺跡での平均軒数が増加し、3軒程度の平均値を示す。

　住居状遺構の形態をみると、旧石器段階には平地式の住居が多く、部分的な掘り込みを持つ遺構の掘り込みの深さでみても20cm以下が圧倒的に多い。S1期にもその傾向は続くが、S1-2期以降次第に30cm程度の掘り込みをもつ竪穴が増加し竪穴状遺構が大部分を占めるようになる上、S2期には次第に深い竪穴が増して50cm以上の深さをもつものも現れる。古い段階には掘込みが乏しく平地住居的な構造なのに対し、13,000年前〜11,600年前頃のヤンガードリアス期にあたる草創期後半には竪穴化し次第に深くなることが指摘できる。寒冷化に応じた住居構造の変化と考えられる。大きさをみると、初期において6m程度が多いのに対し段々と小さくなる傾向があり、後葉には2〜3mの小型円形の竪穴住居が多くなる傾向がある。一方で、炉については、古い段階から早期への移行期にかけて、特に傾向が変わることなく、殆どが炉をもたず、炉をもつものも地床炉で弱い痕跡しか残さない。ただし、旧石器時代または旧石器時代末期に属する古い段階には配石炉など礫を配する炉が一定数認められる。

　以上を概観すると、旧石器時代に平地式で環状にピットがめぐる住居状遺構が列島各地で散発的に存在し、隆線文土器期（S1-1期）に関東を中心に平地式または部分的に掘り込みをもつ住居状遺構が次第に増す。微隆起線文・隆帯文期（S1-2期）に深さ20cm程度の竪穴住居が増加し、特に南九州地方では複数の住居をもつ遺跡が出現する。爪形紋・押圧縄紋期（S2-1期）に関東・東海・近畿・南九州と列島の広域に深さ30cm程度の住居が展開するとともに、円形・方形の竪穴の壁外に小ピットをめぐらす形態が一般化する。その中でも東北地方は小型円形で炉・柱穴のないⅡa1イの形態の住居状遺構が多く、西日本、特に南九州ではS1-2期から小型〜中型の円形または方形で炉をもち壁外に柱穴をめぐらすⅡc10イまたはロの住居状遺構が目立つ。S2-1期の中間地帯の関東から東海にかけては炉を持たないⅡa10イまたはロ

の住居状遺構が多い。いずれにせよ、S1-1期において部分的な落ち込みや斜面部に構築することで片側の壁が立ち上がる構造を呈することで竪穴化した住居状遺構が、ヤンガードリアス小氷期の寒冷化によって深い掘り込みをもつ竪穴住居化した傾向は、地域を超えて認められ、寒冷化対策であった可能性が認められるだろう。

　S2-1期の時点で、一遺跡に複数の住居が同時存在した可能性や、回帰的に同一地点を利用する重複住居が多くなることから、居住活動にも変化が生じてきた可能性が考えられる。草創期末期の多縄紋期（S2-2）には南九州においてその時期の遺跡が途絶えるが、他の地域では掘り込みの深さを増した竪穴住居が存在するものの、同一遺跡内での住居数が減り、むしろ単独の住居が再び増加すること、小形の住居が多くなることも指摘できる。遺跡の数自体は増加していると考えられるので、草創期末期には分散して居住することも考えられる。S2-1〜S2-2期は寒冷期（ヤンガードリアス期）に相当するので、寒冷化に対応した竪穴の深化や、居住形態の変化が考えられよう。早期初頭に含まれる可能性が高い無紋土器の時期（S3-0期）の事例は限定的であるが、再び複数の同時存在住居が存在する可能性がある集落遺跡の存在が認められ、早期撚糸紋期、押型紋期の集落や貝塚遺跡の出現につながっていくものと予察される。

　住居状遺構の変遷を図11のようにまとめたい。旧石器末から草創期初頭のS1-1期は、平地式が主体で、前田耕地遺跡例のように全体がわずかに窪むタイプも見られるが、一部が窪む環状にめぐる柱穴が特徴的なSFCタイプ、斜面などの構築によって一部に壁が立ち上がる花見山タイプなど、平地式から次第に竪穴化していく様相が認められる。S1-2期には竪穴が一般的となり、南九州では円形竪穴で炉・柱穴のない三角山Iタイプの竪穴と、壁外柱穴をめぐらす上猪ノ原タイプの竪穴がみられ、東日本では中央主柱穴をもつ野沢タイプの竪穴が認められる。S2-1期には上猪ノ原タイプに類した壁外柱穴が特徴的な竪穴が建昌城遺跡や大鹿窪遺跡など多く認められるが、関東から東北にかけては炉・柱穴をもたない円形竪穴の櫛引タイプが、特に

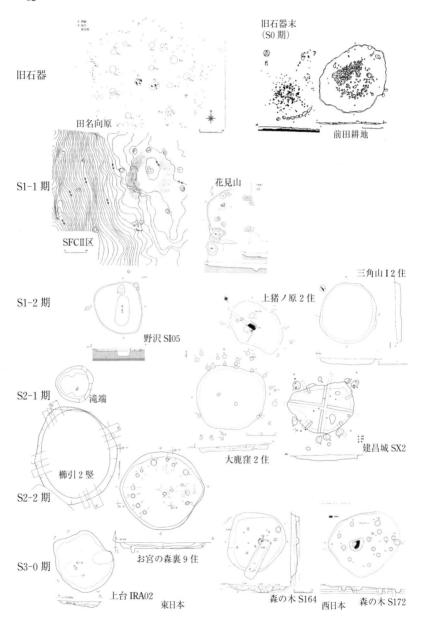

図11　住居状遺構の変遷（1/200、田名向原・SFCⅡ・上猪ノ原：1/300）

東北においては S3-0 期まで主流である。S2-2 期のお宮の森裏タイプとして、壁近くに柱穴が配される竪穴が特徴的となっていく。

3．定住化からみた縄紋文化の始まり

　開かれた地形上に設けられる住居施設と対比される存在として岩陰・洞穴居住が挙げられる。岩陰・洞穴居住は、全体として多いとはいえず時期的にその比率を示すには至らないが、草創期全体の中で8％ほどを占める数である。その中でも古い時期にその存在感を大きく感じるが、遺跡数をみるとS2-2 期多縄紋期における岩陰居住の比は多く 13％を占める。早期前半に向けて岩陰・洞穴利用が増していく可能性が考えられる。草創期隆線文土器段階・無紋土器段階・早期押型紋土器段階にそれぞれ居住痕跡が認められる愛媛県上黒岩岩陰遺跡や新潟県入広瀬村黒姫洞窟遺跡、長崎県福井洞窟遺跡などに代表されるように、後期旧石器・縄紋草創期・早期にかけて洞窟・岩陰居住も認められる理由については、山間部での居住形態と台地部での居住形態が異なっているのか、例えば季節的な移動を示すのかなどセツルメントシステムとして検討が必要である。開地遺跡での居住痕跡にしても、例えば神奈川県藤沢市の SFC 遺跡（図 4）付近は小規模な居住施設・土器集中を伴う滞在地が散在しており、一定領域の範囲における移動的な定着が想定される。地域ごとの遺跡群の動態を検討することによって、定住化のプロセスについて考えていく必要がある。

　さらに、台地上の集落の存在を含めて居住活動について検討すると、時期が下るにつれて住居を有する遺跡での平均住居数が増していることからも明らかなように、その同時存在についてはなお検討を要するが、一遺跡内に多数の住居を有する遺跡が増えていく。ただし、地域的な偏差が大きく、南九州では S1-2 期に多数の住居を有する遺跡が出現するが、その後は南九州では遺跡自体が減じており、S2-1 期にいたって東海、近畿、関東などに複数の住居を有する遺跡が展開していく。そうした様相についても検討を深めていく必要がある。

　今回の集計では、岩陰遺跡も含めて時期別の集計をおこなったが、岩陰遺跡に住居状遺構が伴うとは想定しにくい。福井洞窟、泉福寺洞窟、上黒岩岩陰遺跡などは洞窟や岩陰そのものが居住施設となっていることは間違いない。その一方で、日向洞窟西遺跡のように岩陰遺跡の前面にありながら住居状遺構を有する事例もある。洞窟・岩陰遺跡での居住と住居状遺構との比較検討も必要であろう。

　上黒岩岩陰では草創期前半・後半・早期前半の3段階に生業活動拠点として利用され、早期後半にはヒト・イヌ（7,400〜7,200cal BP）の埋葬がおこなわれた。第2岩陰では早期前半から後葉に生業基地として利用され、早期後葉にはヒトの再葬墓が設けられた。短期的居住を含む岩陰遺跡の日常活動域は、広くても6ｍ×4ｍほどの範囲であるが、これらは草創期居住施設の大きさと比べて同程度かむしろ大きめの住居面積に相当し、1家族程度の小集団が短期的に居住した痕跡と捉えうる。残された石器組成や、土器量からみても、草創期から早期にかけて次第に量的に活動量が増す傾向がみられるが、土器量の増加は、定着的に一箇所に留まる期間が延びたことや回帰的に利用する回数、その継続する期間が増したことにより増加したものと考える。縄紋早期には、貝塚の形成や住居軒数として増加する集落が増えることは認められ、縄紋文化の中で一部に集約的な居住が生じていく可能性はあるが、草創期から早期にかけては主体とする生業活動の種類は変わりつつも、基本的に小集団が短期的（1季節から数年程度）に、活動拠点に設営した生業基地に居住しつつ、地域内を遊動していたと想定できる。特に、草創期〜早期の上黒岩などの岩陰居住の場合は、一定領域内に季節的に定着し、冬期には遠隔地に移動していた可能性が想定されよう。

　居住活動に関する指標として、土器量も問題となるであろう。一集団の保有土器量について、口縁部個体などから個体数を復元すると、列島全域で、土器出現期が数個体以下の土器しか保有しないことは共通するが、草創期の中で時期につれて単純に土器量が増加することはない。南九州では草創期中葉に最も土器量が多い。土器保有量の時期・地域別の様相については、改め

て別稿で扱う予定である[1]。

　縄紋時代草創期・早期の定住化には、多様なプロセスが予想されるが、台地上の居住施設による居住痕跡・集落遺跡と岩陰・洞窟での居住痕跡との間には、規模・土器量・石器組成などにおいて、対比可能な部分が認められ、短期間の一定地への定着と回帰的な一定地域内での遊動、大きく地域を越えた移動（例えばフォーレジャー型の季節的なセツルメントシステム）が複合的に合わさったあり方が存在すると考えられよう。

お わ り に

　日本列島に人類が居住したのは、確実なところでは後期旧石器時代前半期にあたる約3.8万年前にあたり、東京都内の旧石器時代遺跡の立川ローム層下部に当たるX層文化層に伴う ^{14}C 年代測定結果として得ることができている（小林 2018 など）。しかし、旧石器時代を通じては、わずかな数の住居状遺構は残されるが、ほとんどはテント状の簡便なつくりであり、動物の群れを追って移動する居住形態に伴うあり方である。1.5万年前を遡る縄紋時代草創期に至り、環境の温暖化とそれに伴う動物相・植物相の変化に適応し、土器や弓矢を手にするとともに、一定の地域に定着するための居住施設を次第に確立させていった。はじめは平地式に近いテント状の施設と考えられるが、次第に竪穴化し、しっかりした上屋構造を持つ長期滞在が可能な施設へ変化していった様相が認められる。植物質食料の採取や、罠猟などを含む一定地域内に滞在した形での狩猟が主体となり、定着的な居住形態が完成していった反映ととらえられる。それとともに、一定の施設の中に小集団が生活を長期にわたり共同する体制が整えられ、明確な血縁集団が年間を通して生活するようになり、夫婦と親子関係が基盤となる家族が実質的な生活単位となったと考えられる。こうした点から考えても、その後に日本列島に暮らす人々の基盤となる形を作ったのが縄紋時代草創期であり、日本史における人類史的な意味での大きな画期となっていると評価できると考える。

　今後も、土器、石器などの装備品のあり方、生業活動や食性復元を通してのアプローチ、今回取り上げた住居状遺構を含めた当該時期のセツルメントのあり方、環境変動と文化変化との関連について、さらに検討を深めていく必要があるだろう。

付記　本稿は、中央大学人文研共同研究「考古学と歴史学」（2016〜2019年度）、平成25〜29年度科研費基盤研究B（小林謙一 25284153）などの成果を用いた。及川穣、遠部慎、坂本稔、工藤雄一郎、長井謙治、奈良貴史、春成秀爾、兵頭勲、米田穣、綿貫俊一、永田悠記ほかの各氏および中央大学、久万高原町教育委員会、国立歴史民俗博物館に謝意を表します。

1)　小林謙一 2020 予定稿「縄紋草創期遺跡の遺物量」『中央大学考古学論集』1。なお同書には永田悠記「縄文時代草創期の竪穴住居址の様相」が発表予定であるが、本稿には反映しえなかった。

参 考 文 献

始良町教育委員会 2005『建昌城跡』始良町埋蔵文化財発掘調査報告書第10集

青木豊・内川隆志 1993『勝坂遺跡第45次調査—相模原市市道磯部上出口改良事業に伴う埋蔵文化財調査—』相模原市市道磯部上出口改良事業地内遺跡調査団

秋成雅博 2008「宮崎県清武町上猪ノ原遺跡第5地区の調査」『考古学研究』第54巻第4号

秋成雅博 2018『清武上猪ノ原遺跡第5地区』宮崎市文化財調査報告書第119集

池谷信之 2001『葛原沢第Ⅳ遺跡（a・b区）発掘調査報告書Ⅰ—縄文時代草創期・縄文時代—』沼津市文化財調査報告書第77集

出水市教育委員会 1986『出水市埋蔵文化財発掘調査報告書2：上場の遺跡』

稲田孝司 1988「日本における旧石器時代住居遺構の批判的検討」『考古学研究』50-3

上松町教育委員会 1995『お宮の森裏遺跡』

江坂輝弥・西田栄 1967「愛媛県上黒岩岩陰」『日本の洞穴遺跡』224-236ページ、日本考古学協会

太田市教育委員会 2012『下宿遺跡発掘調査報告書』

大野尚子・小林謙一編 2014『中央大学文学部考古学研究室調査報告書4　上黒岩第2岩陰遺跡』中央大学文学部考古学研究室・久万高原町教育委員会

岡村道雄 1979「旧石器時代遺跡の基礎的な理解について」『考古学ジャーナル』第

167 号

岡村道雄 1990『日本旧石器時代史』雄山閣出版

小田川哲彦 1999『櫛引遺跡』青森県埋蔵文化財調査報告書第 263 集

鹿児島市教育委員会 1992『掃除山遺跡』鹿児島市埋蔵文化財発掘調査報告書（12）

かながわ考古学財団 1998「用田バイパス関連遺跡群ローム層中出土の炭化材」『旧石器時代の住居遺構を探る』

加藤晋平・桑原護 1969『中本遺跡』

加藤晋平・藤本強 1969『1 万年前のたんの』

鹿又喜隆 2007「東北地方における土器出現期の様相」『第 2 回年代測定と日本文化研究シンポジウム予稿集』

工藤雄一郎 2011「縄文時代のはじまりのころの気候変化と文化変化」『縄文はいつから!?―地球環境の変動と縄文文化―』新泉社

栗原伸好 2010「小保戸遺跡の環状分布を呈する礫群（速報）」『かながわの旧石器時代のムラと住まいを探る』平成 21 年度考古学講座、神奈川県考古学会

栗原伸好 2013「小保戸遺跡の環状分布を呈する礫群」『20 周年記念事業公開セミナー「神奈川の発掘調査成果にみる考古学研究の転換点」―「発見」から導かれる研究の方向性―』公益財団法人かながわ考古学財団

栗島義明 1989「旧石器時代住居と遺物分布に就いて（上）」『土曜考古』第 14 号

公益財団法人かながわ考古学財団 2013『小保戸遺跡』かながわ考古学財団調査報告 288

小金澤保雄 2003『大鹿窪遺跡　窪 B 遺跡（遺構編）』芝川町教育委員会

児玉健一郎・中村和美『奥ノ仁田遺跡・奥嵐遺跡』西之表市埋蔵文化財発掘調査報告書（7）

小林謙一 1992「草創期住居状遺構について」『湘南藤沢キャンパス内遺跡』第 2 巻縄文時代 I 部、慶應義塾

小林謙一 1993「慶應義塾湘南藤沢キャンパス（SFC）遺跡」『藤沢の縄文草創期を考える会　発表要旨』湘南考古学同好会

小林謙一 2008「日本列島における初期定住化遺構の年代測定研究」『白門考古論叢 II』中央大学考古学研究会

小林謙一 2012a「上黒岩遺跡現状測量調査報告」『国立歴史民俗博物館研究報告』第 172 集、国立歴史民俗博物館（千葉）、小林謙一・工藤雄一郎編

小林謙一 2012b「日本列島における出現期の土器の様相」『増補　縄文はいつから!?―地球環境の変動と縄文文化―』新泉社

小林謙一 2014「縄紋時代の住居から見た小保戸遺跡」『石器文化研究』19、石器文化研究会

小林謙一 2017『縄紋時代の実年代　土器型式編年と炭素 14 年代』同成社

小林謙一 2018「武蔵台遺跡出土炭化材の^{14}C 年代測定と較正年代」『府中市武蔵台遺跡武蔵国分寺跡関連遺跡―都立府中療育センター改築工事に伴う埋蔵文化財発掘調査―』東京都埋蔵文化財センター調査報告第 334 集

小林謙一 2019「上黒岩岩陰遺跡の居住形態―縄紋時代のはじまりにおける定住化の諸様相―」『第 30 回中四国縄文研究会愛媛大会　四国山地の考古学―そこに山があるから、縄文時代研究！―資料集』中四国縄文研究会

小林謙一・桜井準也 1992『湘南藤沢キャンパス内遺跡』第 2 巻縄文時代 I 部、慶應義塾

小林謙一・西本志保子・大野朝日・遠部慎・奈良貴史・米田穣・及川穣 2019「愛媛県上黒岩第 2 岩陰遺跡における縄紋早期集積骨葬の調査」『日本考古学協会第 85 回総会研究発表要旨』

後藤信祐・相田孝・亀田幸久・安藤美保 2003『野沢遺跡・野沢石塚遺跡』栃木県埋蔵文化財調査報告第 271 集、（財）とちぎ生涯学習財団埋蔵文化財センター

酒井宗孝 2005『上台 I 遺跡発掘調査報告書（1）』花巻市博物館調査研究報告書第 2 集

坂下貴則 2008「田名塩田遺跡群における旧石器時代の石囲炉」『駒澤考古』第 33 号　駒澤大学考古学研究室

坂本彰 1995『花見山遺跡』港北ニュータウン地域内埋蔵文化財調査報告 XVI、横浜市ふるさと歴史財団

相模原市教育委員会 2004『田名向原遺跡 II』相模原市埋蔵文化財調査報告書 31

桜井準也 1996「相模の地域における縄文時代草創期遺跡のあり方―隆線文期の評価をめぐって―」『考古論叢神奈河』第 5 集　神奈川考古学会

鈴木忠司 1983「旧石器時代人のイエとムラ」『季刊考古学』第 4 号

鈴木保彦 2001「縄文時代草創期の住居址と住居状遺構」『縄文時代』第 12 号

武田耕平 1988『昭和 62 年度沢小屋地区土地改良総合整備事業　仙台内前遺跡』福島市教育委員会

田名塩田遺跡発掘調査団 2003『田名向原遺跡 I』相模原市埋蔵文化財調査報告書 30

谷口康浩 2004「日本列島初期土器群のキャリブレーション^{14}C 年代と土器出土量の年代的推移」『考古学ジャーナル』519　ニューサイエンス社

田村隆・橋本勝雄『房総考古学ライブラリー 1　先土器時代』（財）千葉県文化財センター

東京都教育庁生涯学習部文化課 2002『前田耕地遺跡：縄文時代草創期資料集』

堂込秀人 2004『鬼ヶ野遺跡』西之表市埋蔵文化財発掘調査報告書 14、西之表市教育委員会

利部修ほか 1996『岩瀬遺跡』秋田県文化財報告 263

長井謙治 2019「約 12,000 年前の低湿地遺跡　山形県南陽市北町低湿地遺跡」『季刊考古学』第 148 号、雄山閣

日本旧石器学会 2010『日本列島の旧石器時代遺跡―日本旧石器（先土器・岩宿）時代遺跡データベース―』

西之表市教育委員会 2004「鹿児島県西之表市鬼ケ野遺跡出土土器付着物の ¹⁴C 年代測定」『鬼ケ野遺跡』西之表市埋蔵文化財発掘調査報告書（14）

萩谷千明 2000『利根川下流域の縄文草創期』岩宿遺跡博物館

萩谷千明 2007「遺跡出土資料からみた更新世末から完新世初頭の北関東」『第 2 回年代測定と日本文化研究シンポジウム予稿集』

橋本勝雄 2017「柏市小山台遺跡出土の旧石器・縄文時代の石器―本ノ木型尖頭器・木葉形薄型尖頭器・花輪台型五角形鏃の紹介と関連資料の検討―」『研究連絡誌』第 78 号、公益財団法人千葉県教育振興財団

橋本勝雄 2018「柏市小山台遺跡出土の旧石器・縄文時代の石器とその評価―国府系ナイフ形石器・上ゲ屋型彫刻刀形石器・本ノ木型尖頭器・出現期石鏃の紹介と関連資料の検討―」『研究連絡誌』第 79 号、公益財団法人千葉県教育振興財団

林謙作 2000「縄紋時代史　41. 定住集落の成立と普及（11）」『季刊考古学』第 73 号

春成秀爾・小林謙一編 2009『国立歴史民俗博物館研究報告第 154 集　愛媛県上黒岩遺跡の研究』国立歴史民俗博物館

兵頭勲 2017『愛媛県歴史文化博物館資料目録第 25 集　久万高原町上黒岩岩陰遺跡出土遺物』愛媛県歴史文化博物館

藤崎光洋 2006『三角山遺跡群（3）（三角山 I 遺跡）　第 2 分冊縄文時代早期以降編』鹿児島県立埋蔵文化財センター発掘調査報告書（96）新種子島空港建設に伴う埋蔵文化財発掘調査報告書第 2 集、鹿児島県立埋蔵文化財センター

富士宮市教育委員会 2018『大鹿窪遺跡発掘調査総括報告書』

府中市遺跡調査会 2002『府中市埋蔵文化財調査報告 30』

松本安紀彦 2019「四国西南地域の縄文文化 1―草創期・土器の始原の頃について―」『縄文時代』30

望月芳・桜井準也・小林謙一 1994『南鍛冶山遺跡発掘調査報告書』第 1 巻縄文時代草創期、藤沢市教育委員会

森淳 2000『滝端遺跡発掘調査報告書』青森県階上町教育委員会

吉田政行 1998「付編　旧石器時代の「住居遺構」集成を通して」『旧石器時代の住居遺構を探る』かながわ考古学財団

若月省吾・小菅将夫・萩谷千明 2003『西鹿田中島遺跡発掘調査報告書（1）』笠懸村教育委員会

綿貫俊一 2016『森の木遺跡発掘調査報告書』大分県教育庁埋蔵文化財センター調
　査報告書第 88 集

黒曜石産地分析のあゆみと
縄文時代草創期・早期関東の分析

建 石　　徹

は じ め に

　黒曜石は鋭利な刃部を作り出せるため、旧石器時代から世界各地の剝片石器の素材として広く用いられてきた。黒曜石は一部の火山地域にのみ産するにもかかわらず、その範囲を大きく越えて産地から遠く離れた地域の遺跡からも多くが出土することが早くから知られてきた。これは何らかの人為的な理由・手段により、黒曜石が産地から移動された結果と考えられ、そのため先史時代における物資の移動・交換の実態を検討する重要な手がかりとして、そしてまたその魅力的な輝きや（石鏃等の）形態にも所以して、考古学研究の比較的初期から特段に注目された資料のひとつであった。

　本稿では、日本における研究を中心に、黒曜石産地分析のあゆみを概観した上、関東における縄文時代草創期・早期遺跡より出土した黒曜石資料の産地分析結果を集計し、考察する。

1　黒曜石産地分析のあゆみ

1．研究の黎明──はじまりは坪井正五郎──

　黒曜石は産地が限られるため、その遠隔に所在する遺跡から出土した黒曜石製資料は、往時の物資や人の移動を考える重要な研究素材として、早くか

ら注目されてきた。例えば、スティーブンスは1843年、ユカタン半島（メキシコ等）より出土した土器に容れられた黒曜石について、遺跡周辺には黒曜石産地が知られないことから、遠方に位置する火山地域との関係を指摘した（Stephens 1843）。19世紀に遡る黒曜石産地遺跡の考古学的調査としては、マッケンジーによるメロス島（ギリシア）における調査等が知られる（Mackenzie 1897）。

これらにあまり遅れることなく、日本においても黒曜石資料への考古学的な熱い眼差しが向けられていたことは、意外に知られていない。その渦中にあったのは、坪井正五郎およびその周辺の人々である。

いうまでもなく坪井は、日本における初期の考古学・人類学の巨人であり、東京大学（当時は帝国大学、東京帝国大学）人類学教室の創設者、初代教授である。坪井の広範な学問は、その中心に「コロボックル説」という現代科学からみれば珍奇な学説が据えられたことも由来しているのか、彼の弟子であり助手を務めた鳥居龍蔵、鳥居の薫陶を受けた山内清男・甲野勇・八幡一郎らに比べて、アカデミックな縄文時代研究（当時は「石器時代研究」）における学史上の位置付けは圧倒的に低い。近年、坪井の縄文土器研究に注目した興味深い学史研究を継続している鈴木正博の言を借りれば、「坪井正五郎の業績は斎藤忠を除いて不思議にも食わず嫌いのレッテル貼りでもされているような印象が強」く、本稿のテーマにおいても筆者は全く同様の印象を持つ。

坪井は大学（帝国大学理科大学理学部）を卒業する1月前の1886年6月、東京地学協会において「東京近郊貝塚総論」と題する講演をおこなった。1877年の大森貝塚の発掘調査以来、この頃にはすでに東京近郊に60ほどの貝塚等遺跡の存在が知られていたという。この講演の内容は驚くほど多岐にわたるが、本稿のテーマに従えば、「黒曜石ハ天然ノ硝子ニシテ（中略）東京近傍之ヲ産スル地ナシ、能ク其出所ヲ明ニセバ往来交通貿易運搬等ヲ知ルヲ得可シ。」との慧眼を披歴し、さらに理学部の後輩で地質学専攻の神保小虎（後に東京帝国大学理学部鉱物学教室の初代教授）により晶子形態法（後述）を

用いた産地分析の検討がなされていることも報じられた（坪井 1886）。これと表裏の関係であるが、神保は同年、坪井らにより立ち上げられた人類学会で、晶子形態法を用いた黒曜石の産地別分類の可能性を論じた（神保 1886）。

坪井は、大学卒業後、大学院、助手、英国留学を経て、1892 年より帝国大学理科大学教授として人類学教室を創設・主宰した。坪井のライフワークとも言えるコロボックル説（論争）を、学界だけでなく社会に広く普及させる役割を果たした「コロボックル風俗考」（1895 年〜 1896 年、『風俗画報』に連載）の中では、コロボックル（＝縄文人）の「交通」「貿易」「道路」「運搬」等が平易な言葉で解説され、「交通」の項では、学部学生時代に開陳した黒曜石にかかる自説を補強し、再論した。

1901 年、坪井らの黒曜石研究が大きく飛躍した（坪井 1901a・b　図 1）。坪井のもとに、伊豆大島の龍ノ口遺跡で地元の人々により採取された遺物が届けられた。これらを検討する中で、坪井は特に黒曜石資料に注目し、福地信世（地質学）の「大島には此類の石は産しない。併し利島新島を通り越して西南の方の神津島には全く同様のものが産する」というコメントを引き、「元来大島には黒曜石を産する地なく、今回見出されるものと同質の石は神津島に産す」ことを指摘した。今でこそ神津島産黒曜石が関東をはじめ、石器時代の本州島に搬入されたことを疑う研究者はほぼいないが、往時はその「常識」はまだ無く、むしろ伊豆諸島に石器時代遺跡が存在していたこと自体が「思い掛け無い事」であったようだ[1]。これをすぐに古代の海上交通や神津島の黒曜石産地とつなげて考察することこそ、坪井の坪井たる所以といえよう。坪井はあわせて、佐渡の黒曜石や、東京近郊の黒曜石資料についても言及した。

坪井の指示により、坪井の助手であった鳥居龍蔵と防災予防協会の大築洋之助（地質学）は龍ノ口遺跡を訪れ、「溶岩流下の石器時代遺跡」の存在を明確にした（鳥居 1901、1902、大築 1901）。鳥居の論調は、全体としては当時の人種論の範疇にあるものではあったが、黒曜石は無論、黒曜石以外の島内に産地が無い石材が龍ノ口遺跡で出土したこと等にも注目し、「片石」（緑泥片

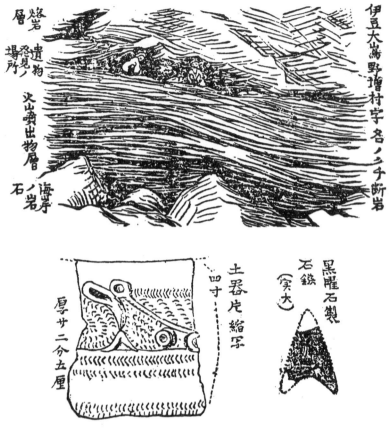

図1　伊豆大島龍ノ口遺跡の断面図（上）と出土品（下）（坪井 1901b より）

岩）製遺物の故地を秩父方面に求めたり（鳥居 1901）、「大島には土器を造る
べき粘土が存せない」（鳥居 1902）こと等、注目すべき指摘をおこなった。
　鳥居は坪井のこの分野におけるよき後継となり、『諏訪史　第一巻』（鳥居
1924）においては、「黒曜石」の項を設け、当該地域内の和田峠や「星ガト
ウ」（星ヶ塔）等における産状や周辺遺跡における利用の状況、さらには、関
東周辺の黒曜石資料の出土状況や他の産地（北海道、隠岐等）との関係等か
ら、「和田峠黒曜石分布想定圏」を想定する等、その後の黒曜石研究の方向

性を導く多数の重要な指摘をおこなった。なお、これらの執筆には、当時地元の中学生（旧制）であった八幡一郎の協力があったことが記された。

　鳥居の『諏訪史　第一巻』の執筆に深く関わった八幡一郎は、その後、日本考古学の主導者のひとりとなるが、黒曜石等、産地が限定される素材に由来する文物の研究に端を発する先史時代の交換研究は、八幡の主要な研究テーマともなった。八幡は、『人類学・先史学講座』（八幡 1938a、1938b）における「先史時代の交易」の中で、黒曜石を含む物資の体系的な交換研究の方向性を示した。この中では、産地が限定される黒曜石・瀝青石（天然アスファルト）・讃岐岩等について「比較的近距離の間に流通した事例」と、硬玉・軟玉・貝殻・銅及錫等の「比較的遠距離を流通した事例」が区別され、「近隣交易」と「遠路流通」として解説がなされた。黒曜石等は「近隣交易」の物資とされたが、「当時としては可成大規模な交易関係と見るべき」ことが示された。

2．晶子形態法による産地分析

　黒曜石はその生成における結晶分化の過程の違い等により、産地ごとに晶子形態や化学組成等が異なる。晶子形態法による遺跡出土黒曜石の産地分析の可能性が、神保小虎によりいち早く論じられていたことは先述の通りであるが（神保 1886）、この方法による研究が本格化したのは 1940 年代以降のことであった。

　篠遠喜彦と中山栄、J・グロートと篠遠は、この方法により黒曜石産地と東京都南沢遺跡・千葉県姥山貝塚等を関係づけた（篠遠・中山 1944、グロート・篠遠 1952）。

　渡辺仁は、東京大学人類学教室所蔵の全国の産地黒曜石について、晶子形態法による分類を実施した。渡辺の視点は産地黒曜石の分類にとどまらず、石器インダストリーと石材産地の関係等にも相当な配慮がなされ、現在の眼でみてもきわめて示唆的な内容を多く含むものであった（渡辺 1949・1954）。渡辺は自身の研究では晶子形態法を採用しながら、「最も有効的確たる方法

は化学成分との関係を究明すること」という重要な指摘もおこなった（渡辺 1949）。

　増田和彦は、新潟県上野遺跡の調査の中で、晶子形態法による黒曜石産地分析の集大成ともいえる報告をまとめた（増田 1962）。この中では、上野遺跡と東京大学人類学教室所蔵の他遺跡出土の黒曜石資料と全国 15 の産地黒曜石を関係づけられた。

　八幡一郎は自身で黒曜石産地分析を実施することこそなかったものの、この分野の動向には常に注意を払い、考古学的考察を重ねた。1956 年の『図説日本文化史大系』中の「物資の交流」の項では、晶子形態法による産地分析の考古学的成果に言及し、その有効性に一定の評価を与えつつその限界についても論じ、化学分析による産地分類法の可能性に期待を寄せた（八幡 1956）。

3．理化学的手法による産地分析

　1950 年代以降、欧米で理化学的手法を用いた考古資料の分析が一層本格化する動向の中、キャンとレンフリューは、化学分析法（発光分光分析：OES）による産地分析法を開発・導入し（Cann and Renfrew 1964）、考古学的考察を加えた（図 2）。

　同じ時期に、フライシャーとプライスらによるフィッショントラック法の開発（Fleischer and Price 1963）、フリードマンとスミスによる水和層法の開発（Friedman and Smith 1960）等、欧米の研究者により黒曜石の産地や年代に関する自然科学的研究が推進された。

　レンフリューらの研究グループは、その後も化学組成を分析する方法による黒曜石の産地分析の成果を蓄積し、計量地理学等で用いられていた逓減モデル等を用いて、産地と消費遺跡の関係等を検討し、地中海・西アジア周辺地域における考古学的脈絡の中に位置付けることに一定の成功をおさめ、その後の研究に大きな影響を与えた（Dixon・Cann and Renfrew 1968、Renfrew 1975 他）。

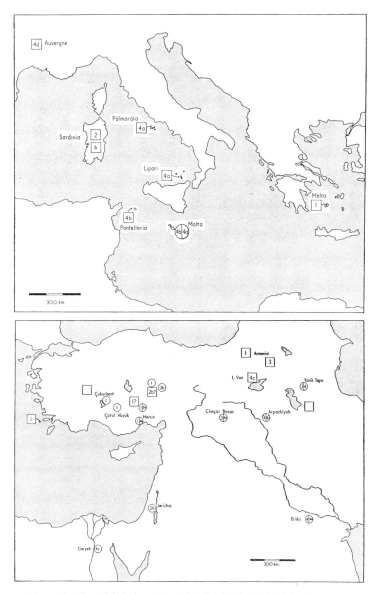

図2　地中海・近東地域における遺跡出土黒曜石産地分析の結果
　　　（Cann and Renfrew 1964 より）（図中の□は黒曜石産地、○内は
　　　各遺跡における産地の組み合わせを示す）

　これらの動向を受けて、1960年代後半以降、わが国においても渡辺直経と鈴木正男によるフィッショントラック法による研究法の導入（Watanabe and Suzuki 1969、Suzuki 1970）、大沢眞澄と二宮修治らによる熱中性子放射化分析法による研究法の導入（大沢・渡辺他 1978）等が進められた。産地分析については、主に熱中性子放射化分析・蛍光X線分析等の化学組成を分析する方法と、フィッショントラック法が用いられた。

　フィッショントラック法は、黒曜石等に含まれる微量成分238Uの自発核分裂壊変を利用する年代測定法であるが、各産地の噴出年代が異なることを利用し産地分析に応用したものである。鈴木正男は、自らの産地分析結果をもとに、関東周辺の旧石器時代、縄文時代の黒曜石交換の時期的変遷を概観する先駆的な研究を公表した（Suzuki 1973、1974）。

　これらの動向は、文部省科学研究費特定研究「古文化財」等により大きく進展し、考古学研究者等にこれらの研究法の有効性・将来性に関する知見が浸透する機会となった。この中では、エネルギー分散型蛍光X線分析を用いた考古資料の材料研究や産地分析の萌芽的研究も推進され、次代の糧となった。

　1980年代後半以降、比較的簡便かつ非破壊で元素組成が同時測定できるエネルギー分散型蛍光X線分析法が、文化財研究の基幹分析法として各研究機関に導入された。東村武信と藁科哲男や、大沢眞澄と二宮修治らにより、この分析法による黒曜石の産地分析法が開発・洗練され、現在、当該資料を対象とした最も一般的な産地分析法となった。

4．研究の現状

　エネルギー分散型蛍光X線分析法に代表される比較的簡便かつ安定した機器分析法の普及に伴い、考古資料を取り扱う際の大きな利点となる次の二点が実現した。

　a．数をこなす分析が可能となった。

　b．非破壊分析法である場合が多いため、型式学的情報等の考古学情報を

充分に含む資料を分析することが可能となった。

　これらは黒曜石資料の産地分析においても多大な利点となり、1点の分析に多くの時間を要したり、あるいは破壊分析法であったりした従来法の多くでは実現しえないことであった。すなわち、数をこなす分析が可能となったことで、分析結果を遺跡全体の考察に位置づけられる（統計的に優位なデータとなりうる）ようになり、また、良質な資料を分析に供することが可能となったことで、より綿密な考古学情報との比較・検討が出来るようになったのである。

　1980年代後半以降の研究状況が現代に連なっているといえるが、今世紀に入ってからの代表的な成果として、機関紙『黒耀石文化研究』（2002～2007）、『資源環境と人類』（2011～）等の刊行をはじめとする明治大学黒耀石研究センターの活動、大工原豊による一連の研究の総括（大工原2008）、池谷信之による一連の研究の総括（池谷2009）を挙げることができる。いずれも当該分野における現在の到達点を示す良好な成果といえるが、特に大工原による総括は、産地分析の成果と技術形態学的分析による成果を高いレベルで調和させており、今後の当該分野の行方を予感させるものといえる。

　このような現状の中、日本考古学協会2011年度栃木大会におけるシンポジウム「石器時代における石材利用の地域相——黒曜石を中心として——」（日本考古学協会2011年度栃木大会実行委員会編2011）、同協会2013年度長野大会におけるシンポジウム「信州産黒曜石原産地とその利用」（日本考古学協会2013年度長野大会実行委員会編2013）により、関東・中部地域の旧石器時代から弥生時代にかかる遺跡出土黒曜石の産地分析結果が悉皆検索され、整理・報告されたことは特筆される[2]。両大会実行委員のご尽力に心より敬意を表する次第である。このデータ群をどのように活用し、またどのように良質なデータを加えていくのか、前向きに検討すべき課題である。

2 関東における縄文時代草創期・早期遺跡出土黒曜石の
　　産地分析

　日本考古学協会 2011 年度栃木大会実行委員会による関東における黒曜石
産地分析の集成によれば、この時点で関東における縄文時代遺跡出土黒曜石
について化学分析による産地分析が実施された遺跡は、計 664 遺跡（日本考
古学協会 2011 年度栃木大会実行委員会編 2011）。

　しかし、このうち縄文時代草創期・早期に属するデータ（表）は、60 遺跡
（茨城 1、栃木 6、群馬 4、埼玉 4、千葉 6、東京 16、神奈川 23）と乏しく、さらに
早期前半（撚糸文期）以前に限定すれば 22 遺跡（茨城 1、栃木 2、群馬 3、埼玉
1、千葉 2、東京 5、神奈川 8）とさらに激減し、いずれにせよその時空間的な
変遷等を議論することは現状では難しい[3]。

　この中には、茨城県後野 A 遺跡（草創期無文土器期）で確認された青森県深
浦産のようなきわめて遠距離の産地に由来する事例もあり、注目される。関
東以外の同様の事例としては、山形県日向洞窟（草創期）、新潟県小瀬ヶ沢洞
窟（草創期）における北海道白滝産、新潟県室谷洞窟（草創期）における深浦
産、小瀬ヶ沢洞窟・室谷洞窟における関東産等の存在が知られ（藁科・小熊
2002、建石・坂上・柳田・二宮 2008）、今後のデータの蓄積が期待される。

表　関東地方縄文時代草創期・早期遺跡出土黒曜石の産地分析結果一覧

都県	遺跡名	時期	高原山	和田峠	男女倉	諏訪	蓼科	神津島	箱根	天城	その他	不明	合計
茨城	後野 A	草創期 （無文土器）									深浦 4	0	4
栃木	大谷寺洞穴	草創期〜早期前葉（大谷寺II・III〜井草）	1	10		1							12
	野沢	草創期 （隆線文）	3										3

県	遺跡	時期									計
	梅ノ木沢	早期～晩期	1								1
	立野	早期前葉（撚糸文）			1	29					30
	雲入	早期～前期	6		1				1		8
	平石	早期（条痕文系）		2							2
	大谷寺洞穴	早期（押型文～田戸下層）		2	1						3
群馬	白井十二	草創期	92	26		1				4	123
	白井十二	草創期後半		14							14
	今井三騎堂	早期前葉（稲荷台）		1	15						16
	鹿の川	早期前葉（押型文）		1	8						9
	峯山	早期後葉（鵜ヶ島台）		1	1	3					5
埼玉	坊荒句	早期前葉（稲荷台）				1					1
	打越	早期末（下吉井・打越）	2			2					4
	花積台耕地	早期末（条痕文）		1							1
	坊荒句北	早期末（条痕文）				2					2
	打越	早期末～前期初頭	2								2
千葉	前三舟台	草創期（隆線文）				4					4
	泉	早期前葉（井草Ⅱ～稲荷台）				84	1				85
	飛ノ台貝塚	早期後葉（条痕文系／野島・鵜ヶ島台）	2	5		3	2	17	2		31
	こうのす台第Ⅳ	早期後葉（条痕文系）		1		1					2
	こうのす台第ⅣB地区	早期後葉（条痕文系）			1	4					5

72

県	遺跡	時期										計
	三輪野山八重塚	早期後葉 (条痕文系)		1								1
	三輪野山八重塚Ⅱ	早期後葉 (条痕文系)						1				1
	上谷津第2	早期後葉 (茅山下層)				1						1
東京	田無南町	草創期 (隆線文)						4	1	信州系 5	1	11
	代継・富士見台	草創期 (隆線文)			5	1	2		1			9
	向ノ原	草創期		1				5				6
	代継・富士見台	草創期		1	5	2	6	2				16
	四葉地区	草創期				1		16				17
	向ノ原	早期		1		19		8			1	29
	はけうえ	早期				3		1				4
	野川	早期		1		1		4				6
	下高洞	早期						41				41
	船田	早期前葉						1				1
	神明山南	早期前葉 (撚糸文)						1				1
	武蔵国分寺跡北方地区	早期中葉 (田戸上層)		1		9		7				17
	島屋敷	早期後葉～ 中期後葉		2		1		1				4
	田中谷戸	早期後葉 (条痕文)		16	7			3	2			28
	神明山南	早期後葉 (条痕文)						1				1
	道合	早期後葉		2				6				8
	神明上	早期末葉 (打越期)	2	1				4				7
	武蔵国分寺跡北方地区	早期末葉				6		15				21
	下野谷	早期後葉		4		10	1	3				18
神奈川	宮ノ前南	草創期 (隆起線文～ 爪形文)						39			17	56

遺跡名	時期									合計
北原	草創期		4	13	3				3	23
能見堂	草創期						3			3
原口	草創期					8				8
南葛野	草創期					6	1	信州系7		14
用田鳥居前	草創期						2			2
池上前畑	早期（撚糸文末～沈線文）					115	1	42	4	162
十二所神社裏山	早期後葉（平坂）				1	7	2	上多賀2		12
長井内原	早期前葉（平坂・押型文）					11				11
内木原	早期（無紋）		2	8		2	2	7		21
三戸	早期中葉～後葉（三戸～条痕文）					9	1			10
高田	早期中葉～後葉（条痕文）					10				10
溝尾	早期後葉（子母口主体）	1				9	2	上多賀2		14
鵜ヶ島台	早期後葉（野島・鵜ヶ島台・茅山下層）		1			25			1	27
用田南原Ⅱ	早期後葉（野島）					3				3
茅山貝塚	早期後葉（茅山上層）					2				2
能見堂	早期後葉（茅山）		1							1
明日庭	早期後葉（八ツ崎）				2					2
南（No.2）	早期後葉（下吉井多い）				6	2				8
吉岡遺跡B区	早期後葉～末葉（神ノ木台）					246	11	上多賀1	105	363
臼久保	早期後葉					28				28
明日庭	早期後葉				6	2				8
杉久保蓮谷	早期後葉～末葉					16				16

出所：日本考古学協会 2011 年度栃木大会実行委員会編 2011 に基づき、一部改変

おわりに

　黒曜石産地分析のあゆみを振り返った上、関東における縄文時代草創期・早期出土黒曜石の産地分析結果（集成）を概観した。

　研究史の項では、筆者を含めこれまで学界であまり注目されてこなかった坪井正五郎の研究の先見性を特筆した。

　縄文時代草創期・早期の産地分析事例集成の項では、ある程度予想しえたことではあったが、事例が集中する関東でさえ60遺跡と事例に乏しいことをあらためて確認することができた。この間の物理年代の幅が7,490年間（15,540-7,050 cal BP）の長きにわたることを考慮すれば（小林2017）、道のりは長いと言わざるを得ない。「数をこなす」ことは重要だが、無目的に事例を増やしても実りは少ないと思われる。目的に応じた良質な事例を蓄積することこそ、急務の課題と思量する次第である。

1）　坪井をはじめとする当時の斯界において、東京近郊の遺跡から出土した黒曜石資料はいずれも長野県産と考えられていたようだ。
2）　長野大会における集成は遺漏が多く、利用の際に注意を要する。
3）　表をみれば明らかであるが、ここに掲載されたデータの中には帰属時期の認定が粗い（複数の時期にわたり、詳細を特定できない等）資料も多い。産地分析を実施すれば、帰属時期等の考古学的属性が不明な資料であっても産地を推定できる場合が多い。しかし、そのようなデータをいくら蓄積しても、考古学的考察には何ら結びつかず、無意味である。

参 考 文 献

池谷信之 2009『黒曜石考古学―原産地推定が明らかにする社会構造とその変化―』新泉社

大沢眞澄・渡辺賢寿・二宮修治・中川由美子 1978「考古学資料の化学的研究」『昭和52年度立教大学原子炉共同利用研究経過報告書』85-87ページ

大築洋之助 1901「伊豆国大島溶岩流下の人類遺跡」『地質学雑誌』8-99　497-506ページ

グロート，J.・篠遠喜彦 1952「第Ⅵ章 岩石類」『姥山貝塚』94-94 ページ　日本考古学研究所

小林謙一 2017『縄紋時代の実年代―土器型式編年と炭素14年代―』同成社

篠遠喜彦・中山栄 1944「南澤遺跡の黒曜石について」『採集と飼育』6-2　60-64 ページ

神保小虎 1886「黒曜石比較研究緒言」『人類学会報告』2　24 ページ

鈴木正博 2018「加曽利B式―E・Sモースと坪井正五郎のはざまで―」『アルカ通信』172　1 ページ

大工原豊 1998「黒曜石の産地及び年代に関するコメント」『中野谷松原遺跡―縄文時代遺物本文編―』615-618 ページ　安中市教育委員会

大工原豊 2008『縄文石器研究序説』六一書房

建石徹・坂上恵梨・柳田明進・二宮修治 2008「縄文時代草創期遺跡出土黒曜石の産地分析」『縄文文化の胎動』信濃川火焔街道連絡協議会・津南町教育委員会 43-48 ページ

坪井正五郎 1886「東京近傍貝塚総論」『東京地学協会報告』12　223-240 ページ

坪井正五郎 1895 ～ 1896「コロボックル風俗考（第一回～第十回）」『風俗画報』（明治28年4月号～同29年2月号）

坪井正五郎 1901a「石器時代人民の交通貿易」『東洋学芸雑誌』18-240　343-346 ページ

坪井正五郎 1901b「溶岩層下の石器時代遺物」『時事新報』6461　6 ページ

鳥居龍蔵 1901「大嶋の石器時代遺物」『時事新報』6482　6 ページ

鳥居龍蔵 1902「伊豆大島溶岩流下の石器時代遺跡」『東京人類学会雑誌』17-194 320-338 ページ

鳥居龍蔵 1924『諏訪史 第一巻』信濃教育会諏訪部会

日本考古学協会2011年度栃木大会実行委員会編 2011「石器時代における石材利用の地域相―黒曜石を中心として―」『一般社団法人日本考古学協会2013年度長野大会　研究発表資料集』日本考古学協会2013年度長野大会実行委員会

日本考古学協会2013年度長野大会実行委員会編 2013「信州黒曜石原産地とその利用」『一般社団法人日本考古学協会2013年度長野大会　研究発表資料集　文明の十字路　信州』日本考古学協会2013年度長野大会実行委員会

増田和彦 1962「本邦産黒曜岩の晶子形態と考古学への応用に就いて」『津南町文化財調査報告4 上野遺跡』87-99 ページ　津南町教育委員会

望月明彦・池谷信之・小林克次・武藤由里 1994「遺跡内における黒曜石製石器の原産地別分布について―沼津市土手上遺跡BBⅤ層の原産地推定から―」『静岡県考古学研究』26　1-24 ページ

望月明彦 1998「黒曜石の原産地を推定する蛍光Ｘ線分析法」平尾良光・山岸良二

編『文化財を探る科学の眼 2』15-20 ページ　国土社

八幡一郎 1938a「先史時代の交易（上）」『人類学・先史学講座　第二巻』1-28 ページ　雄山閣

八幡一郎 1938b「先史時代の交易（中）」『人類学・先史学講座　第三巻』29-58 ページ　雄山閣

八幡一郎 1956「物資の交流」『図説日本文化史大系第 1 巻』160-163 ページ　小学館

渡辺仁 1949「黒耀石鏃の形質とその分布」『人文科学の諸問題 共同研究「稲」』八学会連合編 52-58 ページ　関書院

渡辺仁 1954「対馬に於ける黒曜岩工業：石器工作活動に関する若干の資料」『対馬の自然と文化』九学会連合対馬共同調査委員会編　310-317 ページ　古今書院

藁科哲男・小熊博史 2002「新潟県小瀬ヶ沢洞窟・室谷洞窟遺跡出土の黒曜石製遺物の原材産地分析」『長岡市立科学博物館研究報告』37　107-118 ページ

Cann, J. R. and Renfrew, C. (1964) The Characterization of obsidian and its application to the Mediterranean Region. *Proceedings of the Prehistoric Society* 30, pp. 111-133

Dixon, J. E., Cann, J. R. and Renfrew, C. (1968) Obsidian and the Origins of Trade. *Scientific American* 218-3, pp. 38-46

Fleischer, R. L. and Price, P. B. (1963) Charged particle tracks in glass. *Journal of Applied Physics* 34, pp. 2903-2904

Friedman, I. and Smith, R. L. (1960) A new dating method using obsidian–Part I , the development of the method. *American Antiquity* 25, pp. 476-493

Mackenzie, D. (1897) Ancient Sites in Melos, *Archaeological Reports-British School at Athens* 3, pp. 71-88

Renfrew, C. (1975) Trade as Action at a Distance: Questions of Integration and Communication. In Sabloff, J. A. and Lamberg-Karlovsky, C. C. eds., *Ancient Civilization and Trade*, Univ. of New Mexico Press, pp. 3-59

Stephens, J. Ll. (1843) *Incidents of Travel in Yucatan.* Smithonian Books

Suzuki, M. (1970) Fission Track Ages and Uranium Contents of Obsidian. *J. Anthrop. Soc. Nippon* 17-1, pp. 50-57

Suzuki, M. (1973) Chronology of Prehistoric Human Activity in Kanto, Japan. Part I . *J. Faculty of Science*, Univ. of Tokyo, sec. V, Vol. IV, Part 3, pp. 241-318

Suzuki, M. (1974) Chronology of Prehistoric Human Activity in Kanto, Japan. Part II . *J. Faculty of Science*, Univ. of Tokyo, sec. V, Vol. IV, Part 4, pp. 395-469

Watanabe, N. and Suzuki, M. (1969) Fission Track Dating of Archaeological Glass Materials from Japan. *Nature* 222, pp. 1057-1058

土器胎土からみた縄文時代
土器作りの移り変わり

河 西 　 学

は じ め に

　縄文土器を構成する物質（胎土）は、焼成温度が低温であるため土器製作者が調達した原料の特徴を比較的良好に保存している。土器原料の主体は、粘土や砂など岩石（地質）が風化・崩壊して生じた堆積物である。母岩である地質の分布は、地域的な特徴を示すことから、胎土中の砂粒子の岩石鉱物組成を各地の堆積物と比較することにより、土器の原料産地を推定することができ、さらに製作地の推定も可能となる。どのような原料を用いて土器作りをするかは、土器作りにおける技術の伝承、文化伝統を示しているものと考えられる。遺跡での土器の集合は、土器が作られた後の人間活動によってもたらされたものである。個別土器の原料産地あるいは製作地が明らかになれば、遺跡あるいは時期ごとの土器胎土の集合としての特徴を明らかにすることができる。いくつかの事例の比較によって土器胎土群集の特徴の解析により、どのような人間活動が背景にあったのかを推定することが可能となる。土器胎土分析でこれまでに得られている情報は、極めて限定的なものでしかないが、その中から垣間見る縄文草創期から中期までの土器胎土の特徴の変遷について筆者の分析結果を中心に概要をここで述べる。それにより、当時の土器作りの特徴や当時の人々の嗜好や流行、人々の移動の実態などにせまる手がかりとしたい。

1　分析方法

　分析法は、時期によって若干の変更はあるものの基本的には共通性が高く
データの互換性が保たれている。土器片をエポキシ樹脂などで含浸補強し、
岩石薄片と同じ要領で厚さ 0.02 〜 0.03mm の薄片を作製した。薄片表面を
フッ化水素酸蒸気でエッチングし、コバルチ亜硝酸ナトリウム飽和溶液に浸
してカリ長石を黄色に染色しプレパラートとし、偏光顕微鏡下で、ポイント
カウンタを用い、岩石鉱物成分のモード分析を行った。薄片を乗せたステー
ジの移動ピッチは、薄片長辺方向に 0.3mm、短辺方向に 0.4mm を原則とし、
各薄片で 2,000 ポイントを計測した。計数対象は、粒径 0.05mm 以上の岩石
鉱物粒子、およびこれより細粒のマトリクス（「粘土」）部分とした。偏光顕
微鏡での計数結果をもとに、試料全体の砂粒子・赤褐色粒子・マトリクスの
割合（粒子構成）、および砂粒子の岩石鉱物組成および重鉱物組成を作成し、
重鉱物組成では右側に基数を表示した。なお、1995 年以前報告の組成図は、
それ以降の組成図と同様の表現に今回統一した。

　上記分析は時間がかかることから、一部の分析ではルーペを用いた肉眼観
察による岩石鉱物組成に基づいたものもある。分析試料の土器型式分類は、
試料を提供いただいた考古学研究者の判断に基づくものがほとんどである。

2　草創期の特徴

1．出現期土器群

　青森県津軽半島の大平山元Ⅰ遺跡の無文土器は、較正年代が 15,500 〜
16,500 年前の値を示す日本で最古級の土器片である（図1、2）。胎土は、デ
イサイト〜流紋岩、同質の変質火山岩類・斜長石・石英などから構成され、
黒雲母・角閃石・不透明鉱物・β型石英・放散虫・海綿骨針などが含まれ、
遺跡周辺の堆積物組成とは異なること、デイサイト〜流紋岩体に近い地域で

図1　青森県大平山元Ⅰ遺跡分析試料（スケールは5mm）（河西 1999a）

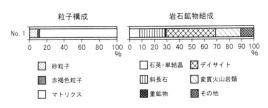

図2　青森県大平山元Ⅰ遺跡土器の岩石鉱物組成（河西 1999a）

原料が採取された可能性があること、原料産地候補として津軽地域が含まれ
ることなどが推定されている（河西 1999a）。

　神奈川県綾瀬市相模野第 149 遺跡では、獣毛様繊維を含む複数の繊維およ
び繊維痕が特徴的に認められた（図 3、4、5）（河西 1995a、矢島ほか 1996）。分
析試料 4 点のうち 2 試料は、泥質岩・砂岩などの堆積岩を主体とし、玄武
岩・カンラン石を伴うことから、在地的な土器と判断された。一方、他の 2
試料は、片岩類などの変成岩を主体とすることから、三波川帯が分布する関
東地域などが原料産地候補として推定された。

　神奈川県綾瀬市寺尾遺跡では、繊維痕や繊維状物質の残存が多く認められ
る無文の土器片 1 点が分析され、ホルンフェルスからなる変成岩が多く、泥
質岩・砂岩・珪質岩・花崗岩類などから構成され（図 6、7・8）、相模野台地
周辺の河川砂とはやや異なるものの（河西 1998a）、関東山地に原料産地候補
が推定される可能性もある。神奈川県愛甲郡北原（No. 10、11 北）遺跡の無
文土器 1 試料は、含砂率が極めて少なく、泥質岩・海綿骨針・繊維状物質な
どを含むが、在地的土器とは判断がついていない（図 6、7、8）（河西 1998a）。

　以上のようにこの時期の土器は、狭義の地元産と認められるのは相模野第

図3　神奈川県相模野第149遺跡試料（スケールは1 cm）（矢島ほか1996を改変）

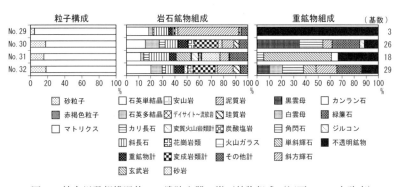

図4　神奈川県相模野第149遺跡土器の岩石鉱物組成（河西1995aを改変）

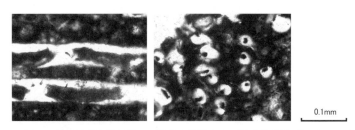

図5　神奈川県相模野第149遺跡土器胎土中の獣毛様繊維（河西1995a）

149遺跡の2試料のみだが、関東地域や津軽地域など広域でみた場合には地域性を反映しているようである。獣毛様繊維を伴う相模野第149遺跡の土器にみられる特殊性は注目される。多様な繊維を利用した土器が存在することもこの時期の特徴としてとらえられる。

図6　神奈川県北原遺跡（a）、寺尾遺跡（b）分析試料（河西 1998a）

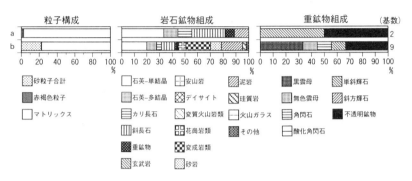

図7　神奈川県北原遺跡（a）、寺尾遺跡（b）土器の岩石鉱物組成（河西 1998a）

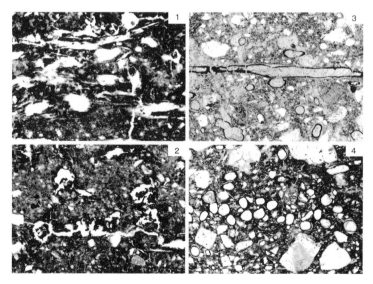

図8　神奈川県北原遺跡（1、2）・寺尾遺跡（3、4）土器胎土中の植物繊維（河西 1998a を改変）

2．隆線文土器

　隆線文土器では、神奈川県横浜市花見山遺跡3点、同市長津田遺跡群官之前遺跡1点、藤沢市慶應義塾大学湘南藤沢キャンパス内（以下SFC）遺跡1点で岩石学的手法による胎土分析例がある。花見山遺跡の隆線文土器は、変質火山岩類・泥質岩・砂岩・珪質岩・花崗岩類などから主として構成され、玄武岩・安山岩をわずかに伴う試料もあり、多摩丘陵を中心とする相模川・

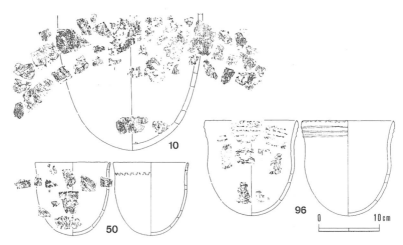

図9　神奈川県花見山遺跡分析試料（矢島ほか1996）

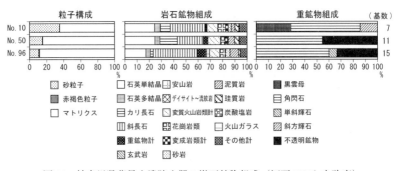

図10　神奈川県花見山遺跡土器の岩石鉱物組成（河西1995bを改変）

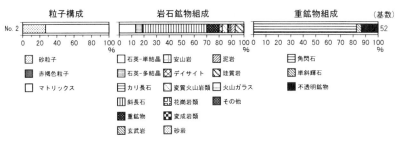

図11　神奈川県長津田遺跡群宮之前遺跡土器の岩石鉱物組成（河西 1999b）

多摩川間地域において在地的であると推定された（図9、10）（河西 1995b、矢島ほか1996）。宮之前遺跡の隆線文土器は、斜長石・石英が多く、岩石では珪質岩・変質火山岩類・泥質岩を主体とし、デイサイト・砂岩・花崗岩類・安山岩などを伴い、重鉱物組成では角閃石が多く、在地的要素を有しているが、珪質岩がやや高率であることから関東地域の秩父帯あるいは足尾帯などの地域に原料産地候補が推定された（図11）（河西 1999b）。SFC 遺跡の隆線文土器は、長石類・石英が極めて少なく、玄武岩・安山岩・変質火山岩類を主体とし、デイサイト・泥質岩・砂岩・珪質岩・花崗岩類・ホルンフェルスなどを伴い、重鉱物では単斜輝石・斜方輝石・カンラン石・角閃石などが含まれ、地元に原料産地が推定された（小林ほか2007）。以上のように神奈川県内の隆線文土器は、在地的土器が多い傾向があり、在地的要素をもつ土器も関東地方に原料産地候補が推定される。地元原料を用いた土器作りが推定される。

3．多縄文系土器

　長野県鷹山遺跡では、草創期刺突・押圧縄文土器や回転縄文土器などが分析された（河西 2000a）。刺突・押圧縄文土器の原料産地は、片岩を主体とした三波川帯などの変成岩分布地域、およびデイサイト～流紋岩質の火山岩を主体とし花崗岩類・堆積岩などが混在分布する地域とが推定された。回転縄文土器の原料産地は、安山岩・デイサイト～流紋岩などの火山岩が多い特徴

をもつ在地的な霧ヶ峰・八ヶ岳地域、片岩を主体とする三波川帯などの変成岩分布地域、花崗岩類分布地域など複数が推定された。以上のように、鷹山遺跡の回転縄文土器では在地的土器も存在する一方、その他の原料産地は長野県内に候補地をみいだせる程度の範囲に存在し、移動距離はさほど大きくはないと推定される。

3　早期の特徴

1. 表裏縄文土器

山梨県北杜市社口遺跡の表裏縄文土器は、地元八ヶ岳山麓での在地的土器が存在せず、花崗岩類を主体とする胎土と、デイサイト〜流紋岩・安山岩を主体とする胎土とに大別され、後者には泥質岩・砂岩などを伴う場合がある。これらの表裏縄文土器胎土は、甲府盆地周辺における地域的特徴を反映している可能性がある（河西1997）。

2. 撚糸文土器

以下は河西（2012）、中村（2014）、河西ほか（2018）をもとに記述する（図12）。

井草式（栃木県宇都宮清陵高校地内KEK-133〜137）は、火山岩類と堆積岩が含まれるが多様性に富み、多くの試料は地元周辺地質の特徴と共通する一方、KEK-134は足尾山地・八溝山地の周辺地域などやや遠方に原料産地が推定される。

夏島式（栃木県宇都宮市山崎北KEK-138〜139、141、同小山市間々田六本木KEK-147〜148）は、胎土の多様性がある。山崎北遺跡の土器は、地元地質の特徴と共通する火山岩類主体のものが多く、KEK-139のみが遠方の花崗岩類分布地域に原料産地が推定される。間々田六本木KEK-147、148の原料産地は、栃木県中央部地域に推定される可能性がある。

稲荷台式（栃木県真岡市市ノ塚KEK-142、144〜146）は、地域ごとに特徴的

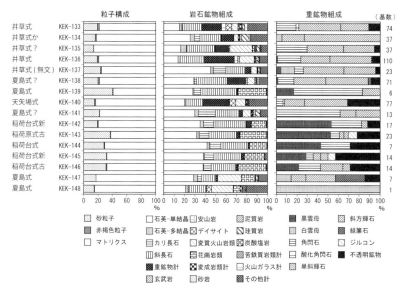

図12　栃木県内早期土器の岩石鉱物組成（KEK-133〜137 宇都宮清陵高校地内遺跡、
　　　KEK-138〜141 山崎北遺跡、KEK-142〜146 市ノ塚遺跡、KEK-147〜148 間々
　　　田六本木遺跡）（河西 2012、土器型式は中村 2014 に従う）

な胎土を示すが、長距離移動が認められる。市ノ塚遺跡の原料産地は、花崗
岩類分布地域で、最も近い大規模花崗岩体である筑波岩体周辺地域が有力な
候補の一つとして推定された（河西 2012）。社口遺跡の稲荷台式は、曹長石
斑状変晶を伴う点紋片岩（緑色片岩）などを含む片岩主体の胎土であり、土
器型式学的な特徴を踏まえ関東北西部の三波川帯周辺地域から搬入された土
器であると推定され、数十 km におよぶ長距離移動が想定された（河西
1997）。

　稲荷原式（市ノ塚遺跡 KEK-143、栃木県市貝町堀込遺跡 TG52A〜G）のうち市
ノ塚遺跡稲荷原式の原料産地は、稲荷台式と同様に花崗岩類分布地域で、筑
波岩体周辺地域が有力な候補の一つとして推定された（河西 2012）。堀込遺
跡でも同様に花崗岩類主体の胎土が半数を占めるほか、変質火山岩類、花崗
岩類、堆積岩、ホルンフェルス、ときにデイサイト・安山岩を伴い、重鉱物

組成では単斜輝石・斜方輝石・角閃石が多い特徴の胎土が認められ、後者は地元地質と調和的と推定された（河西ほか 2018）。

　天矢場式（山崎北遺跡 KEK-140、堀込遺跡 TG60A～K）のうち山崎北遺跡 KEK-140 は、デイサイト～流紋岩や変質火山岩類が多く、栃木県中央部の広い範囲が原料産地候補の一つとして挙げられる在地的な胎土と推定された（河西 2012）。堀込遺跡 TG60A～K は全て筑波山周辺地域が原料産地と推定される花崗岩類主体の胎土から構成された（河西ほか 2018）。この地域における稲荷原式～天矢場式期の土器作りおよび資源利用において積極的な地域と消極的な地域とが偏在していた可能性を示唆する。

　撚糸文系土器の終末期東山式・平坂式では西関東から北関東にかけてチャートの微細な角礫を含むものが、三浦半島から多摩丘陵には粉砕したパミスや腐植土を混和した土器が分布する傾向があるとされる（原田 2008）。これらの胎土は、地元の地質を反映した組成であると考えられる。

　静岡県愛鷹山麓の大谷津・広合・寺林南・西洞遺跡の撚糸文土器は、玄武岩～安山岩、同質の変質火山岩類を主体とする在地的胎土が半数ほど占め、これら以外に安山岩～デイサイト～流紋岩質変質火山岩を主体とする胎土が多く、花崗岩類主体の胎土もわずかに認められた（図 13）（河西 1992a、1996）。山梨県曽根遺跡での撚糸文土器は、同伴する押型文と同様に原料産地は主に花崗岩類分布地域に推定され、甲府深成岩体が有力な候補の一つであるとされた（河西 2011a）。

　以上のように撚糸文土器胎土は、地元地質を利用して土器作りがなされていたことが推定される一方、花崗岩類地域など特定の地域で積極的に土器作りが行われ、そうでない地域との分化が存在していたと考えられる。

3．押型文土器

　静岡県愛鷹山麓の尾上イラウネの押型文土器は、玄武岩～安山岩、同質の変質火山岩類を主体とする在地的胎土がほとんどを占める（図 13）（河西 1992a）。一方、西洞遺跡の押型文土器では、花崗岩類主体の搬入された胎土

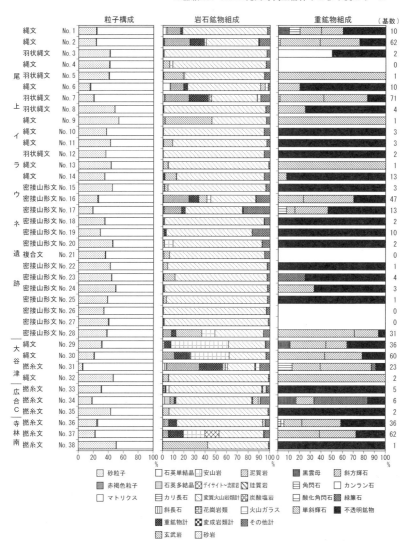

図13　静岡県尾上イラウネ遺跡ほか愛鷹山麓出土土器の岩石鉱物組成（河西1992a
　　　を改変）

が半数認められた（河西 1996）。

　曽根遺跡での大部分の押型文土器の原料産地は、花崗岩類分布地域に推定され、カミングトン閃石を伴う特徴から甲府深成岩体が有力候補の一つとされた（河西 2011a）。

　長野県市道遺跡の沢式土器は、石墨（黒鉛）などとともに飛騨変成岩に特有の岩石を含むことから、飛騨地方で生産された搬入土器であると推定された（中村 2001）。市道遺跡の立野式土器では高温型石英で特徴付けられる「水晶型胎土」が多くを占め、細久保式でも 10 ～ 30％に含まれる。中村（2001）は「水晶型胎土」の土器原料が長野県北部に分布する高温型石英を含むテフラ層に由来する可能性を示した。飯田市立野遺跡の立野式土器には、黒雲母が大量に含まれるとされる（中村 2001）。これも領家帯の花崗岩類が広く分布する天竜川流域の地質的特徴を反映しているものと考えられる。

　神奈川県三浦市三戸遺跡での押型文土器は、中部地域の花崗岩類分布地域および片岩からなる変成岩分布地域からの搬入品と推定された（松田 2009）。小田原城跡八幡山遺跡の押型文土器は、原料産地候補として甲府岩体などが推定された（パリノ・サーヴェイ 2010）。

　以上のように、押型文土器は地元原料を利用して積極的に作っていた地域がある一方、土器作りに消極的な地域もあり、遠距離移動する土器も少なくなかったと推定される。

４．田戸上層式

　神奈川県愛甲郡久保ノ坂遺跡での田戸上層式および田戸上層式併行土器の胎土は多様性に富み、原料産地は、三浦半島を含めた相模川・多摩川間地域が多く、わずかに花崗岩地域が含まれる（河西 1998b）。各地で地元原料を用いた土器作りがなされた後の移動によって久保ノ坂遺跡にもたらされた可能性が示唆される。

5．子 母 口 式

　久保ノ坂遺跡の子母口式の原料産地は、三浦半島を含めた相模川・多摩川
間地域に推定される胎土が多く、各種火山岩が多い胎土、花崗岩類主体の胎
土など多様性に富む（河西 1998b）。田戸上層式と同様に各地で地元原料を用
いた土器作りがなされた後の移動によってこの遺跡にもたらされた可能性が
示唆される。

6．野　島　式

　久保ノ坂遺跡・神奈川県綾瀬市市兵衛谷遺跡の野島式は、変質火山岩類・
安山岩・デイサイトなどの火山岩が比較的多く、珪質岩・泥質岩・花崗岩・
変成岩などを伴うことが特徴で、三浦半島を含めた相模川・多摩川間地域に
推定される胎土が多く、火山岩地域に推定されるものも少なくない。ほかに
花崗岩類主体の胎土や片岩主体の胎土など遠距離移動のものまで多様である
（図 14）（河西 1995a、1998b）。富士吉田市古屋敷遺跡の野島式胎土も多様性が
認められる一方、沼津市清水柳遺跡では地域性が認められる（河西 1990）。

7．古屋敷第Ⅳ群土器

　山梨・長野を中心に神奈川・静岡にも分布する地域性の高い土器で、花崗
岩類・黒雲母・角閃石を主体とする胎土が特徴的であるが、わずかにデイサ
イト〜流紋岩を伴うものもある（河西・中村 1990、河西 1998b）。山梨県富士吉
田市古屋敷遺跡、長野県岡谷市下り林遺跡、静岡県沼津市清水柳遺跡、久保
ノ坂遺跡など花崗岩類が分布しない地域でも多様性が少ない花崗岩類主体の
胎土を示す（図 15）。一方、住居跡が多く検出された長野県塩尻市堂の前遺
跡では在地的な火山岩主体の胎土が確認された。山梨県笛吹市真福寺遺跡
（山梨県埋蔵文化財センター 1985）、小黒坂南遺跡群（机遺跡、寺平遺跡）（境川カ
ントリークラブ予定地内埋蔵文化財発掘調査団 1986）、西原遺跡（境川村教育委員
会 2002）、御坂中丸遺跡（山梨県埋蔵文化財センター 2011）、横堰遺跡（山梨文化
財研究所 2017）など甲府盆地東部の花崗岩類分布地域に濃密に分布すること

90

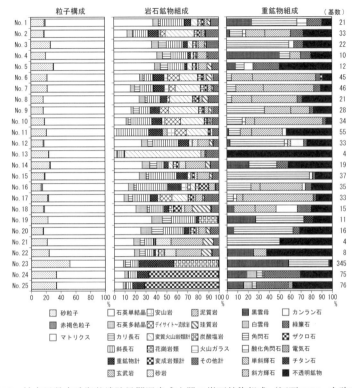

図14　神奈川県市兵衛谷遺跡早期野島式土器の岩石鉱物組成（河西 1995a を改変）

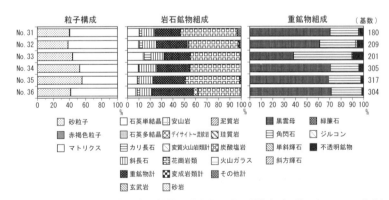

図15　神奈川県久保ノ坂遺跡古屋敷第Ⅳ群土器の岩石鉱物組成（河西 1998b の抜粋）

が明らかになりつつある。金色黒雲母や花崗岩類で特徴付けられる在地的な古屋敷第Ⅳ群土器が横堰遺跡で確認されたことは、古屋敷、清水柳、久保ノ坂遺跡などでの搬入土器の製作地およびこの土器型式の土器分布の中心が甲府盆地の花崗岩分布地域にあった可能性が高いと考えられる（河西 2018a）。花崗岩類と金色黒雲母などからなる単調な胎土で特徴付けられる古屋敷第Ⅳ群土器は、土器作りに適した地域で主に土器が作られ、あまり適さない地域には搬入土器として移動していた傾向が読み取れる。

　以上のように早期土器の胎土は、大きく二つの傾向をとらえることができる。一つは、田戸上層式・子母口式・野島式などのように1遺跡の分析結果においても多様な胎土が認められる傾向である。大規模発掘調査事例が多く、分析試料数が一定量確保されたことなどの一定条件を満たしていることもあるが、これらの胎土の多様性は、地元原料を利用した土器作りが各地でなされ、それ以降の活動で人が移動した結果土器が移動したと推定され、より安定した定住化を示す現象ととらえられる。一方、撚糸文土器のうち稲荷原式〜天矢場式、押型文土器の一部、古屋敷第Ⅳ群土器などでは、胎土の組成が単調で、搬入土器の多くは花崗岩類主体の胎土の場合が多い傾向がある。これらの現象からは、土器作りに適した地域で土器が積極的に作られ、あまり適さない地域では搬入土器として受け入れる場合が多く、集落が一定規模になると地元原料での土器作りが見出せるというような傾向が読み取れる。

4　前期初頭の特徴

　以下は河西（2013）の報告をもとに記述する。

1．木 島 式

　木島式は、土器胎土の典型的な同質性が特徴である。花崗岩類とその構成
鉱物から主として構成され、白雲母粒子や白雲母を含む花崗岩類などの検出
が特徴であり、ほかに黒雲母・角閃石を含み、ときにザクロ石を伴う（長野
県御代田町塚田遺跡（水沢1994）、同木曽福島町川合遺跡（パリノ・サーヴェイ
2002）、山梨県北杜市酒呑場遺跡（河西2005））。同様の組成が、山梨県南アルプ
ス市中畑遺跡 Nos.4～6、同北杜市山崎第4遺跡05045-8、堰口遺跡
06010-8の木島式土器でも認められた（図16）（河西2013）。中畑遺跡の3試
料では、白雲母・花崗岩類の検出は共通するものの、岩石組成や重鉱物組成
が多様で原料産地の多様性がうかがわれる（図17）。肉眼観察でも、典型的
な木島式では白雲母が検出される場合が極めて高い（中畑遺跡、堰口遺跡な
ど）。山梨県内では、白雲母が多く含まれる花崗岩類の分布はほとんどなく、
河川砂の重鉱物組成においてもほとんど検出されない。一方、天竜川流域の
河川砂では、白雲母を伴う組成が特徴であり、白雲母・花崗岩類の比率が地
点ごとに一様でないことが確認され、飯田市内寺所遺跡など弥生土器の分析
でも多くの土器に白雲母を含む結果が得られている（河西2013）。白雲母を
伴う木島式土器は、長野県から愛知県にかけての領家帯地域などが有力な原
料産地候補として推定されることから、これらの地域から土器として運び込
まれた可能性が高い。しかし、厚手の在地的木島式土器は、白雲母を含ま
ず、珪質岩・砂岩などを伴う特徴が認められ、原料産地の違いが明らかであ
る（川合遺跡 Nos.4、5、肉眼観察54堰口遺跡）。天竜川流域の領家帯地域でも
白雲母を含まない河川砂もあり、白雲母を含むが堆積岩の多い河川砂もあり
組成が多様である。木島式土器胎土の多様性がみられることは、生産域にお
いて地元地質を利用した土器作りがなされていた可能性が高いと考えられ
る。

　なお池谷・増島（2006）は、愛知県清水ノ上貝塚と静岡東部地域の木島式
土器を蛍光X線分析し、その共通性から静岡東部の木島式土器が東海地域か
らもたらされたとしている。

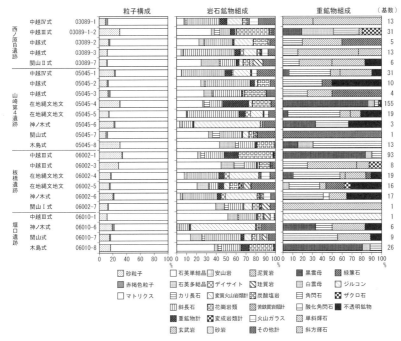

図16　山梨県北杜市内遺跡土器の岩石鉱物組成（河西 2013）

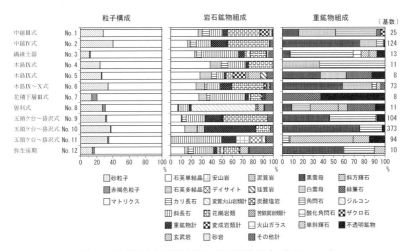

図17　山梨県中畑遺跡土器の岩石鉱物組成（河西 2013）

2．中 越 式

　川合遺跡では、縄文前期前葉木島式と中越式が各5試料ずつ分析された（パリノ・サーヴェイ 2002、贄田 2003）。その結果、中越式土器のうち中厚手（5～7mm）の器壁が堅くしまった Nos. 6～7 は、含砂率が高く主として石英・カリ長石・斜長石・黒雲母・白雲母・花崗岩類などからなり、角閃石・斜方輝石をわずかに伴う（d 類胎土）。これに対し、厚手（6～12mm）の中越式土器 Nos. 8～10 は、主として石英・斜長石・黒雲母・角閃石・凝灰岩・チャートなどからなり、安山岩・流紋岩・軽石などをわずかに伴う（e 類胎土）。d 類胎土は、領家帯の花崗岩類の分布地域に原料産地が推定された。e 類胎土は、チャートを含む堆積岩と凝灰岩・火山岩の分布する地域として、木曽福島町よりも上流の地元地域に原料産地が推定され、在地的胎土である可能性が指摘された。

　茅野市駒形遺跡では、縄文早期末～縄文後期の胎土分析がなされた中で3点（Nos. 12～14）の中越式土器が分析された（藤根ほか 2007）。その結果、No. 12 は石英・長石・雲母類・角閃石・深成岩類などが多く、Nos. 13、14 は、火山岩・凝灰岩・テフラ粒子・堆積岩類・角閃石などを含み、珪藻の存在から淡水成～水成粘土の利用が推定された。

　中畑遺跡では、Nos. 1、2 とも花崗岩類とその構成鉱物を主体とする組成で、白雲母・片岩・堆積岩などを伴う特徴を示す（図 17）。中越式の特徴は、共伴する木島式土器と類似しており、領家帯地域が有力な原料産地として推定される。一方、山梨特有のバケツ形を示す繊維土器 No. 3 は、花崗岩類が主体だが変質火山岩類・デイサイトなどを伴い、重鉱物組成では角閃石を主体とし、酸化角閃石・単斜輝石・斜方輝石・黒雲母・不透明鉱物など火山岩類との関連性を示す組成で、茅ヶ岳周辺地域のデイサイトと共通性することから、原料産地候補の一つとして塩川・荒川流域および笛吹川流域の一部などが推定された。

　北杜市酒呑場遺跡では、2試料（Nos. 5、6）が分析された（河西 2005）。No. 5 は、安山岩を主体とする岩石鉱物組成と、単斜輝石・斜方輝石・不透

明鉱物などを主体としカンラン石・角閃石を伴う重鉱物組成を示し、地元八ヶ岳地域に原料産地が推定された。No. 6 は、花崗岩類主体の岩石鉱物組成と、黒雲母・角閃石・不透明鉱物主体の重鉱物組成を示し、花崗岩地域に原料産地が推定された。No. 6 は、白雲母が計数されていないことから、同時に分析された木島式・北白川下層式・平出 3 類 A 土器など白雲母を伴う花崗岩類とは異なる岩体として、甲府岩体や甲斐駒ヶ岳岩体などとの類似性が指摘された。

　酒呑場遺跡以外の北杜市内遺跡での中越式は、花崗岩類の多い胎土と変質火山岩類が多い胎土とに大別される。中越Ⅲ式は、木島式土器とともに、白雲母粒子や白雲母を含む花崗岩類などが検出される場合が多く、ときにザクロ石が検出される（西ノ原 B 遺跡 03089-1-2、板橋遺跡 06002-1、06002-3）。これらの土器の原料産地は、領家帯地域などが有力候補として推定された。中越Ⅳ式は、変質火山岩類が多く火山ガラス・花崗岩類・珪質岩などを伴い、重鉱物組成では単斜輝石・斜方輝石を伴う特徴が共通する（西ノ原 B 遺跡 03089-1、山崎第 4 遺跡 05045-1）。中越式とされた試料は、白雲母は計数されず、西ノ原 B 遺跡 03089-2、03089-3 は中越Ⅳ式と類似性の高い組成を示す一方、山崎第 4 遺跡 05045-2、05045-3 では花崗岩類が多く変質火山岩類が少なく、輝石が乏しい重鉱物組成を示す。中越Ⅳ式や中越式の一部は、神ノ木式や在地縄文地文土器の一部と共通性があり、原料産地が類似している可能性がある。

　以上のように中越式土器の胎土は、白雲母を伴う特徴を示す土器が多い傾向はあるものの、堆積岩や変質火山岩類などを伴う場合があり、胎土の多様性が認められることから、生産域においては地域ごとに地元地質を用いた土器作りがなされていたことが推定される。川合遺跡は生産域に含まれる可能性がある。分布の中心とされる領家帯地域でも白雲母が計数されない天竜川や松川の河川砂もあることから、白雲母を含まない土器が長野県坂平遺跡や山梨の遺跡において必ずしも在地的土器とは限らず、持ち込まれた可能性もあり得る。中越式分布の縁辺部で地元地質を用いて土器作りがなされたと考

えられる土器は、今のところ酒呑場遺跡 No.5 のみとなる。このように、分布縁辺部での中越式は、胎土の多様性が認められるが領家帯地域からの持ち込みが多いと推定され、地元での土器生産はかなり限定的と考えられる。このような傾向は、早期古屋敷第Ⅳ群土器の状況と類似しているといえる。

5　前期末～中期初頭の特徴

　この時期の岩石学的手法による胎土分析事例があまり多くないことから、河西（2019）は主に肉眼観察による胎土組成で補強することでこの時期の特徴を示した（図 18）。以下は、河西（2019）の報告をもとに概要を述べる。

1．諸　磯　式

　諸磯式の胎土は、大きな地域ごとの地域差は認められている。西関東では三波川帯の片岩（Kojo 1981）、北関東赤城山南麓では安山岩（松田 1994）、南関東では堆積岩と変質火山岩類（松田 2000）、八ヶ岳山麓から甲府盆地周辺では花崗岩類で特徴付けられる。甲府盆地に位置する山梨県甲州市獅子之前遺跡や同笛吹市花鳥山遺跡では、花崗岩類主体の諸磯式が認められ、地元原料を用いた土器作りが推定される。一方、安山岩などの火山岩が分布する八ヶ岳南麓の石原田北遺跡、天神遺跡、酒呑場遺跡でも、花崗岩類主体の土器が多く、デイサイト～流紋岩主体土器をわずかに伴い、地元原料地質の安山岩主体のものは極めて少ない傾向がある（河西 2001a、2003、2011b）。花崗岩類やデイサイト～流紋岩分布域の材料が積極的に利用されていたと考えられる。

2．十三菩提式

　諸磯式と類似し、花崗岩類主体の胎土が多く、デイサイト～流紋岩主体の胎土をわずかに伴い、ときに堆積岩主体の土器がみられることがある。これらの傾向は、梨久保遺跡、原口遺跡、獅子之前遺跡、八丈島倉輪遺跡、神奈

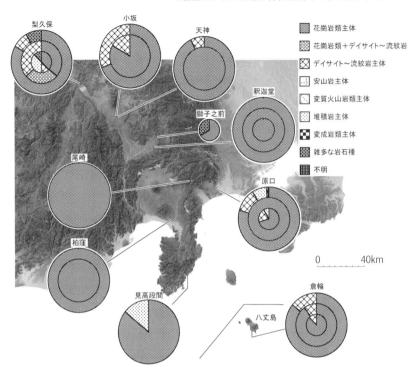

図 18　前期末～中期初頭土器胎土の分布（各遺跡で小円は十三菩提式・松原式、中円は踊場式、大円は五領ヶ台式を示す。背景は「川だけ地形地図」を使用。）（河西 2019）

川県茅ヶ崎市臼久保遺跡などで確認される（河西 2011b、2019、松田 1999）。臼久保遺跡において、変質火山岩類・緑色凝灰岩・砂岩・泥質岩などの在地的要素を多く含む型式学的在地土器が認められたことは、地元原料を用いた土器作りの存在を示している点で注目される。

3．踊　場　式

　踊場式は、十三菩提式と同様に花崗岩類主体の胎土が多い傾向が、北杜市小坂遺跡、天神遺跡、獅子之前遺跡、甲州市・笛吹市釈迦堂遺跡、原口遺跡、静岡県長泉町柏窪遺跡などで認められる。一方、梨久保遺跡では花崗岩

類主体の胎土とデイサイト〜流紋岩主体の胎土の割合がほぼ同程度である。デイサイト〜流紋岩主体の胎土の割合が梨久保遺跡で高いことは、これらの胎土の原料産地が長野県に存在する可能性を示唆する。

4．五領ヶ台式

　五領ヶ台式は、十三菩提式や踊場式と同様に花崗岩類主体の胎土が多い傾向が、天神遺跡、釈迦堂遺跡、神奈川県山北町尾崎遺跡、原口遺跡、柏窪遺跡、静岡県河津町見高段間遺跡で認められるとともに、天神遺跡、原口遺跡ではデイサイト〜流紋岩主体の胎土、原口遺跡、見高段間遺跡では堆積岩主体の胎土などを伴う特徴が認められる。原口遺跡では、片岩主体の胎土が検出され長距離移動の可能性を示す。東京都あきる野市前田耕地遺跡（前田耕地遺跡調査会 1981）や長野県千曲市屋代遺跡（水沢 2007、2008）などの事例から、これらの時期に地元原料を用いた土器作りの存在が推定されるが、搬入土器も少なくなく、人や土器の移動も活発であったと考えられる。

　以上、諸磯式〜五領ヶ台式の胎土の特徴を眺めてきた。長野・山梨・静岡・神奈川の事例では、花崗岩類主体の胎土が多いこと、デイサイト〜流紋岩主体の胎土を一定割合で含む遺跡と含まない遺跡とが認められることが特徴として挙げられる。デイサイト〜流紋岩主体の胎土を一定割合で含む遺跡は、梨久保遺跡、小坂遺跡、天神遺跡など八ヶ岳山麓から諏訪盆地に多い傾向があり、倉輪遺跡、原口遺跡などを含む。花崗岩類主体の胎土に白雲母を伴わないことから花崗岩類の原料産地は、甲府盆地周辺の甲府岩体、甲斐駒ヶ岳岩体、諏訪湖周辺の茅野岩体などが有力な候補と推定される。デイサイト〜流紋岩を主体とする胎土の原料産地は、これらの土器の分布が八ヶ岳から諏訪盆地の遺跡での出現頻度が高いことから、長野県内に推定される可能性がありそうである。地元地質を用いた土器作りの存在も認められるものの、全体としては花崗岩類地域あるいはデイサイト〜流紋岩地域の原料を利用した土器の移動頻度が高い結果となっており、押型文土器、古屋敷第Ⅳ群

土器、木島式、中越式などと共通する土器作りシステムが継続していたととらえられそうである。倉輪遺跡では、花崗岩類主体土器とデイサイト～流紋岩主体土器とが一定割合で十三菩提式～五領ヶ台式において検出されることから、山梨北部～諏訪盆地方面から富士川および太平洋を経由して継続的に人々の移動があったことが推定される。一方、デイサイト～流紋岩主体胎土を伴わない花崗岩類主体のみの胎土は、主として御坂山地や関東山地を越え富士山東麓ルートあるいは相模川や多摩川などを経て静岡東部、神奈川、東京方面に拡散した可能性が推定されている（河西 2019）。

6　中期阿玉台式の特徴

　阿玉台式は、東関東を中心に分布する土器型式で、花崗岩類およびその構成鉱物である雲母の含有が特徴的な土器であり、雲母を産しない地域においても普通に雲母を含む土器が分布する点が特異である。谷口（1999）は、粒度組成と胎土の岩石鉱物組成から雲母などの混和材を意図的に混和した結果であるとした。河西ほか（2014）は型式学的検討と胎土の検討を行った。意図的な混和によって花崗岩類や雲母が多量に混和された場合、混和材以外の原料の岩石鉱物組成は混和によって大幅な組成変更とならざるを得ない。阿玉台式土器の胎土の解釈においては、花崗岩類およびその構成鉱物の黒雲母・白雲母・斜長石・カリ長石・石英などを取り除いた残りの組成に注目し、複数原料の産地推定することを試みた。以下は河西（2014）をもとに概要を記述する。

　薄片による阿玉台式の胎土分析結果をまとめたのが表1である。この表は、薄片による分析結果から、地元原料を用いた阿玉台式土器作りの可能性、および雲母・花崗岩類の混和がなされた可能性についての結論を導き出すための過程を示している。雲母が多い阿玉台式と少ない阿玉台式が同一遺跡に存在する傾向は、分析試料がわずかな遺跡を除くと、ほとんどの遺跡で認められる。雲母・花崗岩類主体の土器胎土は、土器として運ばれてきた胎

表 1　薄片による阿玉台式土器胎土分析結果（河西 2014）

所在	遺跡名	阿玉台式の細分	雲母が多い土器	雲母が少ない土器	雲母・花崗岩類主体の胎土				阿玉台式土器胎土と異なる組成の阿玉台式土器胎土 阿玉台以外の在地的土器胎土や堆積物などとの比較		地元原料を用いた阿玉台式土器作りが推定可能か	雲母・花崗岩類の混和がなされた可能性	備考
					有無	岩石の特徴	重鉱物組成の特徴	在地的組成と考えられるか	比較対象	岩石鉱物組成の特徴			
千葉県松戸市	八ヶ崎	阿玉台Ⅰa～Ⅰb式	○	○	○	○(No.13、15、16)	泥質ブロックの多産。変質火山岩類＋堆積岩類	単斜輝石・緑簾石など	○	出土粘土、稔台遺跡土器	泥質ブロックが多い。カリウムの含有が少ない。	○	○	
茨城県小美玉市	部室八幡平	阿玉台Ⅰb式	○	○	○	△(No.15)	わずかにデイサイト・変質火山岩・珪質岩・火山ガラスを含む。	角閃石・単斜輝石・斜方輝石を伴う。	△	遺跡周辺堆積物	岩石では花崗岩類・変質火山岩類・ホルンフェルス・泥質岩・珪質岩・火山ガラスを含む雑多な組成を示し、重鉱物では黒雲母・白雲母・角閃石・単斜輝石・斜方輝石・不透明鉱物を含む。	△	△	重鉱物に注目した場合。
千葉県香取市	木之内明神貝塚	阿玉台式後半	○	-	○	○	-	-	-	加曽利E式	岩石では花崗岩類・変質火山岩類・ホルンフェルス・珪質岩をわずかに含む。重鉱物では角閃石・単斜輝石・緑簾石・不透明鉱物が主体。	-	-	-

所在地・遺跡名	型式				岩石記載	類似	河川	河川砂記載			評価
千葉県香取市 白井雷貝塚	阿玉台Ⅰb式	-	○	-	○（KEK-011）	花崗岩類のほか、変質火山岩類・ホルンフェルス・珪質岩・緑簾石・斜方輝石・デイサイト・不透明鉱物を伴う。	八辺・木之内明神の加曽利E式、三郎作の阿玉台式と類似。　△	黒部川・利根川の砂、八辺2式、木之内明神の加曽利E式	河川砂は、安山岩・変質砂岩などが多く、花崗岩類・火山質岩・デイサイト・火山ガラスを伴う。重鉱物では斜方輝石・単斜輝石が多く、角閃石・不透明鉱物を伴う。	△	×	分析した1試料に関する評価。
茨城県阿見町 宮平貝塚	阿玉台Ⅰb～Ⅱ式	○	○	-	-	-	渚明川河川砂	変質火山岩類・花崗岩類・デイサイト・泥質岩・砂岩・火山ガラスを伴う。重鉱物では、斜方輝石・単斜輝石・角閃石を伴う。	不明	不明	白雲母が多いという広い範囲での地域性は認められる。
千葉県香取市 三郎作貝塚	阿玉台Ⅰb～Ⅱ式	-	○	-	○（KEK-071,072,073）	花崗岩類が多く、変質火山岩類・火山岩類・ホルンフェルス・泥質岩・珪質岩・安山岩・デイサイトなどを伴う。角閃石・黒雲母・単斜輝石・電気石・不透明鉱物が重鉱物	河川砂と岩石は、類似性が見られる。岩石は類似に乏しい。　△	黒部川、利根川の砂、河川砂、木之内明神加曽利E式	河川砂は、安山岩・変質砂岩などが多く、花崗岩類・火山質岩・デイサイト・火山ガラスを伴う。重鉱物では斜方輝石・単斜輝石が多く、角閃石・不透明鉱物を伴う。	△	△	

産地	土器型式	分析①	分析②	試料No.	鉱物	岩石	共伴判定	共伴土器型式	岩石・考察	混和	分析した1試料に関する評価。
東京都八王子市 小比企向原	阿玉台Ib式	○	○	−	−	−	−	五頭ヶ台2式、勝坂2式、曽利1〜3、加曽利E2、連弧文	岩石では玄武岩・砂岩・泥質岩・珪質岩・ホルンフェルス・変質火山岩などを多く含む。重鉱物ではカンラン石・単斜輝石・斜方輝石・角閃石などが多い。	×	×
神奈川県相模原市 大日野原	阿玉台Ib〜II式	○	○	△（SOH 9069）	黒雲母・白雲母・角閃石・緑簾石・不透明鉱物	変質火山岩類が多く、花崗岩類・泥質岩・砂岩などを伴う。	×	勝坂式、加曽利E式、曽利式	カンラン石、玄武岩、ホルンフェルスなどを伴う在地的特徴を示す。	×	×
栃木県茂木町 桧の木	阿玉台Ib〜IV式	○	○	○（No.5、20、26、31、42）	角閃石・単斜輝石・斜方輝石	変質火山岩類（珪長質）・デイサイトなどを伴う。	○	大木式、加曽利EI式、火炎系もしくは浄法寺類系	変質火山岩類を主体とし、デイサイト・泥質岩・珪質岩・砂岩・花崗岩類を伴う。	○	○
茨城県美浦村 陸平貝塚	阿玉台I〜IV式	○	○	○（No.6〜10）	角閃石・単斜輝石・斜方輝石	変質火山岩類（珪長質）＋堆積岩	○	堀之内2式、加曽利EI式、大木8b式、中期中葉土器	他型式土器は、変質火山岩類＋花崗岩類のものと花崗岩類を示すものとからなる。重鉱物では、黒雲母のほか白雲母が多いのが特徴を示すものが多い。	○	△ 積極的には混和をしていない傾向。時期的に古い阿玉台式が多いためか。

栃木県大田原市	品川台	阿玉台Ⅱ式	○	○	△(No.5)		重鉱物少なく、黒雲母・ジルコン不透明鉱物・角閃石・斜方輝石がわずか。	不明	七郎内Ⅱ式	変質火山岩類＋堆積岩＋火山ガラス＋デイサイト＋花崗岩類などで特徴付けられる岩石組成と角閃石＋斜方輝石＋単斜輝石で特徴づけられる重鉱物組成が一般的である。	不明	不明	阿玉台式は黒雲母と花崗岩類が多く、胎土的には搬入された土器胎土との区別がつかない。
東京都三鷹市	坂上	阿玉台Ⅰb式	○	○	○(TKM-1、2、6、7、9)	泥質岩・珪質岩・変質火山岩類など山岩類から構成される。	角閃石が多い傾向があり、輝石・不透明鉱物などを伴う。	○おそらく。	多摩川河川砂、小比企向、縄文中期土器	多摩川上流河川砂は、泥質岩・砂岩・珪質岩類・花崗岩が多く、変質火山岩類・花崗岩原遺跡の玄武岩・カンラン石を伴う組成と類似するものは坂上には見られない(TKM-7、9)。	○	△(TKM-1、6)積極的には混和をしていない傾向も(TKM-7、9)。	

土なのか、地元で混和して作製された胎土かの区別は困難であるが、分析試料がわずかな遺跡を除くと、ほとんどの遺跡で確認される。雲母・花崗岩類主体の胎土とは異なる組成の阿玉台式土器胎土は、やや不確実なものも存在するが、ほとんどの遺跡で認められる。これらの胎土が在地的なものかについて判断するには、岩石鉱物組成から花崗岩類とその構成鉱物を除いて残った組成の特徴を、阿玉台式以外の土器型式での在地的土器胎土や遺跡周辺堆積物の特徴などと比較する必要がある。その結果、雲母・花崗岩類主体の胎土と異なる組成の阿玉台式胎土で在地的組成であると推定されるものは、八ヶ崎、桧の木、陸平、坂上遺跡などで認められた（図19・20）。また在地的胎土の要素をもちながら隣接地質の要素も含まれる「中間組成の土器」（河西1992b、1999c、2015a）が、部室八幡平遺跡、白井雷貝塚、三郎作貝塚などでみられた。以上の遺跡は、阿玉台式土器分布の中心部分に属しているものが多く、各地で地元原料を用いた土器作りが存在していた可能性が推定される。それらの地元原料に雲母・花崗岩類を意図的混和がなされた場合には、岩石鉱物組成や重鉱物組成において、地元堆積物あるいは在地的胎土組成を示す他型式土器などと比較して雲母・花崗岩類が多く含まれると想定される。桧の木、八ヶ崎遺跡では、意図的な混和の可能性が推定された（河西2011c、河西ほか2014）。また不確実な部分があるものの部室八幡平遺跡、三郎作貝塚、陸平貝塚、坂上遺跡などで意図的混和の可能性が推定された（河西2014）。

　阿玉台式土器分布の縁辺部では土器作りがあまり行われていないと考えられる。勝坂式など他型式土器の分布が主体を占め阿玉台式分布の縁辺に位置する長野県茅野市長峯、中ッ原、山梨県甲州市・笛吹市釈迦堂、大日野原、小比企向原遺跡などの出土土器は、遺跡周辺地質を反映した阿玉台式胎土ではなく、土器として搬入された可能性がある。これは、分布の中心部において地元原料を用いた土器作りが行われたことと対をなすものと考えられる。

　阿玉台式土器の混和原料の実態は明確にはなっていない。想定される混和材としては、花崗岩塊、花崗岩が風化したマサ土、花崗岩地域の河川堆積

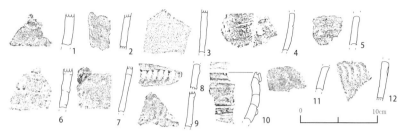

図19　東京都坂上遺跡分析試料（河西 2014）

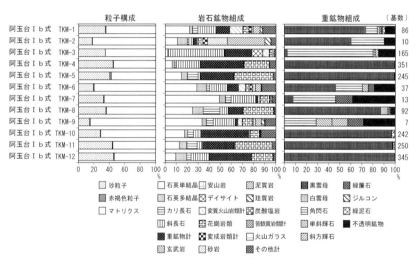

図20　東京都坂上遺跡土器の岩石鉱物組成（河西 2014）

物、雲母などを含む土器片などが考えられる。西田遺跡では、住居跡内から風化した花崗岩塊が出土しており、混和との関係が推定されている（谷口 1999）。このような具体的遺物の発見を今後期待したい。花崗岩類が付近に分布しない地域において地元原料を用いて土器作りを行う場合には、おそらく花崗岩類・雲母を主体とする混和材の移動があったものと考えられる。

7　中期勝坂式〜曽利式の特徴

以下は河西（2019）をもとに記述する。

1．勝　坂　式

　勝坂式は、各地で地元地質を利用した土器作りがより盛んになり始めたものと考えられる。霧ヶ峰西麓の梨久保遺跡や八ヶ岳南麓の石原田北遺跡・酒呑場遺跡などで地元地質の安山岩主体胎土が普通に検出されるようになる（河西 2001a、2003、2019）。縄文前期末〜中期初頭において花崗岩類主体胎土やデイサイト〜流紋岩主体胎土が大部分を占めるこれらの地域において、地元地質の安山岩主体胎土の土器が多くを占めることは、土器作りにおける画期としてとらえられる（図21）。神奈川県原口遺跡 J9 号住の勝坂式では、堆積岩や変質火山岩類（ときに緑色変質火山岩類）スコリア（玄武岩質）、安山岩など地元地質に由来する雑多な岩石種を伴う組成の胎土が多くなり、八ヶ岳周辺地域での土器作りの変化に対応しているようにみえる（河西 2019）。それまで積極的に地元原料を用いた土器作りがなされていなかった地域でも地元原料を用いた土器作りが積極的に行われるようになったものと考えられる。

2．曽　利　式

　曽利式は、勝坂式と同様の傾向が継続し、分析例が多いことからより詳細

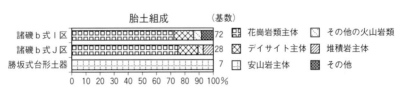

図21　山梨県酒呑場遺跡土器の肉眼観察による胎土組成（河西 2003）

が明らかになっている。曽利式は、分布の中心が甲府盆地周辺に存在し、その周辺では地域ごとに地元原料を用いた土器作りが普通に認められ、胎土組成は多様性に富み（図22）、遺跡間の土器の移動も活発であるが、移動距離はそれほど大きくはない（河西ほか1989、河西1992b、2002、2008、2010a）。甲府盆地の外側の相模川上流域の緑色変質火山岩分布地域に立地する都留市内遺跡などでは、緑色変質岩を伴う曽利式土器が認められる一方、都留市尾咲原遺跡では花崗岩類主体胎土がほとんどを構成する場合がある（河西1999d、2001b）。分布の縁辺部に位置する静岡県東部では、在地的土器の割合が減り、

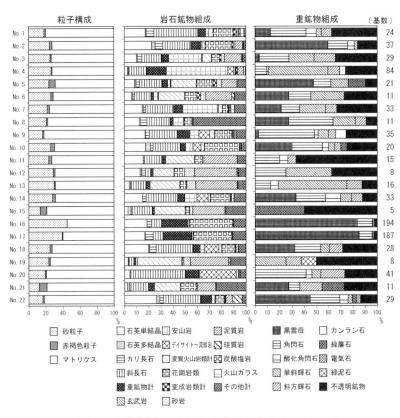

図22　山梨県曽根遺跡土器の岩石鉱物組成（河西2000b）

搬入土器の割合が増加し、土器の移動距離は大きい傾向がある（河西
2010b）。山梨県笛吹市前付遺跡では、花崗岩類主体の笛吹川河川砂を3km
ほど離れた地点から遺跡に搬入し、土器に貯蔵し、土器の混和材として利用
していたことが推定されている（河西2015b）。胎土中の岩石鉱物組成は、花
崗岩類とその造岩鉱物ばかりでなく、地元の緑色変質火山岩類が少量ながら
含まれていることから、粘土原料は地元で調達していた可能性が考えられ
る。このように、地元地質と異なる堆積物を混和材として利用しても製作過
程で何かしら地元由来原料を利用している状況は、阿玉台式の場合とも共通
している。ほぼ同時期の多摩ニュータウンNo.72遺跡加曽利E式住居内に
おいて検出された貯蔵砂が、土器作りにおける混和材である可能性が指摘さ
れている（東京都埋蔵文化財センター2009、河西2018b）。また、多摩ニュータ
ウンNo.245遺跡では、住居内に貯蔵粘土、焼成粘土塊、未焼成土器、器台、
規範を逸脱した土器などが検出され、住居内における土器作りの実態が明ら
かになっている。さらに、貯蔵砂と土器の粒度分析の結果、粒径1mm程度
の中粒砂が多い傾向から混和材の選択する基準として砂の粒径を重視してい
た可能性が認められ、技術的規範の存在も示唆される（河西2018b）。

おわりに

　土器の移動距離、移動頻度、地元原料を利用した土器作りの存在、あるい
は土器胎土の多様性などは、定住化や当時の人々の活動状況を考える上での
指標の一つになり得ると考えられる。ここでは、縄文草創期から中期までの
胎土分析事例から各時期ごとの特徴を眺めてきた。分析数が少ない草創期か
ら早期では、草創期初期段階では遺跡近傍の地質的特徴を示す土器は、極め
てわずかに過ぎないが、それでも県レベルのような広域的視点でみると地域
性が認められる傾向もある。神奈川県の草創期隆線文土器では、在地的土器
が多く、比較的近い地域に原料産地が推定される事例が認められた。縄文早
期前半の土器では、胎土の岩石鉱物組成は多様性に乏しく単調な場合が多

く、地元原料を利用して積極的な土器作り地域がある一方、土器作りに消極的な地域もあり、搬入土器として花崗岩類主体の胎土が広域に分布している場合があり、遠距離移動する土器もあったと推定される。早期中葉から後葉にかけて田戸上層式・子母口式・野島式などで多様な胎土が認められることから、より安定した定住化が推定された。前期初頭の木島式や中越式あるいは前期末～中期初頭は、縄文早期前半の傾向と似た状況が継続しているようにみえる。

　縄文中期阿玉台式では花崗岩類・雲母などを意図的に混和した土器作りが盛んになるが、基本的には分布の中心域において持ち込まれた混和材と地元原料とを混ぜることで各地域において土器作りが行われていたと推定された。

　縄文中期勝坂式～曽利式において、五領ヶ台式以前は積極的に地元原料を用いて土器作りがなされていなかった八ヶ岳山麓などで積極的に地元原料を用いた土器作りが展開されるようになる。意図的な混和を示す住居内の貯蔵砂の存在は、この時期の特徴であり、阿玉台式の土器作りにも共通性を見いだせる可能性があるかもしれない。この傾向が五領ヶ台式以前の土器作りまでさかのぼっていたのかどうかは、興味深い課題である。このような具体的な土器作りに関わる状況が、他の時期においても発掘によって発見されることが今後期待される。わずかな分析事例から垣間見る土器胎土の特徴の変遷からは、縄文時代の土器作りにおける緩やかな進化が読み取れる。

参 考 文 献

池谷信之・増島淳（2006）「アカホヤ火山灰下の共生と相克」『伊勢湾考古』20、77-104 ページ

河西学（1992a）「尾上イラウネ遺跡出土土器の胎土分析」沼津市文化財調査報告書第 53 集『尾上イラウネ遺跡発掘調査報告書Ⅱその 2』1-22 ページ

河西学（1992b）「岩石鉱物組成からみた縄文土器の産地推定—山梨県釈迦堂遺跡・郷蔵地遺跡・柳坪遺跡の場合—」『帝京大学山梨文化財研究所研究報告』4、61-90 ページ

河西学（1995a）「市兵衛谷遺跡第Ⅱ群土器の胎土分析」『市兵衛谷遺跡・新道遺跡』

綾瀬市埋蔵文化財調査報告、4、89-108 ページ

河西学（1995b）「花見山式土器の胎土分析」『花見山遺跡』港北ニュータウン地域
　内埋蔵文化財調査報告、16、345-348 ページ

河西学（1996）「西洞遺跡出土縄文早期土器の胎土分析」沼津市文化財調査報告書
　第 59 集『西洞遺跡（a 区）・葛原沢遺跡発掘調査報告書』269-277 ページ

河西学（1997）「社口遺跡出土土器の胎土分析」『社口遺跡第 3 次調査報告書』
　201-207 ページ

河西学（1998a）「北原（No. 10・11 北）遺跡出土縄文草創期土器の胎土分析」『宮
　ケ瀬遺跡群 XV 北原（No. 10・11 北）遺跡』かながわ考古学財団調査報告、41、
　376-380 ページ

河西学（1998b）「久保ノ坂（No. 4）遺跡出土縄文早期土器の胎土分析」『宮ケ瀬遺
　跡群 XVI 久保ノ坂（No. 4）遺跡』かながわ考古学財団調査報告、42、357-372
　ページ

河西学（1999a）「大平山元 I 遺跡出土縄文草創期土器胎土の岩石鉱物組成」『大平
　山元 I 遺跡の考古学調査』大平山元 I 遺跡発掘調査団、130-132 ページ

河西学（1999b）「長津田遺跡群出土縄紋草創期土器の胎土分析」『長津田遺跡群 V
　宮之前遺跡』かながわ考古学財団調査報告、58、359-362 ページ

河西学（1999c）「土器産地推定における在地―岩石学的胎土分析から推定する土
　器の移動―」『帝京大学山梨文化財研究所研究報告』9、285-302 ページ

河西学（1999d）「縄文中期曽利式土器の胎土分析―山梨県金の尾遺跡・尾咲原遺
　跡―」『山梨考古学論集 IV』山梨県考古学協会、165-179 ページ

河西学（2000a）「鷹山黒曜石原産地遺跡群出土・採集縄文土器の胎土分析」『鷹山
　遺跡群 IV』長門町教育委員会・鷹山遺跡群調査団、171-180 ページ

河西学（2000b）「櫛形町曽根遺跡出土縄文中期土器の胎土分析」『山梨県考古学協
　会誌』11、59-68 ページ

河西学（2001a）「石原田北遺跡出土縄文土器の胎土分析」『石原田北遺跡 J マート
　地点』302-311 ページ

河西学（2001b）「山梨のグリーンタフ地域における縄文中期曽利式土器の産地」
　『山梨県史研究』9、1-21 ページ

河西学（2002）「胎土分析から見た土器の生産と移動」『土器から探る縄文社会―
　2002 年度研究集会資料』山梨県考古学協会、26-38 ページ

河西学（2003）「長坂町酒呑場遺跡出土縄文土器（諸磯 b 式）の胎土分析」『酒呑
　場遺跡（第 4 次）』山梨県埋蔵文化財センター調査報告書、第 209 集、103-118
　ページ

河西学（2005）「酒呑場遺跡出土の異系統縄文土器の胎土分析」『酒呑場遺跡（第 1
　～ 3 次）（遺物編―本文編）』山梨県埋蔵文化財センター調査報告書、第 216 集、

80-86 ページ

河西学（2008）「胎土分析と産地推定」『縄文時代の考古学 7 土器を読み取る―縄文土器の情報―』同成社、17-27 ページ

河西学（2010a）「胎土分析からみた土器の産地と移動」『移動と流通の縄文社会史』雄山閣、131-156 ページ

河西学（2010b）「静岡県東部地域出土曽利式土器の肉眼観察胎土組成―破魔射場遺跡・押出シ遺跡にみられる土器の移動―」『帝京大学山梨文化財研究所研究報告』14、115-132 ページ

河西学（2011a）「曽根遺跡出土縄文早期押型文土器の胎土分析」『曽根遺跡（第 2 地点）』南アルプス市埋蔵文化財調査報告書、第 28 集、39-44 ページ

河西学（2011b）「伊豆諸島出土縄文土器の岩石学的手法による胎土分析」『環境史と人類』第 5 冊、151-181 ページ

河西学（2011c）「阿玉台式土器胎土の岩石学的手法による予察的検討―松戸市八ヶ崎遺跡の事例から―」『帝京大学山梨文化財研究所研究報告』15、49-67 ページ

河西学（2012）「栃木県出土縄文早期土器の岩石学的手法による胎土分析」『国立歴史民俗博物館研究報告』第 172 集、209-229 ページ

河西学（2013）「胎土分析からみた土器の産地と移動―中部高地の縄文前期土器を中心に―」『縄文前期前葉の甲信地域―山梨からみた中越式期―』山梨県考古学協会 2013 年度研究集会資料集、128-148 ページ

河西学（2014）「岩石鉱物組成からみた阿玉台式土器の土器作り」『公開シンポジウム「混和を伴う縄文時代の土器作り―阿玉台式土器と土器原料―」資料集』24-51 ページ

河西学（2015a）「縄文土器原料からみた土器の移動―前付遺跡貯蔵砂からの再検討―」『山梨県考古学協会誌』23 号、1-8 ページ

河西学（2015b）「前付遺跡出土貯蔵砂・粘土塊・土器の岩石鉱物分析」『前付遺跡・大祥寺遺跡』笛吹市文化財調査報告書、第 31 集、298-307 ページ

河西学（2018a）「土器型式の分布と胎土―縄文早期後半古屋敷第 IV 群土器の場合―」『山梨文化財研究所報』第 57 号、11 ページ

河西学（2018b）「土器胎土からみた縄文土器の混和材―多摩ニュータウン No. 72 遺跡、No. 245 遺跡の事例―」『帝京大学文化財研究所研究報告』第 17 集、83-99 ページ

河西学（2019）「縄文前期末～中期土器胎土の肉眼観察による交通路復元への基礎的研究」『山梨考古学論集 VIII』217-240 ページ

河西学・櫛原功一・大村昭三（1989）「八ヶ岳南麓地域とその周辺地域の縄文時代中期末土器群の胎土分析」『帝京大学山梨文化財研究所研究報告』第 1 集、1-64 ページ

河西学・小林謙一・中村信博 (2018)「栃木県堀込遺跡出土縄文早期土器の岩石鉱物組成からみた原料産地」『日本文化財科学会第35回大会研究発表要旨集』236-237ページ

河西学・中村哲也 (1990)「古屋敷遺跡早期第Ⅳ群土器の胎土・製作技法の特徴」『古屋敷遺跡発掘調査報告書』富士吉田市史資料叢書8集、98-124ページ

河西学・松本建速・市川慎太郎・中村利廣・小林謙一・塚本師也 (2014)「桧の木遺跡出土阿玉台式土器の胎土分析」『研究紀要』22号、公益財団法人とちぎ未来づくり財団埋蔵文化財センター、7-54ページ

小林謙一・河西学・神山崇・池田進 (2007)「中性子回折を用いた縄文土器の分析と岩石学的手法による胎土分析」『日本文化財科学会第24回大会研究発表要旨集』218-219ページ

境川カントリークラブ予定地内埋蔵文化財発掘調査団 (1986)『小黒坂南遺跡群』境川村埋蔵文化財発掘調査報告書、第3輯

境川村教育委員会（野﨑進）(2002)『西原遺跡・柳原遺跡（第2次)』境川村埋蔵文化財発掘調査報告書、第17輯

谷口陽子 (1999)「縄文土器に含まれる粗粒物質のテクスチュアル・アナリシス—製作地と製作技法解明への一試論—」『帝京大学山梨文化財研究所研究報告』9、303-332ページ

東京都埋蔵文化財センター (2009)『多摩ニュータウンNo 72・795・796遺跡』(14)、東京都埋蔵文化財センター調査報告、第50集

中村信博 (2014)「栃木県出土早期縄文土器の胎土分析研究における土器型式の認定について」『研究紀要』22号、公益財団法人とちぎ未来づくり財団埋蔵文化財センター、1-6ページ

中村由克 (2001)『市道遺跡発掘調査報告書』長野県信濃町教育委員会、310ページ

贄田明 (2003)「木曽福島町川合遺跡より出土した中越期の土器の胎土分析結果」『長野県考古学協会2003年度秋季大会「中部高地に開花した中越文化」資料集』6-1～6-10ページ

原田昌幸 (2008)「撚糸文系土器」『総覧縄文土器』アム・プロモーション、112-121ページ

パリノ・サーヴェイ (2002)「分析の結果」『川合遺跡』木曽福島町教育委員会、55-59ページ

パリノ・サーヴェイ (2010)「縄文土器胎土分析・火山灰分析・木製品放射性炭素年代（AMS測定)」『小田原城跡八幡山遺構群Ⅳ（第4・5次調査)』かながわ考古学財団調査報告、254、129-138ページ

藤根久・長友純子 (2007)「土器胎土分析」『駒形遺跡』長野県埋蔵文化財センター

発掘調査報告書 82、付録 DVD 所収、240-242 ページ

前田耕地遺跡調査会（1981）『前田耕地Ⅲ』秋川市教育委員会

松田光太郎（1994）「愛宕山遺跡出土の縄文時代前期後半土器の胎土分析」『愛宕
　　山遺跡・初室古墳・愛宕遺跡・日向遺跡』群馬県富士見村教育委員会、308-321
　　ページ

松田光太郎（1999）「臼久保遺跡縄文上器の偏光顕微鏡観察による産地推定」『臼
　　久保遺跡』かながわ考古学財団調査報告、60、852-861 ページ

松田光太郎（2000）「坪ノ内・宮ノ前遺跡（No. 17）出土縄文土器の胎土分析」『坪
　　ノ内・宮ノ前遺跡（No. 16・17)』かながわ考古学財団調査報告、77、491-501
　　ページ

松田光太郎（2009）「関東南部・三浦半島における縄文早期土器の胎土分析―神奈
　　川県三浦市三戸遺跡出土土器の製作地推定―」『縄文時代』20、1-26 ページ

水沢教子（1994）「塚田遺跡出土土器の胎土分析について」『塚田遺跡』御代田町教
　　育委員会、292-310 ページ

水沢教子（2007）「屋代遺跡群出土煮沸具の胎土分析（上）―分析資料とその概要
　　―」『長野県立歴史博物館研究紀要』13、37-52 ページ

水沢教子（2008）「屋代遺跡群出土煮沸具の胎土分析（下）―分析の詳細―」『長
　　野県立歴史博物館研究紀要』14、3-14 ページ

矢島國雄・丑野毅・河西学・阿部芳郎（1996）「縄文時代草創期土器の製作技術分
　　析（1）大和市相模野第 149 遺跡・横浜市花見山遺跡出土土器の分析」『綾瀬市
　　史研究』3、70-110 ページ

山梨県埋蔵文化財センター（1985）『妻神遺跡・真福寺遺跡・手小松遺跡・市川北
　　遺跡・勝沼氏館跡・藤垈遺跡』山梨県埋蔵文化財センター調査報告、第 9 集

山梨県埋蔵文化財センター（2011）『御坂中丸遺跡』山梨県埋蔵文化財センター調
　　査報告、第 278 集

山梨文化財研究所（2017）『横堰遺跡』笛吹市埋蔵文化財調査報告書、第 37 集

Kojo, Y. (1981) Inter-site pottery movements in the Jomon period. *J. Anthrop. Soc.
　　Nippon* 89 (1) pp. 27-54

縄文時代における漆液採取と
ウルシの管理・栽培の問題

工藤雄一郎

は じ め に

　漆文化はウルシという植物が存在してはじめて成立する文化である。縄文時代早期末以降、晩期までを通じて連綿と多数の漆器が出土している以上、その背景として縄文時代の早期末以降に集落周辺にはウルシ林が存在し、縄文人が石器などでウルシに傷を付けて漆液を採取していたであろうことは容易に想像できる。島根県夫手遺跡の漆液容器を最古として、それ以降、縄文時代前期から晩期までを通じて多数の漆液容器が出土している状況からも、縄文人によってウルシから漆液の採取と管理が行われていたことは疑う余地もない。

　一方、現在の日本列島の環境下では天然林内にウルシが存在していないことや、ウルシは人為が加わらない限り、最終的には他の植物に負けて枯れていってしまうことなどから、日本列島ではウルシが栽培植物、外来植物とみなされている（山崎 1989、米倉 2016）。したがって、縄文時代においてもウルシは人の手によって集落の周辺で管理・栽培されていたものと推測されるが、植物としてのウルシの存在が、遺跡出土資料として認識できるようになったのは、まだこの十数年ほどに過ぎない。一方で、下宅部遺跡での「傷跡」のあるウルシ材の発見によって、縄文時代のウルシの管理・栽培と漆液採取の問題について少しずつ明らかになってきている。（千葉 2013）。

本章では、縄文時代の漆液採取とウルシとその管理・栽培の問題につい
て、これまでの研究成果を整理するとともに、石器による漆液採取実験の経
験（千葉ほか、2014）およびその後の経過からこの問題を検討してみたい。

1　縄文時代遺跡出土のウルシの同定

　日本にはウルシ属の植物として、ウルシ *Toxicodendron vernicifluum*、ヤ
マウルシ *Toxicodendron trichocarpum*、ヤマハゼ *Toxicodendron sylvestre*、ハ
ゼノキ *Toxicodendron succedaneum*、ツタウルシ *Toxicodendron orientale* の5
種、ウルシ属に近縁なものとしてヌルデ属のヌルデ *Rhus javanica* がある（表
1)。このうち日本列島で樹液が塗料として利用できるのはウルシただ1種だ
けである（ハゼノキは中世末〜近世に日本列島に持ち込まれたもの）。

　遺跡から出土する植物としてのウルシの証拠には、木材、花粉、果実があ
る。木材はその組織を解剖学的に分析し、樹種を同定する手法が確立してい
るが、これまではウルシ属の中でも木材組織が類似しているウルシとヤマウ
ルシを区別することはできなかったため、遺跡出土木材は「ウルシ属」とい

表1　日本に生育するウルシ属の分類

ウルシ科 Anacardiaceae	ウルシ属 *Toxicodendron*	ウルシ *Toxicodendron vernicifluum*
		ヤマウルシ *Toxicodendron trichocarpum*
		ツタウルシ *Toxicodendron orientale*
		ヤマハゼ *Toxicodendron sylvestre*
		ハゼノキ *Toxicodendron succedaneum*
	ヌルデ属 *Rhus*	ヌルデ *Rhus javanica*

う分類群での同定にとどまっていた。また、ウルシ属に含まれるヤマウルシは日本の山野に普通に自生する。つまり、縄文時代以降、各時代・時期において列島各地で多数の漆器が出土するものの、そのための資源であるウルシ林の存在を、木材遺体から確かめることは不可能だったのである。これらの同定が可能となったのは 2002 年のことで、能城修一・鈴木三男らが現生標本の精力的な調査を行い、基礎研究の蓄積をもとにして、青森県岩渡小谷 (4) 遺跡の出土資料の木材組織でのウルシの識別を可能とした（Noshiro and Suzuki 2004）。

　一方、花粉分析でも同定はウルシ属までで種の同定はできていなかったが、吉川昌伸（2006）は、花粉表面の彫紋模様によってウルシを識別することを可能とし、縄文時代前期の青森県向田 (18) 遺跡、三内丸山遺跡、大矢沢野田遺跡などでウルシ花粉が検出されたことを明らかにした。また、ウルシ果実についても吉川純子と伊藤由美子が現生と遺跡出土資料を用いて検討を行い、ウルシの識別点を研究し（吉川・伊藤 2004、2006、伊藤 2006）、内果皮外層を構成する細胞の形態により他のウルシ属やヌルデ属からウルシが識別できる可能性を示した。ただし、その後の吉川純子の研究により、果実の成長段階による細胞形態の変化や病害虫による形質への影響、地域差などを考慮すると、確実な識別には至っていない点が指摘されている点は注意しておきたい（吉川 2014）。

　これらの基礎研究の蓄積により、縄文時代において植物としてのウルシの存在が認識できるようになってきたのである。能城修一らは、彼らがこれまでに同定した遺跡出土木材の再調査を実施したところ、ウルシは縄文時代前期以降には北海道南部から関東・北陸地方を中心とした地域で集落の周辺に普通に植栽され、ウルシから漆液を採取して漆器を製作していたことが明らかとなった（図 1）（Noshiro et al. 2007、能城・佐々木 2014）。

　また、能城修一ら（Noshiro et al. 2007）が同定したウルシ材のうち、特に注目されたのが、鳥浜貝塚の 1 点の木材である。この木材は縄文時代草創期の層準から出土したもので、2011 年に再調査を行って筆者等が年代測定を行

図1　ウルシ材が出土した縄文時代の遺跡の分布（能城・佐々木 2014）

い、約 12,600 年前の暦年較正年代が得られたことから（鈴木ほか、2012）、このウルシ材は「日本最古のウルシの証拠」として一躍注目されることとなった。

2　「傷跡」のあるウルシ材の発見

遺跡出土木材からウルシ材が同定できるようになったことによって得られたもう一つの重要な成果は、「傷跡」のあるウルシ材が発見されたことである。能城修一らによって、縄文時代後期の東京都下宅部遺跡の杭群のなかにウルシが 83 点見つかり、そのうち 44 点に線状の傷跡があることがわかった（下宅部遺跡調査団編 2006、千葉編 2013）。これは、縄文人がウルシに傷を付けて漆液を採取していたことを示す具体的な証拠であり、下宅部遺跡で初めて発見されたものである。下宅部遺跡では多数の漆器や漆工用具が出土しており、そのような遺跡のすぐ近くにはウルシ林が確かにあり、縄文人がウルシに傷を付けて樹液を採取した後、ウルシを伐採して杭として利用していたことが初めて明らかになったのである。また、傷跡があるウルシ材のうち 8 点は ^{14}C 年代測定を実施しており、縄文時代後期前葉～中葉の資料であることが確かめられている（工藤・国立歴史民俗博物館年代測定研究グループ 2006）（図2）。

東京都下宅部遺跡では石器による傷跡のあるウルシ材が発見されたことで、縄文時代の漆液採取方法の一端が明らかになるとともに、漆工を行う集落の近くには確かにウルシ林があったことが証明された。なお、漆液を採取した傷跡のあるウルシ材は縄文時代の資料はまだ 2 例のみである。現在見つかっているもう一つの例は、縄文時代中期の埼玉県南鴻沼遺跡出土例である（さいたま市遺跡調査会 2017）。そのほか、縄文時代以外の遺跡では、島根県西川津遺跡（弥生時代）や埼玉県城敷遺跡（古墳時代）、埼玉県西吉見条里遺跡（古代）など様々な時期の資料が発見されつつある。

下宅部遺跡から出土したウルシの杭は樹齢の若い木が多く、出土したウル

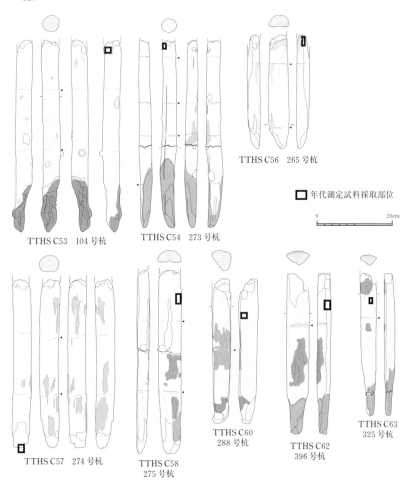

図2　¹⁴C 年代測定を実施した下宅部遺跡の傷跡のあるウルシ材
（工藤・国立歴史民俗博物館年代測定研究グループ 2006）

シ材 103 点中 3 分の 2 以上が 10 年生以下で、最高が 27 年生であった（能
城・佐々木、2006）。「傷跡」があるウルシ材には、おおよそ 12 〜 19 cm の間
隔で水平な傷が 1 〜 4 か所付いている（能城・佐々木 2006、千葉 2006、2009）。
千葉の分析によれば、傷 1 ヵ所が 30 本、傷 2 か所が 9 本、傷 3 か所が 4 本、

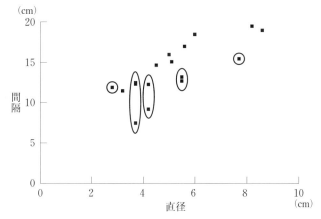

図3　下宅部遺跡のウルシ材の傷跡の間隔と直径との関係（千葉 2014）

傷4か所が1本であり、傷と傷の間隔を計測できたのは 14 本 20 例である。最小間隔 7.5 cm、最大間隔 19.5 cm、平均 14.1 cm となる（図3）。

　ウルシ以外の樹種には同様の傷はないことから、これらの傷は漆液採取のための傷であることは確実である。また、74 本中 44 本に傷が確認できており、これは約 6 割という高い出現率である。傷が部分的にしか残っていない杭も多く、漆液採取のためには樹皮にだけ傷を付ければよいため、木質部まで傷が届いていない杭でも、樹液採取を行った後に杭に再利用されたものである可能性は高いことが明らかとなった。

　下宅部遺跡から発見された「傷跡」のあるウルシ材は小径木がほとんどであり、現在行われている辺掻きによる樹液採取法とは大きく異なる。現在のウルシ林では 10 〜 20 年程度に成長したウルシから樹液を採取しているが、縄文時代においては若年木を中心とした漆液採取とウルシ資源管理が行われていた可能性が高いと筆者は考えた（工藤 2018）。下宅部遺跡では、ウルシ材、傷跡のあるウルシ材、漆工用具、漆製品、接着剤として使用された漆の全ての要素が出土しており、この遺跡での縄文人による体系的なウルシ利用と漆文化のモデルが復元可能である（図4）。

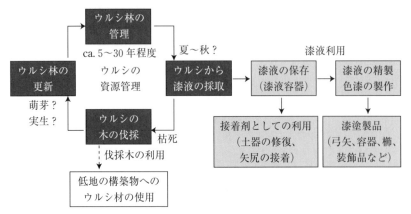

図4　下宅部遺跡におけるウルシと漆液の利用モデル（工藤 2018）

3　2012 年に実施した「石器による漆液採取実験」から 見えてきたこと

　下宅部遺跡で見つかった、縄文時代の漆液採取は、これまでに見つかって いる証拠では幹を 1 周する傷を 10 〜 15cm 程度の間隔で付けていくもので、 おそらく 1 本のウルシ木に一度にまとめて付けられたものと思われる。出土 するウルシ材の径も 5 〜 10cm 程度のものが多く、現在よりも細いウルシの 木が中心である。出土資料のウルシ材のサイズは現代の「枝掻き」とも類似 しているが、下宅部遺跡のウルシ材は分割材も多く、枝というよりやはり幹 が多く含まれていると考えた方が良いであろう。

　縄文時代の漆液採取方法は、現代の採取方法と大きく異なっている。現在 は 6 月頃から 1 本の幹に 20 〜 30cm おきに 10 数か所の傷を付け、数日おき に 5 mm 程度の間隔で順次上昇または下降して傷を増やしていく「辺掻き」 という方法が一般的である。また、秋頃の最後には幹を 1 周した傷を付ける 「止め掻き」を行い、樹液の分泌を止め、冬には伐採する。このことから 「殺し掻き」と呼ばれる。これは 1 本のウルシから最も効率良く、多くの樹

液を採取する方法として、近世末から明治頃にかけて広がった方法である（図5）。約10〜20年成長させたウルシ1本から採取できる漆液は約200cc と言われている。ウルシは伐採後の萌芽が旺盛であり、伐採した切り株からは萌芽更新や地中の根からの芽生えが期待できるため、下草刈りなどの管理を行い、これらを適切に成長させれば、10年後には再び漆液が採取できるようになるというウルシ資源の利用と管理・栽培のシステムである。一つのウルシ畑では10〜20年で1サイクル回ることになる。

　筆者らは、2012年8月に石器による漆液採取実験を、茨城県常陸大宮市のウルシ林で行った（千葉ほか2014）。この実験では、直径約4cmの3年生のウルシの幹に、黒曜石製の剥片を用いて、約15cm間隔で合計14か所の傷をつけて漆液を回収した。この幹からは合計約1.6gの樹液を採取した（図6）。失敗やロスもあったことから、実際には2g程度は採取できたものと予想される。

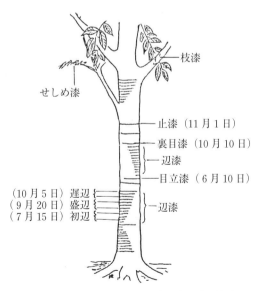

図5　現在の「殺し掻き法」による傷の付け方（永瀬1986）

　また、その後、時間をおいて先に付けた15cm間隔の2つの傷の間に新た
に傷を付けてみたが（図6の4-5の箇所）、ほとんど樹液は染み出てこなかっ
た。このことは、最初に付けた2つの傷によって、2つの傷の間の樹液はす
べて染み出ていたことを示している（千葉ほか2014）。ウルシの幹の中に存在
する漆液は一定量であり、一度漆液を採取した後は、ウルシが樹液を再び生
産して漆液溝の中に漆液を蓄えるまで数日待たなくてはならない。現在の漆
掻きでは数日おきに傷を増やしていくのはこのためである。

　このことから、下宅部遺跡のウルシ材に15cm程度の間隔で等間隔に付け
られたこれらの傷は、同じシーズンの異なる時期、あるいは複数年にわたっ
て付けられた傷ではなく、おそらく同日のほぼ同時に付けられた傷であると
推測できる。

　こうした成果を受けて、筆者等は下宅部遺跡の漆液採取の様子の復元画を

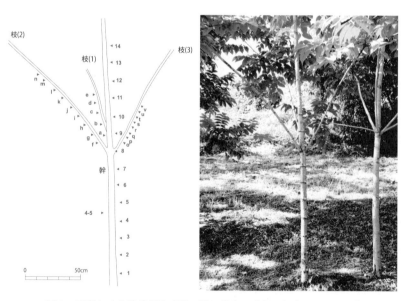

図6　石器による漆液採取実験の際に傷をつけた3年生のウルシの木
　　　（図中の番号は、石器で傷を付けた部位を示す）

作成した（図7）。（工藤ほか 2014）この復元画では比較的若い木が多いウルシ林を想定した。図 7-① および ③ は、まさに今、傷を付けられている最中のウルシの木で、下から上へと傷を付けている様子を描いた。図 7-② は、① の木の直前にすでに傷が付けられ、漆液が回収された後の様子を描いた。掻き取った後の傷跡の周りには、回収しきれなかった漆液が焦げ茶色になって付着している。当時の人々が、1 回にどれだけの本数のウルシに傷を付け、樹液を回収していたのかは明らかではない。図 7-④ には、樹液を採取した後に、石斧で伐採した様子を描いた。復元画ではすでに 3 年前に樹液を採取し、その後伐採した木を描いており、3 年生の萌芽枝が切り株の脇から伸びている。ウルシは伐採株からの萌芽更新が旺盛であり、漆液採取後に伐採し、伸びてきた萌芽枝を保護することで、ウルシ林が更新されていったのではないかと推測した。

　しかしながら一方で、このような方法で、漆器を作るのに十分な漆液を確

図 7　石器による漆液採取の復元画（工藤ほか 2014）

保できたのかどうかについては疑問がある。下宅部遺跡から出土した漆液容器の観察から、千葉敏朗（2013）は最大で約100ccの漆液が入っていた痕跡がある漆液容器をもとに計算し、その量を集めるのに「数十本から百本単位のウルシの木が必要」と推定した。また、下宅部遺跡の漆液容器と考えられる堀之内1式の土器片の場合は、復元口径約15cmと推定して約1リットル程度の漆液が保管されていたと見積もられている。これは、漆液採取実験の3年生程度のウルシの幹から採取できた量から換算すると、実に500本程度の幹が必要な計算となる。

ウルシは陽樹であるため、成長するにつれて光の取り合いが起こり、樹木間に十分な間隔がないとお互いの成長が阻害される。現在のウルシ林では胸高直径8cm程度で1000本/haが適正な本数とされている（森林総合研究所編、2013）。500本となると単純計算で0.5haであるが、安定的な樹液採取にはその数倍以上のウルシ林が必要だとすると、広大な面積のウルシ林が存在しなくてはならないことになり、現実的にはそこまでのウルシ林が縄文時代の遺跡周辺に存在したとは考えにくい。吉川昌伸による花粉分析でも下宅部遺跡でウルシの花粉は検出されておらず（吉川・工藤2014）、遺跡周辺に密にウルシ林が存在したとは考えにくい（ウルシ林は下宅部遺跡の範囲よりはやや離れた丘陵側にあった可能性もある）。

こうした点を加味して、杭として残ったウルシ材は、当時の漆液採取方法のうちの全てではなかったのではないか、と考える意見もある。ウルシの生命力と樹液の生産力を考えれば、これらの傷によってウルシが「枯れていない」のであれば、数日待てば樹液が再び蓄えられるはずだからである。2012年に実験したウルシの木は、その後も枯死せずに成長していたことを筆者らは報告した（千葉2013、千葉ほか2014）。その後、日本産漆を支援する「壱木呂の会」が主催するクロメ会において、2016年、2018年にも同様の実験を行っている。筆者等が2016年に壱木呂の会主催のクロメ会で同様に傷を付けたウルシの木も、2年後の2018年に観察した際には、やはり枯れていなかった（図8）。このことから、石器で幹を1周する複数の傷を付けたとして

図8　2016年に傷を付けたウルシの2年後（2018年）の生育状況（幹に10〜15cm
　　　程度の間隔で多数の傷を付けたが、2018年に観察した際には問題なく成長
　　　を続けていた）

　も、ウルシがこれによって完全に枯れることはないようである（クロメ会の
参加者にも傷を付けてもらったため、全てが深い傷ではない可能性があるが、いずれ
の傷からも漆液が染み出している）。
　　千葉敏朗は下宅部遺跡で発見された傷跡のあるウルシ材は、「間伐材」だ
ったのではないかと考えている。千葉（2013）は、2012年の実験およびその
後の経過観察から、下宅部遺跡の傷跡のあるウルシ杭の場合、「縄文人がウ
ルシ林を意識的に維持・管理するために伐採した」と結論付けた。ウルシは
伐採後に萌芽によって更新するが、その際に伐採痕から2つ以上のひこばえ
が出てくる場合も多い。ある程度成長するとお互いの成長を阻害するため、
どれか1つを残して間伐したのではないか。そして間伐する際に、貴重なウ

ルシを無駄にはしないため、傷を付けて漆液を採取したのではないか、というのが千葉の考えである（千葉編 2013）。

したがって、千葉の考えに従えば、図7で萌芽更新して成長してきた2本両方のウルシに石器で傷を付ける復元画のシチュエーションは誤りであり、「一本は傷を付けずに残す」ことをしていたことになる。

もし 15cm 程度の間隔で傷を付ける方法で漆液を採取し、枯死しない木があったとすれば、同じ木から再び樹液を採取することを考えたくなる。実際、図8のウルシの木を見るとわかるように、傷を付けた部分は幹が太くなっているが、傷と傷の間には傷を付けられそうな箇所が十分に残っているため、もし傷を付けた後に数年生きていれば、樹液採取のためにこれらの位置にも傷を付けておかしくない。下宅部遺跡の傷跡のあるウルシ材は、このウルシ自体を伐採することが主目的であり、樹液採取は副次的な目的で、「間伐のために伐採し、その際に貴重な漆液を回収し、さらに伐採後の木材を杭として利用したもの」という千葉の仮説の蓋然性は高いと言えるのではないだろうか。これらをもとに、修正した模式図が図9である。漆液はまだ見えていない方法で安定的に確保し（図9のAの部分）、漆器製作に用いられていたが、その様相は現在のところ不明である。一方、ウルシ林の管理において、「間伐」という作業が必要になった場合に、その際に伐採前に樹液を採取し、Aの漆液にBを追加していた、ということになる。

なお、千葉（2013）は、伐採前に漆液を採取することで、漆液が飛び散る量が少なくなり、ウルシにかぶれる危険性を回避できると指摘する。しかし、これまで筆者は2回ほど、漆液採取とその後の石斧による伐採の実験を行っているが、伐採により木くずとともに飛び散る漆液に触れてしまうことはどうやっても避けられず、当時もかぶれる体質の人は、伐採作業後にはカブレに苦しめられていたと推測している。

これまで縄文時代、弥生時代、古墳時代、古代を通じて、遺跡から出土している傷跡のあるウルシは、いずれも 10 ～ 20cm 程度の間隔で1周する傷を付けられたものであり、これらの1本の幹からシーズンを通じて何度も漆

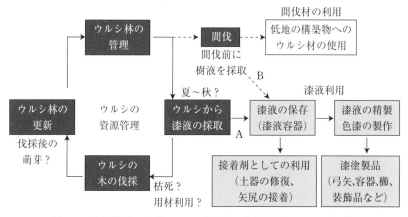

図9　下宅部遺跡におけるウルシと漆液の資源利用モデルの修正版

液を採取していたとは考えにくい。これらは1本の幹から1回かぎりの漆液採取（幹を1周する傷を10～15cm間隔で一気に付けて樹液を採取する）を行っていたようであり、間伐だとすれば、そのようなウルシ資源管理は縄文時代以降古代までは継続していた可能性もある。

　また、前述したように、下宅部遺跡のウルシ材が間伐材だったとすると、縄文時代には、より多くの漆液を集めるため、もっと効率のよい樹液採取方法が別にあった可能性が高いということになる。遺跡出土ウルシ材の証拠では、青森県岩渡小谷（4）遺跡のウルシ製の容器（槽）のように直径60cm以上の比較的大きな木を用いている例がある（青森県教育委員会、2004）。これは、縄文時代の集落の周辺には若年の小径木だけでなく、大きく成長したウルシの木も確かに存在していたことを示している。こうしたウルシからも何らかの方法で樹液を採取していた可能性が考えられるが、この木製容器のように加工が進んでしまうと、樹皮の直下の木部にもし傷の痕跡があったとしても、それらは削られてしまっており一切確認できないことが予想される。能城・佐々木（2006）によれば、下宅部遺跡のウルシ材は最高が27年生であったことから、数年から少なくとも30年程度は成長したウルシが混在す

るようなウルシ林が、近くにあったと考えられる。

　現在のような「殺し掻き」の手法は歴史的にみても新しく主に明治時代以降であり、それ以前は「養生掻き」（隔年での採取を一定期間続けた後に伐採する）が主流であった。特に、漆液だけでなく漆蝋としての需要が高かった時期においては、ウルシを殺さず、漆液を採取しつつ、果実を毎年収穫する必要があったわけである。江戸時代の『日本山海名産図絵』には、幹に鎌で傷をつけ、その切れ目から吹き出る汁を竹べらでこそげ取ることが説明されており、また、平安時代末期の『伊呂波字類抄』にはヤマトタケルがウルシの枝を折って出てきた汁を矢に塗ったという伝承があるが、枝を折って樹液を採取するようなより簡便な方法がかつては存在した可能性を示唆する。

　石器で幹に傷を付けて樹液を採取することを考えた場合、樹齢が進んで樹皮が厚くなると傷を付けるのが困難になることから、若く細い木に石器で傷を付けて樹液を採取し、若年木を中心とした資源管理を行うことは、理にかなっている。しかし、樹齢が進んで大木になったとしても、幹ではなく枝を折って樹液を採取するのであれば、手で折れる程度の細い枝を対象とすればよく、樹液採取も可能であろう。縄文時代に、枝を折って漆液を採取していた可能性も十分にあると思われるが、その場合は遺跡出土資料から、漆液の採取の証拠を見出すことは極めて困難であると予想される。

おわりに

　2000年代に入って遺跡出土木材からウルシが同定できるようになり、下宅部遺跡のウルシ材から傷跡が発見されたことで、縄文時代におけるウルシの資源管理と樹液採取の一端がようやく見えてきた。一方で、漆液容器の痕跡から推定される漆液の採取量と、下宅部遺跡と同様の方法での漆液採取実験の結果から推定する漆液の採取量との間には大きな隔たりがある。今後、この問題の解明の糸口となるような、新たな発見に期待するとともに、実験考古学的な手法も活用しながら、縄文人のウルシ資源の管理の問題につい

て、さらに検討を進めていきたい。

参 考 文 献

伊藤由美子「ウルシ属果実化石の同定」『青森県埋蔵文化財調査報告書　第 418 集　近野遺跡Ⅸ』青森県教育委員会、2006 年、322-331 ページ

工藤雄一郎「動植物・資源」日本考古学協会編『日本考古学・最前線』雄山閣、2018 年、239-253 ページ

工藤雄一郎・国立歴史民俗博物館年代測定研究グループ「下宅部遺跡から出土したウルシの杭の¹⁴C 年代測定」『下宅部遺跡Ⅰ　(1)』東村山市遺跡調査会、2006 年、363-366 ページ

工藤雄一郎・国立歴史民俗博物館編『ここまでわかった！縄文人の植物利用』新泉社、2013 年

工藤雄一郎・国立歴史民俗博物館編『さらにわかった！縄文人の植物利用』新泉社、2017 年

工藤雄一郎・千葉敏朗・佐々木由香・能城修一・小畑弘己・鈴木三男「縄文時代の植物利用の復元画製作」『国立歴史民俗博物館研究報告』187、2014 年、387-402 ページ

下宅部遺跡調査団編『下宅部遺跡Ⅰ　(1)』東村山市遺跡調査会、2006 年

さいたま市遺跡調査会『南鴻沼遺跡（第 3 分冊）』さいたま市遺跡調査会、2017 年

森林総合研究所編『ウルシの健全な森を育て、良質な漆を生産する』独立行政法人 森林総合研究所、2013 年

鈴木三男・能城修一・小林和貴・工藤雄一郎・鰺本眞友美・網谷克彦「鳥浜貝塚から出土したウルシ材の年代」(『植生史研究』21-2)、2012 年、67-71 ページ

千葉敏朗「下宅部遺跡出土資料からみた縄文時代の漆利用」『下宅部遺跡Ⅰ　(1)』、東村山市遺跡調査会、2006 年、367-379 ページ

千葉敏朗『縄文の漆の里　下宅部遺跡』新泉社、2009 年

千葉敏朗「ウルシ樹液採取の傷が持つ意味について―出土資料と採取実験からの考察―」『下宅部遺跡Ⅳ　漆工関連資料調査報告書』、東村山市教育委員会、2013 年、26-29 ページ

千葉敏朗「適材適所の縄文人―下宅部遺跡―」『ここまでわかった！縄文人の植物利用』新泉社、2014 年、118-137 ページ

千葉敏朗編『下宅部遺跡Ⅳ　漆工関連資料調査報告書』東村山市教育委員会、2013 年

千葉敏朗・工藤雄一郎・佐々木由香・能城修一「石器によるウルシ樹液採取実験」『国立歴史民俗博物館研究報告』187、2014 年、479-490 ページ

永瀬喜助『漆の本―天然漆の魅力を探る―』研成社、1986 年

能城修一・佐々木由香「下宅部遺跡から出土したウルシ木材」『下宅部遺跡Ⅰ（1）』、東村山市遺跡調査会、2006 年、358-359 ページ

能城修一・佐々木由香「遺跡出土植物遺体からみた縄文時代の森林資源利用」『国立歴史民俗博物館研究報告』187、2014 年、15-48 ページ

山崎敬「ウルシ科」『日本の野生植物　木本Ⅱ』平凡社、1989 年、4-6 ページ

吉川純子・伊藤由美子「青森市岩渡小谷（4）遺跡より産出した大型植物化石群」『岩渡小谷（4）遺跡Ⅱ』、青森県教育委員会、2004 年、293-319 ページ

吉川純子・伊藤由美子「縄文時代東北地方北部のウルシ利用の調査」『三内丸山遺跡年報』青森県教育委員会、2006 年、70-73 ページ

吉川純子「果実でウルシが見分けられるか」『ここまでわかった！縄文人の植物利用』新泉社、2014 年、159・161 ページ

吉川昌伸「ウルシ花粉の同定と青森県における縄文時代前期頃の産状」（『植生史研究』14）、2006 年、15-27 ページ

吉川昌伸・工藤雄一郎「下宅部遺跡の花粉と年代からみた縄文時代中期から晩期の植生史と植物利用」（『国立歴史民俗博物館研究報告』187）、2014 年、163-188 ページ

四柳嘉章『漆の文化史』岩波書店、2009 年

米倉浩司「ウルシ科」『改訂新版　日本の野生植物 3』平凡社、2016 年、281-284 ページ

Noshiro, S. and Suzuki, M. Rhus verniciflua Stokes grew in Japan since the early Jomon period. *Japanese Journal of Historical Botany* 12, 2004, pp. 3-11.

Noshiro, S., Suzuki, M. and Sasaki, Y. Importance of Rhus verniciflua Stokes (lacquer tree) in prehistoric periods in Japan, deduced from identification of its fossil woods. *Vegetation History and Archaeobotany* 16, 2007, pp. 405-411.

考古学から見た富士山信仰

——富士山南麓を中心として——

永 田 悠 記

は じ め に

　富士山は静岡県と山梨県にまたがった日本一の標高を誇る山である。2013（平成23）年にはユネスコの世界文化遺産に登録され、その山体の美しさだけでなく文化的価値も日本のみならず世界中から評価されている。その文化的価値とは、古来より絵画、絵巻物や文学、歌等の芸術に、その美しさや神々しさだけではなく時には畏怖の念も込められてきたことである。また、信仰の対象という、いわば古代から行われてきた富士山信仰もその文化的価値の大きな柱の一つである。

　本章では、主に中世から近世の富士山信仰について、富士山南麓における関連遺跡の発掘調査の成果を概観し、信仰の変遷について検討し、富士山の文化的価値の一端を提示したい。

1　発掘調査の成果

1．浅間大社遺跡[1)]

　浅間大社遺跡は、富士宮市の中心部に位置し、新富士の旧期溶岩である大宮溶岩流（約1万年前）の末端と潤井川が作り出した沖積地の境目、標高120m付近に所在する遺跡で、その中心部には現在、富士山本宮浅間大社の境内地が広がっている。境内には、戦国期末の焼き討ちの後、慶長年間に徳

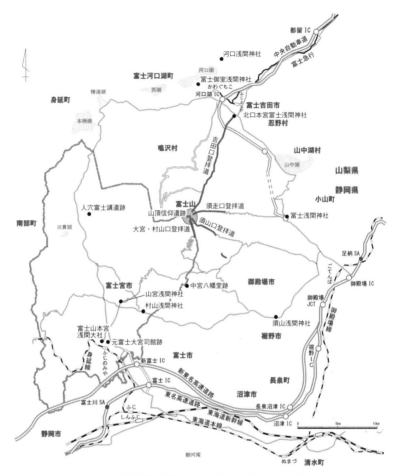

図1　関連遺跡位置図（富士宮市教委 2012 加筆）

　川家康によって再建された本殿や拝殿を中心に、楼門や回廊、鳥居等が建ち
並び、参道が南へ伸びている。境内背後には大宮溶岩流が控え、そこから傾
斜が変わり富士山への登山道を形成している。境内の北東には、溶岩流の先
端部から湧き出た富士山の自然湧水によって形成される湧玉池があり、そこ
を源流とする神田川が南流している。

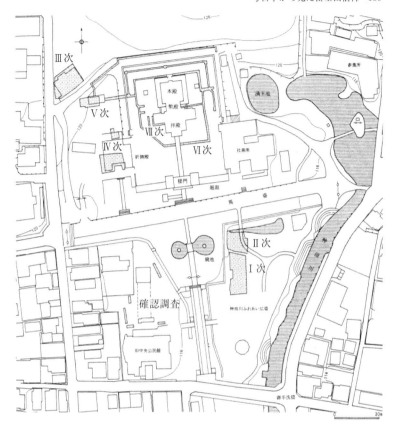

図 2　浅間大社遺跡調査地点（富士宮市教委 2008 より）

　平安時代初期の 9 世紀初めに現在の場所に浅間大社が移され、駿河国一宮に列せられ、鎌倉時代には将軍家や執権北条氏の信仰厚く庇護を受け、室町時代には富士講の行者が訪れるようになり、江戸時代にはさらにその動きが広がった。全国 1,300 余ある浅間神社の総鎮守であり富士山信仰における本拠地としての位置づけは現在まで続いており、今なお観光客など、数多くの人々が訪れる。

　遺跡内では過去に市と県によって、確認調査を合わせて 10 回を超える発掘調査が行われている（図2）。その成果を見ていくと、まず参道にある鏡池

東側で行ったⅠ・Ⅱ次調査では、溝状遺構と井戸跡が検出されている（富士宮市教委 1996）。溝状遺構は幅約 4 〜 6 m、深さ約 1.2m と大規模で、北西から南東方向に蛇行し、東側を流れる神田川へ合流すると考えられる。南側部分では、30 〜 50cm 大の石を 2 〜 3 段積み上げた石組で構成された堰構造が見られ、排水溝としての役割を果たしたと想定される。出土遺物は 12 世紀前半のものから 19 世紀のものまでと幅広く、長期間にわたって利用されていたことが窺える。溝状遺構の東側では井戸跡が検出されている。幅 125 ×奥行 80cm、掘り方深さ 122cm で、井戸枠径は 48cm であった。井戸枠内からは漆椀が出土した。井戸枠の上部は廃棄の際に、拳〜人頭大の石で埋められていた。一方、参道西側で行われた確認調査では中世に推定される石敷遺構や土坑が検出されている（富士宮市教委 2008）。これらは確認調査のため全形が不明で性格の推定は困難であるが、Ⅰ・Ⅱ次調査結果と合わせてみると、中世に参道の両側に遺構が広がっていた証左となるものである。2002 年に行われたⅢ次調査では、社殿西北側の回廊外側で竪穴建物跡が検出された（富士宮市教委 2003）。隅丸方形で、長軸 4.22m、短軸 3.85m、深さ 26cm、床面積 15.75m^2 であり、柱穴と思われるピットが 2 基検出された。このうち 1 基から土師器皿が出土し、西壁付近に僅かに細かい炭化物が確認されている。床面からは土師器皿や山茶碗が出土している。Ⅲ次調査のやや南東寄りの地点で行われたⅣ次調査では、掘立柱建物跡が確認された（富士宮市教委 2003）。1 間× 1 間の柱穴間 2.1 〜 2.25m で、柱穴の覆土や周辺から土師器皿が出土している。いずれの建物跡も、帰属時期は 12 世紀前半と推定されている。Ⅲ次調査地点の南側で行われたⅤ次調査でも土師器皿や常滑製品、青磁碗が出土しており、この地点でも中世に土地利用がなされていたことが裏付けられる。

　浅間大社裏手斜面の神立山地区の調査では、本殿裏の広い平坦面の中央に設定したトレンチ J で 14 〜 15 世紀に推定される硬化面と集石遺構が検出された（静岡県埋文研 2009a）。他のトレンチの検出遺構や出土遺物の状況から 12 世紀代に大社裏手西側の平坦地にも境内地が広がった可能性がある。ま

た道と思われる、溶岩礫を敷き詰めた石畳や建物の柱穴状の落ち込み、施設・建物の敷地を区画していたと考えられる段丘崖裾部と平坦地との変換点に石列と土手状遺構がある。神社北東に位置する推定護摩堂跡での発掘調査では、1辺約13.5mのほぼ正方形を呈した石垣が確認された。長軸20cm以上の切り石を積み上げた「樵石積み」で、下部に大きな石、上にやや小さめの石を積む。南側に階段の袖と考えられる切石2列があり、西面に進入路と思われる切石が確認されている。石垣内で梁3間×桁4間の礎石建物跡が確認され、柱間は6尺5寸と推定される。上記の遺構はいずれも近世の早い段階には成立していたと考えられる。遺物もある程度の量が断続的に出土している。よって、中世から近世にかけて、境内裏側斜面も何らかの利用がなされていたと考えられる。

　これまでの発掘調査全体を通しての出土遺物では、11世紀後半に位置づけられる灰釉陶器から始まり、山茶碗や土師器、国産陶器、貿易陶磁器など中世から近世までの遺物の出土が見られる。このうち土師器が出土遺物の9割以上を占めており、足高高台や柱状高台など特殊形態のものが多く見られ、これらは祭祀儀礼で使われたと推定される。基本的にはロクロ成形で褐色を呈するが、手づくね成形のものや白色系の土師器も僅かながら確認できる。

　国産陶器は、瀬戸美濃製品に関しては、古瀬戸前期・中期のものが小量あるが、後期のものが主体を占め、大窯になるとまた減少する。器種は碗皿類が中心で、盤・花瓶も僅かに見られる。常滑製品は、12～14世紀前半の甕が主体的で、それに片口鉢が付随する。それ以降の時期はやや減少するが一定量見られる。

　貿易陶磁器に関しては、同安窯系青磁碗・皿、A類や篦彫の連弁文青磁碗が見られるが、雷文帯や端反等15世紀以降を主体とするものは見られなくなる。白磁も玉縁口縁碗や口禿皿など12～14世紀で収まり、15世紀前半の抉高台のものが1点出土している。青花については端反皿が少量出土している。威信財については、青磁盤、白磁四耳壺、白磁・青白磁梅瓶、褐釉天

目が出土している。

　境内東側に所在する湧玉池では土砂浚渫に伴って遺物回収が行われている（富士宮市教委 2013）。湧玉池は富士山信仰の行者が水垢離を行い、身を清める場として利用されていた。回収資料の検討によると、11 世紀後半の東遠産の灰釉陶器から始まり、中近世を通じて一定量の土器・陶磁器が出土している。圧倒的に土師器の量が多く、祭祀行為に関連した使用であることが想像できる。銭貨も多数出土しており、寛永通宝（初鋳 1636 年）が大半を占めるが、開元通宝（初鋳 624 年）や天聖元宝（初鋳 1023 年）、あるいは洪武通宝等北宋銭や明銭も見られる。また、煙管や砥石、釘、泥面子といった日常品も見られる。

2. 元富士大宮司館跡（大宮城跡）

　元富士大宮司館跡は、浅間大社から神田川を挟んだ東側、現在の大宮小学校を中心とした一帯に位置する遺跡で、浅間大社の祭主を務めた富士大宮司家の館跡と考えられている。戦国期には大規模な堀や土塁を備え城塞化し大宮城と呼ばれていたが、戦国末期に、今川氏の傘下から武田氏の庇護に移り、1582（天文 10）年の武田氏滅亡の混乱に乗じた北条氏によって浅間大社とともに焼き打ちにあい廃城となったとされている。その後館は浅間大社の西側に移転しており、元来居た館という意味で元富士大宮司館跡と呼ばれている。館地は、西にある浅間大社に向かって緩やかに傾斜する斜面で、境内の湧玉池から流れる神田川が天然の堀の役割をなし、背後には大宮溶岩流によって形成された急峻な崖がある。現在、遺跡の大部分は大宮小学校の敷地や宅地化が進んでおり往時の姿を留めていないため世界文化遺産富士山の構成資産には登録されていないが、浅間大社の大宮司を務めた富士氏の本拠地ということで富士山信仰とも密接な関係があるため、本章で取り扱うこととする。

　これまでに館の南東部と推定される地点を中心とした 5 回の発掘調査が行われており、掘立柱建物跡 6 棟、礎石建物跡 1 棟、竪穴建物跡 1 棟、柵列、

Ⅰ期（12世紀前半〜13世紀）　　　　　Ⅱ期（13世紀後半〜16世紀前半）

Ⅲ期（16世紀中頃）　　　　　Ⅳ期（16世紀中頃〜廃絶）

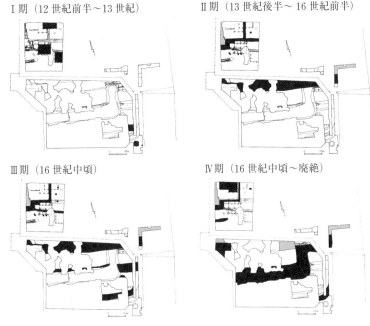

図3　元富士大宮司館跡変遷図（富士宮市教委2000より）

堀5条、区画溝、土塁基底部、架橋跡、井戸跡などが検出された（富士宮市
教委2000、2014）。上記の遺構は全て並存していたわけではなく、館の構造は
Ⅰ〜Ⅳ期の4つの時期に分類される（図3）。

　まずⅠ期では、12世紀前半に掘立柱建物2と3が建てられたが、13世紀
前半に建物1と6に建て替えが行われ、建物7も竪穴4も存在していた。区
画溝など明確な囲繞施設はなかったと考えられる。

　Ⅱ期である13世紀後半〜16世紀前半には、南側に最大幅6m、深さ
1.3mの堀1と旧土塁、西側は土塁1で囲み、内部は溝3と溝5で区画溝を
構成している。明確な建物跡は確認できないが柱穴が複数確認されており、
建物跡が想定される。

　Ⅲ期の16世紀中頃は、Ⅱ期に構築された堀1と旧土塁、土塁1で囲み、

溝3の区画溝を踏襲しており、溝2を掘って溝3と連結し区画溝とし、井戸を掘り、柱列2とさらに堀1の外側に堀3と4を構え、堀3条で囲む城塞化が進んでいる。

　最後のⅣ期、16世紀後半から末にかけての時期は、土間と目される建物5を付属した礎石立建物跡（建物4）と、前期に作られた区画溝の溝2と3が埋まり、溝3を掘り直して溝4を作り水溜を直結して、さらに新たに溝1が内部施設として見られる。防御施設は、西側の土塁1はそのままに南側の旧土塁を土塁2へ増築し、堀3を改修して最大幅9m、深さ3mの大型の堀2を南側に突出したコの字状に配し、東側では2012年調査で確認された堀6が堀2と直行すると考えられる。架橋はこの堀2を跨ぐものと考えられ、その北側に土塁2の切通しの硬化面が確認できる。さらに外側にやや小規模な堀5と堀7さらにその外側には柱列1が囲繞する。堀2とその背後に控える土塁2の組み合わせは突出した馬出し状の構造を成しており、この頃には武田氏の傘下に入っていたため、その影響を曲輪形態から窺うことができる。

　遺物は土師器、国産陶器、貿易陶磁器、金属製品、木製品等多種多様なものが見られる。土師器は碗皿類が中心であり、基本的にはロクロ成形だが、手づくね成形のものもある。また、高台が柱状に高くなっている柱状高台土師器、高い高台が付く足高高台土師器やコースター型と呼ばれる扁平な皿型のもの等バリエーション豊かである。搬入品としては、16世紀代の今川系、12～13世紀代の伊勢湾岸地域からの土師器皿が少量ある。

　国産陶器は、瀬戸美濃製品に関しては、古瀬戸前期から少量ながらあり、古瀬戸後期に入ると一気に増加し、大窯期のものは大窯3までであり、16世紀第4四半期に大宮城が廃城となった史実とも一致する。器種は碗皿、擂鉢類が中心だが、大皿・盤・仏餉具・花瓶・香炉・四耳壺・水滴・祖母懐等バリエーション豊富である。常滑製品は、12～13世紀の鉢・甕が一定量あるが、むしろ14世紀後半～15世紀のものが主体的で、16世紀以降はごく少量にとどまる。渥美製品も壺・甕・鉢と一定量見られる。

　貿易陶磁器は、同安窯系、A類や鎬連弁文青磁碗等古手のものが中心であ

り、雷文帯や端反碗等14世紀以降のものも若干見られる。白磁も玉縁碗や口禿皿など12〜14世紀前半で収まり、15世紀前半に位置づけられる抉高台のものが僅かに見られる。青花については、碗皿が少量出土している。そして、青磁盤・酒海壺・花生・香炉や白磁四耳壺、青白磁梅瓶・合子、褐釉天目、黄薬鉄絵盤といった高級品が一定量出土しており、浅間大社遺跡のものより器種・量ともに豊かである。

　金属製品には銭などの他に、刀子や雁又鏃といった武家の色合いが濃い遺物が目立ち、木製品には塀材なども含まれる。これらからは、武士の館としての姿が想像される。

3．山宮浅間神社遺跡

　山宮浅間神社遺跡は、富士山西南麓の山宮浅間神社境内地を中心とした遺跡で、約2千年前に富士山頂付近から流れ出た新富士溶岩である青沢溶岩流が作り出す舌状台地の末端部、標高約385m付近に位置している。浅間大社の社記によると、浅間大社の故地と考えられており、景行天皇の治世にヤマトタケルが「山足之地」から山宮の地に遷宮を行い、806年（大同元年）に坂上田村麻呂が浅間大社に社殿を下ろしたとされている。現在、神社境内地には鳥居、参道、参籠所があるが、社殿に相当する建物は存在していない。これは元々存在していなかったと考えられており、境内地奥の比高差約10mの舌状台地上に溶岩礫を積み上げた石塁で区画された遥拝所と呼ばれる眺望が良い平場がある。山宮浅間神社は富士山を遥拝するための場所だったと考えられる。遥拝所の中には、整然と並べられた石列がいくつもあり、これらは儀式を行った際の席を示していると考えられる。現在は、春と秋に浅間大社との御進幸と言われる祭祀が行われており、これは中世にまで遡る祭祀であると考えられている。

　遥拝所の構造を詳しく見ていくと（図4）、人頭大の溶岩礫を1〜2m程度積み上げた1辺約45mの石塁が南方向以外の三方を囲繞し、その内側に近代に設置されたコンクリート製の、東西13m×南北15mの長方形の玉垣で

142

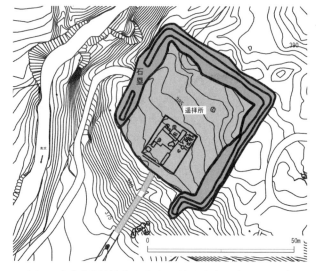

図4　山宮浅間神社遺跡平面図（富士宮市教委 2014 より）

　四方を囲まれた平面の区画がある。区画内には火山弾が御神体として鎮座
し、それ越しに富士山を仰ぎ見ることが可能である。また「大宮司席」・「公
文・案主席」・「別当・供僧席」・「献饌所」と推定される切り石を並べた石列
が設置されている。

　山宮浅間神社遺跡では、史跡整備に伴う発掘調査が境内や遥拝所周辺で行
われているが、建物跡や溝、土坑等神社施設と考えられる人為的痕跡はあま
り確認されていない。遥拝所内の調査も行ったが、石塁や石列も供伴遺物が
見られないため、直接的にはその構築年代を詳らかにできない。

　出土した中世の遺物は全部で2万点以上を数えるが、その99％以上が中
世の土師器片で占められる（図5）。碗皿形のものが多く見られるが、中には
柱状高台のものやコースター型の扁平な皿型のものも見受けられ、これらは
全てロクロ成形である。煤が付着しているものも散見される。土師器碗・皿
が多いが、12世紀前半まで使用されたと考えられる足高高台土師器の出土
は見られず、12世紀中頃以降の柱状高台土師器の出土が見られる。山茶碗

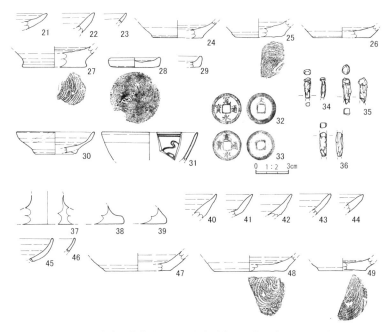

図5　山宮浅間神社遺跡出土遺物（富士宮市教委 2015 より）

　類、常滑産壺・甕・鉢、渥美産甕、瀬戸美濃産碗・鉢・盤といった国産陶器
や、青磁碗・白磁碗皿等の貿易陶磁器が見られ、また、南伊勢系鍋も数点確
認できる。

　上述したように、石塁の構築年代に関しては、供伴遺物が無いため、年代
の付与ができないが、遥拝所近辺の遺物の出土状況から推定すると、石塁の
外にまで遺物がある程度の広がりを見せていること、石塁の構築面が、土師
器を含む土層の上に乗っていること、石塁の外側で 12 世紀第 3 四半期の年
代に該当する 2 型式と考えられる常滑製品の三筋壺が出土していること、石
塁の内側で出土している山茶碗類の年代観が 12 世紀第 4 四半期以降のもの
である等々から勘案し、石塁の設置年代は 12 世紀第 4 四半期までと推定さ
れる。

　以上、調査で明らかになった遥拝所の区画利用の変遷は、まず石塁で区画

される以前は、広い範囲で祭祀行為が行われていたのを、ある段階において石塁で遥拝所を区画し祭祀空間を規定し、さらに近代になり玉垣で「大宮司席」・「公文・案主席」等の石列を区画し、より狭い現在の祭祀空間を構築したと考えられる。山宮浅間神社での祭祀空間は、12世紀第3四半期までに台地上での祭祀行為が始まり、第4四半期において石塁が設置された。但し、この際に「大宮司席」・「公文・案主席」等の石列が設置されたのかどうかは不明である。祭祀行為の内容は、土師器を大量使用・廃棄し富士山を遥拝するものである。他に中世の遺構として遥拝所手前の斜面で階段跡に推定される石積が検出され、遥拝所を指向している。

　こうした成果に加え、山宮浅間神社遺跡周辺には同時代はおろか他の時代の遺跡が皆無であり、それはこの地域には湧水や河川などの水資源が乏しく、神社西側を流れる青沢川も現在でも枯れ沢と言ってよい程度の水量しかなく、近年まで農耕や生活に不向きな土地であったという事実がある。つまり山宮浅間神社の立地は、浅間大社や後述する村山浅間神社のように人が集住し周辺に集落を営めるような場所ではなく、人里離れた非常に特殊な場所であり、その設立の目的は常用ではなく、浅間大社の祭祀を行う臨時的な特別な場所であったと考えられる。

4．村山浅間神社遺跡

　富士山西南麓の標高約500mの平坦面に所在する村山浅間神社や神社門前から東西に伸びる大宮・村山口登拝道に沿って展開する村山集落を含んだ範囲が遺跡となっている。山宮浅間神社からは北東約3kmの距離に所在している。現在の村山浅間神社の境内には神社社殿や、大日如来などの仏像を安置する大日堂、祈祷を行ったと考えられる護摩壇、道者が水を浴びて身を清めた水垢離場が見られ、大日堂の裏側斜面に明治初年に大棟梁権現社を遷した高根総鎮守社が存在している。社殿や大日堂がある段や水垢離場が所在する段など、境内は複数の段に分かれている。また、境内北東の森の中には竜頭ヶ池と呼ばれる湧水地がある。富士山南麓における水の取得可能地点が

500m 付近だと言われているので、村山浅間神社はその境界に位置していることになる。

　神社の由来については、『扶桑略記』によると、7 世紀末に伊豆島へ配流された役小角は夜になると度々富士山へ飛翔し修行していたと伝わる。その後この故事にならって行者達が富士山にて山林修行を行ったと考えられている。時代が下り、『本朝世紀』の 1149（久安 5）年 4 月 16 日の記事に、富士上人と号した末代が、平安時代末頃に鳥羽法皇と結縁し写経を富士山頂に埋めた。そして富士山に数百回登り、山頂に大日寺という仏閣を建てたとの記述がある。また、『地蔵菩薩霊験記』には、末代上人が富士山の麓の村山という地に伽藍を営み、遺体を納め、自らを大棟梁と号し、富士山の守護神となろうとしたとある。これが村山浅間神社の創始と考えられており、末代に連なる修験者たちが富士山中で修行を行い、その拠点が村山浅間神社（当時は興法寺）であった。室町時代後期には富士山登拝を修験とする富士修験が成立しており、浅間大社から富士山への登拝道の中途に位置する村山浅間神社がその拠点であった。現在、神社には 1259（正嘉 3）年の胎内銘の胎蔵界大日如来坐像や 1478（文明 10）年の胎内銘を持つ金剛界大日如来坐像、1418（応永 24）年銘の銅造不動明王像が納められている。明治時代には神仏分離令により大日堂を分離し、村山浅間神社と改称し、1873（明治 6）年には富士山本宮浅間大社の摂社に組み入れられる。村山集落は神社の西側に広がっており、かつては富士修験や富士登拝者の為の宿坊があり、大鏡坊、池西坊、辻の坊の所謂「村山三坊」が集落の管理を行っていた。集落の東西のはずれには東見付・西見付跡がある。

　発掘調査は境内地とその裏山で行われており、集落では分布調査が行われている（図 6、富士宮市教委 2005a、2016、静岡県埋文研 2009b）。

　村山浅間神社遺跡で活動痕跡として最も遡るものは、Ⅲ区で検出された竪穴住居跡と溝状遺構が挙げられる。これらは、9 世紀後半から 10 世紀前半に該当すると考えられる。竪穴住居跡は、幅約 3 m で南面は失われており、軸は南東方向である。北壁に竈、中央部に炉跡と推定される焼土を伴うが、

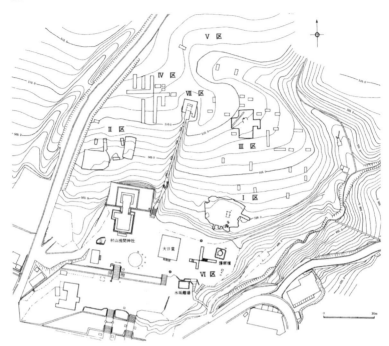

図6　村山浅間神社遺跡調査地点（富士宮市教委2005aより）

堀込は浅く、柱穴は確認されなかった。遺物は遺構覆土から甲斐型土師器
坏・甕、灰釉陶器壺があり、いずれも9世紀後半から10世紀前半のもので
ある（図7）。竪穴住居跡の北西には溝が走っており、外面に「朝」の墨書が
見られる甲斐型坏が出土した。また、同じ面からは、報告書では緑釉陶器素
地の稜椀と記載されているが（富士宮市教委2005a）、渥美湖西産の灰釉陶器
と見直される椀も出土している[2]。

　中世の時期の明確な遺構の検出は今のところ無いが、神社裏手斜面の西寄
りⅡ・Ⅳ・Ⅴ区では、中世土師器や15世紀代の瀬戸美濃製品や常滑製品、
北宋銭・明銭等の銭貨の出土が見られるため、中世は西側斜面地の土地利用
が活発であったと考えられる。浅間大社遺跡や山宮浅間神社遺跡と比べると
土師器の出土が非常に少なく、特に足高高台や柱状高台・コースター型など

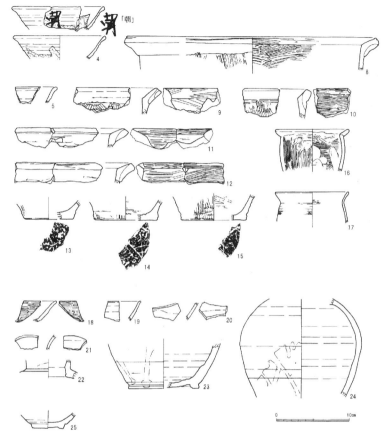

図 7　村山浅間神社遺跡出土遺物（富士宮市教委 2005a より）

祭祀に関わると考えられる土師器の出土は皆無である。

　近世に入ると、現在の境内地がある平坦地の土地利用が活発になる。護摩壇と大日堂との間では、水垢離場跡に繋がると考えられる溝状遺構が検出され、近世の遺物の出土が見られた。また、大日堂の改修工事に伴うトレンチ調査でも銭貨を除くと出土遺物は全て近世のものであった。この地区の出土遺物の年代観は、18世紀後半から19世紀が殆どで、中世のものは皆無であ

る。室町時代に描かれたとされる『絹本著色富士曼荼羅図』には、大日堂や水垢離場などが描かれ、行者の信仰や清めの場所として機能していたと考えられるが、発掘調査の成果からは、平坦面の利用は中世まで遡らないと考えられる。

　村山浅間神社の西側に展開した集落跡で行った分布調査の結果からは、中世段階の資料は古くても15世紀後半〜16世紀前半のものであり、17世紀に入ると一気に増加する。18〜19世紀も引き続き一定量確認されるため、近世の登拝道の中継的役割を活発に果たしていたことが考古資料からも読み取れる。

5．中宮八幡堂跡

　中宮八幡堂跡は富士山西南麓、大宮・村山口登拝道沿いの標高1,280m付近の平坦面に所在する。大宮・村山口登拝道は、明治時代に村山を経由しない大宮新道が開削された後も木材の搬出路としては利用されていたが、自動車の普及に伴う富士山スカイライン開通により現在は使われておらず荒廃している。中宮八幡堂を撮影したと考えられる明治時代の写真には、手前に鳥居と茅葺建物や小屋、奥に何らかの建物が写っている。1533（天文2）年の『今川氏輝判物』に「中宮」の文字があり、辻之坊が管理し賽銭の取得権があったことが分かり、1591（天正19）年の『富士山参銭所書立之事（写）』にも「中宮」の文字が見え、この頃は管理が池西坊に移っていた。また、富士山頂の施設の建立・再建立の経緯等を記した1854（嘉永7）年の『富士山室小屋建立古帳面写』には、「中宮」項に「武田家御建立ニ候ヘ共書留無之、去丑都年御造立」とある。上記より、遅くとも中世後半には何らかの施設があったと考えられる。

　伝承場所で地表面調査を行ったところ、遺構と遺物が確認された。遺構は、礎石建物跡と石段、石積である。平坦面が上下2段に分かれ石段で繋がっており、上段が10m×8.5m、下段は18m×13mで、それぞれ正面を石積で画されている。上段で見つかった礎石立建物跡は2間×2間で南側に庇

が付くと考えられている。下段には石列が見られるものの礎石立建物の推定
は困難であるが、広い平地のため何らかの建物があったと考えられる。

　遺物は、陶磁器で古いものは 17 世紀の瀬戸美濃産鉄釉碗や肥前磁器があ
るが、殆どは 18 世紀後半〜 19 世紀前半にかけてのものである。銭貨も寛永
通宝のみである。礎石立建物跡の年代は不明だが、遺物からは中世以前に遡
る痕跡は皆無である。

6．人穴富士講遺跡

　人穴富士講遺跡は、富士山頂よりほぼ真西約 12km、富士山本宮浅間大社
から北へ約 20km の地点、人穴浅間神社を中心とした範囲である。富士山の
旧側火山溶岩（約 11,000 〜 8,000 年前）の一つである犬涼み溶岩が作り出した
扇状地の標高約 690m 付近に位置している。遺跡南側で、甲斐に抜ける甲州
街道（中道往還）と郡内地方に通じる郡内道が枝分かれしている交通の要衝
である。現在、境内地には鳥居から境内地へ向かう坂状の参道があり、境内
地の突き当りに社殿が、その手前には富士講の教祖とされる長谷川角行が室
町時代末に超人的な修行を行ったと伝わる溶岩洞窟（人穴）や、社殿西側に
は近世に富士講の信者達が富士登拝を記念して建立した 200 基を超える碑塔
が存在している。講とは、特定の神社仏閣に参拝するための宗教的グループ
で、富士講とは富士山を信仰する集団で関東地方に多くあり、代表者が富士
登拝を行っていた。碑塔に施された紀年銘で最古のものは、1664 年（寛文 4
年）のものであるが、18 世後半の天明年間から 19 世紀中頃の嘉永年間にか
けての碑塔が非常に多く、この現象は江戸時代後半の富士講の隆盛を示して
おり、人穴富士講遺跡は富士講の聖地という存在であった。

　これまで、文献・民俗等の調査が行われており、2001（平成 13）年には範
囲内容確認の発掘調査が行われている（富士宮市教委 1997、2001）。

　発掘調査では、境内地東側の洞窟上の平場で、石積みによって区画された
礎石建物跡が 2 棟重なって見つかった（図 8、9）。建物跡 1 は、柱の間が 18
尺（約 5.4m）で 3 間× 3 間の建物と考えられており、建物を取り囲むように

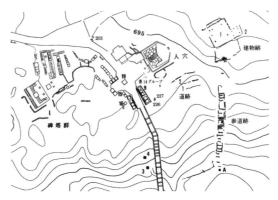

図8　人穴富士講遺跡平面図（富士宮市教委2001より）

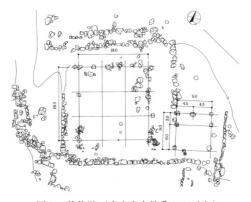

図9　建物跡（富士宮市教委2001より）

溶岩角礫を用いて基壇が構築されている。建物跡2は、9尺（約2.7m）四方
と建物1に比べると小規模で、内側は前方6尺（約1.8m）と後方3尺（0.9m）
とに分かれていたと想定され、建物1と同様に基壇状の高まりがある。建物
跡1と建物跡2は重複しており、建物の時期方向もやや異なっているため、
建て替えと考えられるが、どちらが先行していたかは不明である。建物跡の
西側には道跡と推定される平坦面と石列が2条、南側には建物跡に向かって

伸びる旧参道跡と考えられる石積みの階段跡も確認されている。

　出土遺物は、建物跡を中心に陶磁器類が 20 点余り出土しており、17 世紀末に遡る可能性のある陶磁器が 1 点出土しているが、他の遺物はおおむね 18 世紀中頃から 19 世紀前半と明治初頭に分かれる。また、建物に使ったと思われる釘や銭貨も 10 数点の出土が見られたが、全て寛永通宝である。

7．山頂信仰遺跡（浅間大社奥宮・三島岳経塚）3)

　富士山の山頂には火口が形成されており、火口縁には最高峰（標高 3,776m）の剣ヶ峰をはじめとして、三島岳、駒ヶ岳、朝日岳、伊豆岳、成就岳、久須志岳、白山岳の八峰が巡る。これら八峰と火口内の大内院を合わせて仏教の八葉九尊に当てはめるのが江戸時代以来流行しており、現在も火口を廻る行為「お鉢巡り」が行われている。現在富士山の八合目以上は静岡県と山梨県の境界未画定部分であるが、山頂に位置する浅間大社奥宮は浅間大社の管理下に置かれ、三島岳経塚等と一緒に山頂信仰遺跡として登録されている（図 10）。

　浅間大社奥宮は、『本朝世紀』に記されている末代上人が山頂に建てた大日寺を、村山浅間神社が大日堂として管理していたが、明治の廃仏毀釈の際に浅間大社が譲り受け奥宮としたと伝わっている。富士山火口縁の南側に位置し、大宮・村山口登拝道の到達点となっている。本殿と幣殿解体・再建の際にトレンチ調査を行った。その結果礎石や柱跡が検出されたが、詳しい年代は不明であった。遺物は、17 世紀後半の瀬戸美濃産の擂鉢や 18 世紀中頃から後半のくらわんか碗が出土したが、大日寺等の中世以前に遡る資料は確認されなかった。

　三島岳経塚は、山頂八峰のうち南側に位置する三島岳の東麓標高 3,713m 付近に位置する。1930（昭和 5）年 8 月に富士山本宮浅間大社（当時は浅間神社）の奥宮参籠所建設に必要な砂礫を採取するために掘削した際、遺物が見つかったことにより経塚として発見された。その際の記録によれば、4〜5 寸厚さの灰、炭などの層の下に 2 寸厚さの板 5 尺四方の腐朽した木槨が現れ

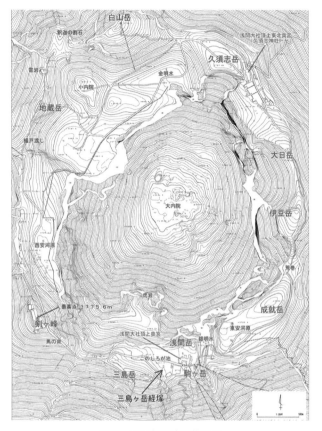

図10　山頂信仰遺跡位置図

たという。中には腐朽した経巻の軸と思われるものが数百本埋蔵されており、木槨の外側からは土器片や注口がある銅器水瓶も出土した。またその後、接近した場所から経筒3個、土器、刀子らしき鉄器及びその鞘らしき木片が発見されており、経筒には朱書の経巻がぎっしり入っていた。すなわち、木槨に直接経巻を収めた埋経施設と、外容器が無い経筒に経巻を収めた埋経施設の2種があったと推定される（佐野1930）。

　後者は、経筒1個のみが詳細に報告されており、他2個は胴破片であっ

た。直径9寸5分、底厚・胴厚とも1分程で、上部は破損しており高さは不明である。底部外面を洗ってみたところ「承久」の墨書が見られたという（足立1930）。また、経筒の入れ蓋や入れ底と思われる平たい破片がある。経巻の大部分は軸木に巻かれている。長さは8寸～8寸8分で、50巻あり、そのうち3巻が墨書で他は朱書きであった。そして、どの経巻からかは不明であるが、「……十七日書了　□末代聖人　覚亮」と墨書された紙片が見つかっている。土器は、短頸壺と思われる壺が1個体と壺の肩から体部破片が写っている。また、格子目文の叩きが施された土器片が3片あり、このうちのいずれかに該当するかは不明だが1片の拓本も見られる。この他には、刀子の腐朽したものが残されたとしている。現在、出土遺物については、経巻は浅間大社で所蔵しており、それ以外のものは東京国立博物館に所蔵されている[4]。

　先述の『本朝世紀』1149（久安5）年の記事に、富士上人末代の活動に由来した鳥羽法皇が大般若経写経を命じたとあり、如法経を末代が賜り、富士山へ埋納すると記されている。この経塚に関しての解釈についていくつかの見解がある。まず足立氏は、経骸から出てきた紙片に末代聖人とあり、聖人と尊称するのは必ずその流れを汲む者の所業であるとし、経筒底面の「承久」を年号と捉え、その筆跡が鎌倉前期のものであるという黒板勝美氏の鑑定結果から勘案して、末代が埋めたものではなく、承久年間に埋められたものと捉えているようである（足立1930）。三宅氏は、多数の経巻を一々経筒に納めるよりも木箱に納める方が自然であることから木槨が経巻を納めるためのものであり、木槨の上の灰・炭の層は、この場所が後の修験者達の修法の場となり、また後に経典が追納されたものが「承久」銘の経筒であると捉えている。そして東京国立博物館に納められている三島岳経塚出土と考えられる陶片の大部分が12世紀代のものであること、経筒の大きさから13世紀に下らないこと、紙片に記された文字から末代が勧進したものとしている（三宅1980）。勝又氏は、三島岳経塚出土遺物の性格を、出土経典の検討から末代埋納の一切経に該当するとし、末代が埋経したのち承久年間に残存して

いた末代の埋経を整理・再埋納したことと、末代勧進の一切経のうち、木櫃に納めきれなかった経典が経筒という形で埋納され、墨書は後代に追記した可能性があるとした（勝又 2011）。

いずれの可能性が高いと断定できる材料を筆者は持ち合わせていないが、平安時代後期に末代が富士山頂へ埋経行為を行っていた可能性があることを述べておく。

2　絵画資料との比較

発掘調査の成果と現在残されている絵画資料と比較検討を行っていきたい。この中で一つ、興味深い絵画資料がある。室町時代の後半に描かれたと考えられている『絹本着色富士参詣曼荼羅図』（以下『曼荼羅図』）である（図11）。これは、富士山信仰の修験者・行者達が富士山へ登拝する様子が描かれており、富士山信仰に関わる各施設が確認できる。絵図は、三保の松原や富士川から始まり、雲間には浅間大社・村山浅間神社・中宮八幡堂・御室大日と思われる各施設が描かれ、行者達が三尊を配した富士山頂上を目指す様子が表現されている。

下段に描かれている浅間大社と思われる施設は、鳥居や社殿あるいは湧玉池で水浴びをする行者が描かれている。浅間大社のすぐ上に描かれている村山浅間神社では社殿や、大日如来は見当たらないが行者が中を拝んでいる大日堂、神楽殿、竜頭ヶ池から引いた水を行者達が浴びている水垢離場の様子が描かれている。しかしながら発掘調査で見つかった大棟梁権現社や現在も残っている護摩壇が描かれておらず、絵図に描かれた神楽殿は発掘調査ではまだ検出されていない。護摩壇は近世以降に構築されたと考えられており描かれていないのは妥当であるが、大棟梁権現社が描かれていないのは室町後半には大棟梁権現社が廃絶していたことを暗示しているのであろうか。中央に見える中宮八幡堂に関しては、発掘調査では近世以降の資料しか見られないが、『曼荼羅図』に中宮八幡堂と思われる建物が描かれ、中世後半の複数

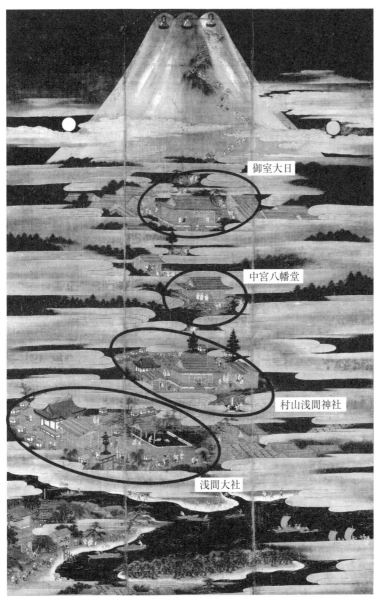

御室大日

中宮八幡堂

村山浅間神社

浅間大社

図 11　絹本着色富士浅間曼荼羅図（富士宮市教委 2005a より）

の文書にその文言が確認できるため、中世後半には活動が行われていたことは間違いないであろう。中宮八幡堂跡で中世以前の痕跡が確認されていないのは、中世と近世では地点が異なっていた可能性が考えられ、そこに至る登拝道を含めて再検討する必要がある。

　一方この絵図には、元富士大宮司館と山宮浅間神社、人穴富士講遺跡（人穴浅間神社）と思われる各施設は描かれていない。このうち、人穴富士講遺跡は、その成立が近世であると考えられているため、中世に描かれたとされる『曼荼羅図』に描かれていないのは当然のことである。しかしながら、中世には成立していた元富士大宮司館と山宮浅間神社が『曼荼羅図』に描かれていないのは何故か。これは『曼荼羅図』が一般の行者が富士山信仰を行う登拝などの行為を描いた性格のものであり、そのための施設が描かれている性格のものであるためである。つまり、元富士大宮司館跡は富士氏の生活の場といういわばプライベートな場としての機能、また山宮浅間神社は富士氏が儀式を臨時的に行うための場所といった、両所が一般に開かれた場所や行者達のための施設ではなかったため、これらの2箇所が描かれなかったのではないだろうか。逆に言えば、室町時代には成立していたこれら2箇所が『曼荼羅図』に描かれていないことが、その両所の性格を物語っていると思われる。あるいは元富士大宮司館と山宮浅間神社が機能停止していた可能性も考えられる。

　浅間大社の境内の様子は、1670（寛文10）年の『浅間大社境内絵図』にも表現されている。これを見ると、参道や鳥居、鏡池、回廊、神楽殿、拝殿、本殿等の建物配置が詳細に描かれており、境内は現在と同様の構成である。境内の北東には湧玉池があり、そこから川が流れ出ている。また、湧玉池の南側には三重塔や大日堂、帝釈堂など現在は広場になっており存在しない建物も確認できる。この絵図では、鏡池から神田川に注ぐ水路は描かれているが、発掘調査で検出された溝状遺構に比定できるような大型の水路は確認できない。神立山地区に目を転じると、護摩堂や普賢延命堂、飯酒王子等複数の建物が散見され、道路も確認される。現在これらの施設は無いが、護摩堂

や道路跡が発掘調査では見つかっている。これらの施設が中世以前に遡るかどうかは不明だが、神立山地区の各所から中世の遺物が出土しており、境内だけでなくこの地区も中世から土地利用がなされていたと考えられる。

　村山浅間神社の境内の様子は、1851（嘉永4）年『富士山表口南面路次社堂室有来絵図』に詳しい。登山道のすぐ隣に村山浅間神社が描かれており、境内には浅間神社の本殿と拝殿、大日堂があり、竜頭ヶ池から導水された垢離場があり、これらは現在の境内にも見られる。浅間神社が建っている同じ段で大日堂や導水施設の右側には拝殿があり、その上段には「富士大権現」の文字が書かれた建物が見える。拝殿は現在見られず、現在は同様の位置に護摩壇がある。また、その拝殿の斜め下にも建物と思われる四角の表現があるが名称等の記述は無い。この無名建物は『曼荼羅図』に見える神楽殿に当たるのであろうか。しかしながら『曼荼羅図』では神楽殿は導水施設の左手側に描かれているため、その関係は不明である。富士大権現の建物は発掘調査で検出された大棟梁権現社を指しているであろう。富士大権現と同じ段、浅間神社や大日堂の裏側には、「東照宮」と「役行者」と書かれた小型の建物が見える。東照宮は高根総鎮守と推定されるが、役行者の建物跡は今のところ発掘調査で見つかっていない。このことから幕末には、現在や発掘調査で確認されたものよりも数多くの建物があったと考えられる。

　人穴富士講遺跡では、発掘調査で建て替えが行われたと推定される建物跡が検出された。江戸時代の人穴浅間神社の様子を描いた絵図『富士山真景之図』には、洞窟の裏側に1棟の建物が描かれており、発掘調査で見つかった建物跡のどちらかの可能性がある。また、現在人穴浅間神社の社殿が建てられている位置には、大日の文字が見え、かつて大日如来を納める施設が建っていたことが分かる。

3　富士山信仰の変遷

　発掘調査から明らかとなった各遺跡の活動から富士山信仰の変遷を見てい
く（表）。

　まず、平安時代前半の9世紀後半から10世紀前半に村山浅間神社遺跡に
おいて竪穴住居跡や特徴的な土器等が見つかっており山岳修験等の何らかの
活動が見られるが、継続しない。その後浅間大社遺跡で11世紀後半から富
士山信仰に関する萌芽が見られ始め、12世紀には建物が建ち始めるなど、
何らかの施設があったことが想定される。浅間大社の大宮司を司る富士氏の
居館に推定される元富士大宮司館も方形居館としてこの頃に成立する。12
世紀後半には山宮浅間神社において石塁で区画された祭祀施設が成立し、ま
た、末代上人やその後続の人々により山頂への登拝が行われた結果が三島岳
経塚をはじめとする山頂信仰遺跡であり、山麓と山頂を含めた信仰形態が確
立する。

　こうした状況が数百年継続していったと考えられるが、時代が下り、室町
時代後半の15世紀後半には浅間大社遺跡、山宮浅間神社遺跡で遺物が減少
していることから、その活動は衰退していったと考えられる。一方で村山浅
間神社はこの頃から信仰の本格的な拠点となる。これは修験が盛んになった
のが理由と考えられる。山頂への登拝道上に位置し、水垢離場など、行者の
信仰や清浄の場として機能した。現在、村山浅間神社には1259（正嘉3）年
胎内銘の胎蔵界大日如来坐像も納められており活動が早まる可能性もある
が、考古学的資料では明確な中世前半のものは見つかっていない。

　これを遡る13世紀後半以降、元富士大宮司館跡はその活動を活発化させ
ており、16世紀に入り複数の堀・曲輪を配して城郭化（大宮城）を進めてい
る。これは、15世紀後半以降の浅間大社遺跡や山宮浅間神社遺跡の衰退と
連動した動きと捉えられる。この時期、鎌倉幕府の衰退や南北朝の動乱、戦
国期の今川氏・武田氏・北条氏による駿河をめぐる争いの激化により、富士

表　関連遺跡活動表

遺跡名		9世紀	10世紀	11世紀	12世紀	13世紀	14世紀	15世紀	16世紀	17世紀	18世紀	19世紀
浅間大社遺跡	活動			△	◎	◎	○	○	○→焼亡	○	◎	◎
	遺構				建物					排水溝		
元富士大宮司館跡	活動				○	◎	◎	◎	◎→焼亡	？	？	？
	遺構				建物・溝	掘立柱建物・溝・堀			礎石建物・複数の堀	大社西側へ移転		
山宮浅間神社遺跡	活動				○	○	○	△	△	△	△	△
	遺構				石塁		石塁			切石列？		
村山浅間神社遺跡	活動	○						○	△		◎	◎
	遺構	竪穴住居・溝								大日堂		
中宮八幡堂跡	活動								△	△	◎	◎
	遺構										建物跡	建物跡
人穴富士講遺跡	活動									○	◎	◎
	遺構									碑塔開始	建物跡	
山頂信仰遺跡	活動				○	○			△	○	○	○
	遺構				△	△				○	○	○

◎ピークの時期　○活動が行われていた　△活動が行われていたと思われる

　氏の祭祀行為への比重が軽くなった結果、浅間大社遺跡や山宮浅間神社遺跡での活動が減少し、元富士大宮司館跡の城郭化等、富士氏が武装化に重心を移した表れであると言える。その後16世紀後半には浅間大社と元富士大宮司館跡は焼打ちにあい、その活動が一度リセットされてしまう。

　近世に入ると、焼打ちにあった浅間大社は徳川家康によって再建され現在の景観に近い状況となり、祭祀行為に専念するようになり参詣者が増加したことが、遺物量の増加から見てとれる。また大宮司館は西へ移動し単に生活の場所となった。山宮浅間神社遺跡では、土師器の出土が見られなくなった。これは祭祀行為が行われていなかったのではなく、文献史料には山宮御

進幸が行われていたとの記述が見られるため、中世と儀式の形態が変わったと推測される。近世に入り一般民衆にも富士登山が広がったため、村山浅間神社遺跡では、大日堂や浅間神社等の施設が整備された。東から富士山へ来る人々は浅間大社を経由せず直接村山浅間神社へ近道して登頂するようになったため、浅間大社を経由するようお触れが何度も出ており、これらの人々のための集落や拠点として賑わい、村山三坊の力がますます強くなっている。そして、富士登拝が流行したことにより村山登拝道が完成し、登拝道上に位置する中宮八幡堂や終着点の浅間大社奥宮（当時大日堂）も整備され、拠点の一つとして機能していた。また、関東地方を中心とした富士講の流行により、人穴富士講遺跡（人穴浅間神社）が一種の聖地となり、碑塔群や建物が建てられ新たな拠点として加わった。

　ここで、各遺跡の性格を大まかに纏めておく。

　浅間大社遺跡は、富士山信仰の中心として浅間大社があり、戦国期には大宮司を務める富士氏の武装化傾向が強まり祭祀活動が低調になるが、焼き打ち・再建を経て近世には祭祀に専念し、富士山信仰の本拠地としての地位を揺るぎないものとし現在に至っている。

　元富士大宮司館跡は、富士山信仰を司る富士氏の生活の場として成立し、やがて南北朝や戦国期の動乱により武力を備えた軍事施設としての側面が強くなったが、戦国末に浅間大社とともに焼き打ちされると、移転を経て再び日常の生活の場としての機能を持つ館となった。浅間大社遺跡と元富士大宮司館跡に関して言及すれば、出土遺物において、貿易陶磁器の中の威信財とも言える高級品について、元富士大宮司館跡の方がそのバリエーションにおいて豊富である。これは、祭祀儀礼や富士山信仰の務めの場所という意味においての浅間大社と、館であり、時期によっては武家としての性格を強めた富士氏が、武家の儀礼あるいは日常を過ごした場所である元富士大宮司館跡というそれぞれの性格の違いを表している証左であろう。

　山宮浅間神社遺跡は、12世紀中頃に石塁が作られ、その頃より富士山信仰の祭祀が行われ始めた。富士山を眺望できる景観に立地し遥拝という祭祀

行為を行った。土師器の大量出土が祭祀儀礼の証拠である。また、石塁や階段状遺構以外に、明確な遺構が確認されていない点は、建物などを必要とする居住や常時の利用ではなく、祭祀の際の臨時利用の場所であったと想定される。山宮浅間神社と思われる施設は『絹本著色富士曼荼羅図』には描かれていない。これは、山宮浅間神社が、浅間大社が創始した場所であったため浅間大社に社殿が移ってからも山宮御進幸といった祭祀が行われる場所、つまりは大宮司富士氏にとっての臨時的な祭祀場として存在し、一般の人々が行った修験や富士登拝の様子を描いた『曼荼羅図』の趣旨とは、その意義が違っていた証拠であろう。富士山への眺望に非常に適した場所に立地しているが、一般行者の登拝道からは外れた位置に立地し、絵画資料にも描かれていないのである。ただ一方で、発掘調査の成果から、15世紀後半以降は山宮浅間神社が施設としての機能が低調であったと考えられる。つまり『曼荼羅図』が描かれた時期には、山宮浅間神社が機能していなかった可能性もある。

　村山浅間神社遺跡は、平安期に山岳修験の拠点として痕跡を残した。その後一般行者の修験や登拝の中心地として村山浅間神社および村山三坊を含む周辺集落が確立した。村山浅間神社については、遺物様相や年代観が、浅間大社や山宮浅間神社と一線を画しているが、これは、祭祀の場としての両遺跡とあくまで修験の拠点としての役割の違いを表しており、修験の隆盛にその活動が左右されたためと考えられる。土師器の出土が少なく、祭祀に関わると考えられる特殊な土師器の出土は皆無である。近世には一般民衆にも富士登拝が流行し、その拠点としての位置づけが明確になった。

　中宮八幡堂跡は、山頂への村山口登拝道沿いにあり、中世の『曼荼羅図』にも描かれており、近世の建物跡やある程度の遺物も見つかっていることから、中世に成立し近世にも富士登拝のための何らかの施設があり役割を果たしていたと考えられる。

　人穴富士講遺跡は、近世に入り、人穴浅間神社が成立し、富士講の聖地として富士山信仰の新たな面を形成していた。

　浅間大社奥宮については、末代上人の伝承を受け、近世には確実に、村山口登拝道の終着点として、そして山頂での信仰拠点の施設として存在していたと考えられる。

　三島岳経塚は、それ自身が作られた12世紀後半乃至は13世紀以降に、山頂での経塚造成や奉納行為が行われたかは不明である。火口内への賽銭行為は行われたとされているが（勝又2017）、それは末代上人が行った行為とはまた別問題であり、近世に入ってからの山頂利用のなされ方は不詳である。

お わ り に

　今回は富士山南麓、主に富士宮市の富士山信仰関連遺跡の検討に終始してしまった。これには富士山南麓に富士山本宮浅間大社をはじめとした富士山信仰に関わる拠点や遺跡が多く、調査も度々行われているという理由がある。しかし今後は今回の成果を富士山東麓や富士山北麓、つまり山梨県側の成果との検討が必須作業となってくる。また、より一層の文献史学はじめその他の研究成果との整合も行っていかなければ、真の意味での富士山信仰の様相の解明に至らないと自戒している。また、富士山信仰の山岳信仰の中での位置づけや宗教史での意義等、課題の方が多く残る論考となった。ご寛容を乞う。

1) 世界文化遺産富士山を構成する資産としては、浅間大社・山宮浅間神社・村山浅間神社等施設名が登録されているが、信仰活動の範囲は現在の施設・敷地範囲内にずっと収まってきたものではないため、周辺地域も包括した広範囲の「遺跡」を本章では付して呼称する。
2) 藤澤良祐氏の御教示による。
3) 名称については、「三島岳」、「三島嶽」、「三島ヶ嶽」とさまざまあるが、本章では「三島岳」と呼称する。
4) 東京国立博物館が所蔵する出土遺物に関しては、佐野氏らが報告しているもの（佐野1930）との間に齟齬が生じている。東京国立博物館所蔵品は図版目録（東京国立博物館2017）に掲載されている。目録には、銅鋳製の経筒残片14点

と陶製壺残片16点の写真が掲載されている。東京国立博物館所蔵品を実測した勝又報告（勝又2013）や図版目録掲載写真から判断すると、広口壺の頸部1点と、東遠産山茶碗の底部破片2点、常滑産の甕もしくは壺片が約4点、渥美湖西産の甕あるいは壺片約6点、土師器皿片が確認される。常滑は、外面に工具で叩いた痕跡の押印が見られるもの、内面にも自然釉がかかっているものがあり、渥美湖西産は外面に蓮弁文という装飾が見られるものもある。佐野氏らの報告では、経筒は3点とあり、経筒底部片1点と他2点の経筒と想定される破片が記載されている。図版目録には底部と考えられる破片も、経筒と想起させる破片もない。また、佐野（1930）には注口がある銅器や水瓶も掲載されている。土器に関しては、胴部や頸部の一部が大きく破損しているが、底部から頸部までの形状が分かる三筋壺と思われる土器が1個と、壺の頸部と思われる土器片1点、土器破片数点があり、このうち1点は拓本が掲載されている。東京国立博物館所蔵品には、上記の経筒底部、銅器、水瓶が見当たらず、土器に関しても、佐野氏の論文掲載写真と大きく異なっている。頸部破片も形状が異なっている。また、所蔵品のいずれの土器片とも佐野報告に掲載されている格子目文の叩きがある土器片の拓本とは大きさ・形とも照応しない。図版目録の巻末リストには、大森繁樹氏寄贈と記されている。三宅報告（三宅1980）では、東京国立博物館所蔵品の大森繁樹氏寄贈品は三島岳麓不動明王祠背後採集品、頸部破片は中村丸之助氏寄贈富士山上発掘経筒と、佐野報告との資料の違いが述べられているが、同類の遺物としている。従って、佐野氏や足立氏らが実見した三島岳経塚出土のものと、東京国立博物館が所蔵している三島岳経塚のものとは別のものを指している可能性が高いが、詳細は不明である。なお、遺物の年代に関しては、いずれの遺物も12世紀中葉から13世紀前半に収まるとされているため、平安時代末から鎌倉時代初めの、末代上人自身若しくは彼の流れをくむ修験者の所業と考えられる。

参 考 文 献

赤星直忠「富士山頂經塚出土甕片について」（『考古學雑誌』第二十一巻第五號、考古學會、1931年）368-369ページ

足立鍬太郎「富士山頂上三島嶽南經塚遺物中の經筒と經卷につきて」（『考古學雑誌』第二十巻第十號、考古學會、1930年）845-849ページ

足立鍬太郎「富士山頂上の埋經につきて」（『静岡縣史蹟名勝天然記念物調査報告』第七集、静岡縣、1931年）30-34ページ

勝又直人「三島ヶ嶽経塚小考」（『研究紀要』第17号、静岡県埋蔵文化財研究所、2011年）79-92ページ

勝又直人「富士山頂の経塚」(『考古学ジャーナル』No. 648、ニュー・サイエンス社、2013 年) 13-16 ページ

勝又直人「富士山頂の状況」(『富士山信仰への複合的アプローチ』静岡県考古学会、2017 年) 26-34 ページ

佐野武勇「富士山頂上三島ヶ嶽の經塚」(『考古學雜誌』第二十巻第十號、考古學會、1930 年) 689-695 ページ

静岡県考古学会『中世の祭祀と信仰─伊豆地域の祭祀・信仰とその時代─』2004 年

静岡県埋蔵文化財研究所『浅間大社遺跡・山宮浅間神社遺跡』2009 年a

静岡県埋蔵文化財研究所『村山浅間神社遺跡』2009 年b

東京国立博物館『東京国立博物館図版目録　経塚遺物篇（東日本）　新訂』2017

永田悠記「富士山南麓の状況」(『富士山信仰への複合的アプローチ』静岡県考古学会、2017 年) 49-62 ページ

ニュー・サイエンス社『考古学ジャーナル』No. 648、2013 年

富士山本宮浅間大社『富士山本宮浅間大社奥宮社殿［本殿・幣殿・拝殿・社務所・休憩所］改築工事報告書』2017 年

富士宮市教育委員会『浅間大社遺跡』1996 年

富士宮市教育委員会『史跡人穴』1997 年

富士宮市教育委員会『元富士大宮司館跡』2000 年

富士宮市教育委員会『史跡人穴Ⅱ』2001 年

富士宮市教育委員会『浅間大社遺跡Ⅱ』2003 年

富士宮市教育委員会『村山浅間神社遺跡』2005 年a

富士宮市教育委員会『富士宮市の遺跡Ⅲ』2005 年b

富士宮市教育委員会『富士宮市の遺跡Ⅳ』2008 年

富士宮市教育委員会『富士宮市「史跡富士山」整備基本計画』2012 年

富士宮市教育委員会『浅間大社遺跡Ⅲ』2013 年

富士宮市教育委員会『元富士大宮司館跡Ⅱ』2014 年

富士宮市教育委員会『山宮浅間神社遺跡』2015 年

富士宮市教育委員会『村山浅間神社遺跡Ⅱ』2016 年

三宅敏之「二　富士山における経典埋納」(『山岳宗教史研究叢書 14　修験道の美術・芸術・文学（1）』名著出版、1980 年) 436-448 ページ

古墳時代の文字

佐々木憲一

は じ め に

　古墳時代、特に古墳時代前期の文字に考古学的にアプローチするとき、当時の人々が文字を読めたのか、書けたのかという2つの側面にわけて考える必要がある。ここで扱う古墳時代とは、紀元3世紀半ばから7世紀半ばまでとする。7世紀というと、すでに奈良盆地では飛鳥寺が完成している時期であるが、私のフィールドである関東では7世紀初頭まで前方後円墳の築造が続き、文化的には古墳時代である。

　古墳時代は仮名の創出以前であって、文字といえば漢字のみであった。したがって、ゼロから文字が創出された中国、メソポタミア、エジプト、マヤなどと違って、本章での議論は中国ですでに完成された文字である漢字の日本列島への導入の諸側面ということになる。また漢字の日本列島における受容のあり方が古墳時代前期、中期、後期と変容することから、本章では、その各時期にわけて議論したい。そのあり方の変容とは、外交文書のための文字、列島内における中央の高位エリートと地方首長との関係を強化させるための文字、下級エリートや工人までもが習得した文字の3つの出現段階である[1]。各段階において、前段階の文字のあり方はもちろん継承される。

1 外交文書のための文字

『魏志』倭人伝に拠れば、古墳出現前夜の240年（正始元年）、「倭王、使に因って上表し、詔恩を答謝す」とあり、倭国から上表文が出されていた。吉村武彦（2006）は、日本列島において文字が使用されていたことは間違いない、とする。しかし、考古学的には確認ができない。卑弥呼の外交使節が楽浪郡あるいは帯方郡に到達したときに、郡の役人に上表文の作成を依頼した可能性も否定できないからである。ただ、遣使に際しては献上品の「簿録」も作成され、また卑弥呼が狗奴国と交戦したときは、魏の皇帝が卑弥呼に「檄」を送ったことが中国史書に記録されているから、この頃すでに、外交に携わる人々は文字・漢字に触れ、その意味を理解できていた倭人がいた可能性もきわめて高い。

ちなみに、邪馬台国の外交拠点であった伊都国の一部と想定される福岡県糸島市三雲遺跡群井原遺跡八龍地区（柳田1983）で出土した土器のなかに、文字が刻まれたものがある。土器焼成後の刻書である。当初2文字とも思われたが、平川南（1999）の解読により、文字の「鏡」のつくり「竟」の一文字であることがわかってきた（図1）。鏡は、魏志倭人伝に、日本人の好きなものとも記録されており、土器に水をはって鏡として儀礼の際に用いた可能性もある。「鏡」の「竟」のみを記すのは、後述する三角縁神獣鏡の銘文にも

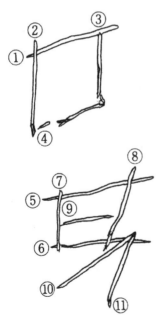

図1　三雲遺跡群出土土器の刻書
（平川1999、図6）

例があって、森浩一（2003）は、倭人がすでに文字を知っていたとする。

　この三雲遺跡群の井原遺跡番上地区から、弥生時代中期前半から終末期の土器と一緒に石硯が 2015 年に発見された（武末・平尾 2016）。石硯の廃棄の下限は弥生時代終末期である。同じ番上地区では楽浪系土器 27 点を含む土器溜まりがかつて検出されており（柳田・小池 1982）、武末純一（1991）はすでに、外交交渉に関わった渡来楽浪人による文字使用を予測していた。この石硯の検出に基づいて当時の倭人が文字を書けたと即断はできない。武末の言うように、楽浪郡から来訪した外交官のみが使用した可能性もあるし、また倭人は単純な記号を記すためだけに使ったのかもしれない。それでも、石硯の検出はこの時期における文字の使用を考えるうえで、きわめて重要である[2]。また近年の石硯検出例の増加に刺激されたのであろう、木簡を削るのに欠かせない道具であった刀子の弥生時代遺構からの検出例も常松幹夫（2018）は当該期の文字資料として考慮に入れている[3]。

　外交文書は残っていないが、外交の結果もたらされた文物には文字が刻まれているものがあって、受け取った側もそれら銘文の意味は理解できた可能性は高い。冒頭の倭王卑弥呼の遣使が邪馬台国に持ち帰った鏡には、初期の三角縁神獣鏡が含まれていたと考えられる。例えば、「景初三年」の銘を有する三角縁神獣鏡は島根県雲南市神原神社古墳（蓮岡ほか 2002）（図2）、同じく景初三年の銘を有する画紋帯神獣鏡は大阪府和泉市

図 2　神原神社古墳出土の「景初三年」銘三
　　　角縁神獣鏡（蓮岡ほか 2002）

和泉黄金塚古墳、また正始元年の銘を有する三角縁神獣鏡は群馬県蟹沢古墳、奈良県桜井茶臼山古墳、兵庫県森尾古墳、山口県御家老屋敷古墳から出土している。年号がなくとも、銘文を有する三角縁神獣鏡は滋賀県東近江市雪野山古墳例など少なくない。

　また4世紀後半に築造された奈良県天理市の東大寺山古墳（全長130mの前方後円墳）の後円部の粘土槨から出土した素環頭大刀は、その背に金象嵌の銘文を有する（東京国立博物館・九州国立博物館 2008、金関・小田木・藤原 2010）。曰く、「中平□□（年）五月丙午、造作文刀、百練清釖、上応星宿、□（下）辟不□（祥）」（東野 2008）。冒頭の「中平」は後漢代 184～190 年にあたる。つまり、後漢から倭にもたらされたものであるが、どこで 160 年ほど伝世されたのかはわからない。

　類似する例として、奈良県天理市石上神宮に伝世する長さ 74.9cm の七支刀を挙げることができる。そこには以下の表面 34 文字、裏面 27 文字、合計 61 文字が金象嵌されている。

　　（表）泰和四年十一月十六日丙午正陽造百錬鉄七支刀出辟百兵宜供供候王□□□□作（祥）
　　（裏）先世以来未有此刀百済王世子奇生聖音故為倭王旨造伝示後世

「泰和四年」（369 年）という年号と共に、「百済王世子奇」が作らせて倭王に贈与した旨が記されている。泰和 4 年は中国東晋の年号であって、鈴木靖民（1983）は、争乱の中国から亡命して百済王権に参加した東晋系の人々が関与した可能性を指摘する。またこの七枝刀は『日本書紀』神功皇后 52 年条にみえる、百済から贈られた「七枝刀（ななつさやのかたな）」そのものと考えられている。

　問題は吉村（2006：6ページ）の言うように、「文字認識がどの程度普及していたかであろう。」古墳時代前期に文字を理解し、書けた人はきわめて少なかったと考える。というのは、この時期の仿製鏡の、本来銘文の入るところが文様になっているものがあるからである。例えば、滋賀県東近江市雪野

山古墳出土の竈龍鏡の、通常で
あれば漢字が入る□のなかは2
列多数の平行線でうめられてい
る（福永・杉井 1996）（図3）。

　また工人が漢字を理解しなか
った例として、福岡県一貴山銚
子塚古墳出土の仿製三角縁神獣
鏡5面のうちの1面を挙げるこ
とができる。この鏡は仿製三角
縁神獣鏡のなかでも新しい型式
に属し、4世紀の後葉に森下章
司（1993）は位置付ける。その
銘は中国鏡の銘文をそのまま引
き写したもので、さらに鋳型に

図3　雪野山古墳出土の竈龍鏡
（福永・杉井 1996）

逆字（左文字）を彫らなかったために製品では文字がすべて反転しており、
かつ途中の一字を抜かしてしまい、その一文字を最後に付け加えるという銘
文である（田中 1981）。

　そのほか、前期の仿製鏡には、京都府園部垣内古墳出土の神獣画像鏡のよ
うに「擬銘帯」をもつものや、奈良県新山古墳出土の変形方格規矩鏡のよう
に「擬文字」を鋳出したものが知られている（中村 1992）。後者では、十二
支を意識したようだが、順序が違うのと、子（ね）が2回出てくるなど、本
来の銘文の内容も理解していない。これらの擬文字は一つの系統ではとらえ
られず、文字を図像として模倣する行為が繰り返されたと森下（2004）は考
える。鏡製作工人はもちろんだが、発注したエリート層のなかでも文字を認
識できない倭人が数多くいたと考えられる。

　この、エリート層のなかでも文字を認識できない倭人が数多くいたことの
反映であろうか、三角縁の銘文が、初期の段階では長文の銘が用いられ、中
段階では「天王日月」・「長宜子孫」など方格に四字句を納めた単純なものが

多用され、新段階ではほとんど銘が施されなくなり、単純な波文帯に置き換えられることを森下（2004）は見出した。この変化の背景として、三角縁神獣鏡自体の意義の低下も森下は考えているが、氏が推測する通り、銘文の表すところが十分に理解・吸収される段階に達していなかった受け取り側の問題も大きいと思う。

　当時の文字認識の普及の程度を推し量る手がかりは、集落出土の土器に記された文字であろう。古墳時代前期の文字の例として、三重県松阪市の嬉野町片部（かたべ）遺跡出土の小型丸底壺（3世紀末〜4世紀初頭）の外部口縁に「田」という文字が、隣接する貝蔵（かいぞう）遺跡出土のヒサゴ壺の壺肩部にも「田」という文字が墨書されている（和氣1999）。共に、安濃津（あのうのつ）と言われる交流拠点の港湾集落出土であること、手慣れた筆使いであること、嬉野町と北隣の安濃町には朝鮮半島南部系の横穴式石室墳が多数存在することから、渡来系氏族によって書かれたと水野正好（2000）は評価する。同県津市の大城（だいしろ）遺跡では弥生時代後期2世紀前半の土器に「奉」という文字が刻まれており、この遺跡も良好な港の付近であるため、交易の結果文字が伝わった可能性がある。

　重要なポイントとして、古墳時代前期における文字利用、文字使用は、経済文書が中心のメソポタミアとは異なり、外交文書が中心であったことがある。これは、日本列島が中国文明の「周縁」に位置したこと、また対外的には、石母田正（1971）が名著『日本の古代国家』で主張したように、卑弥呼が「国家の長」を装う必要があったことの一側面であろう。

　なお、この段階の文字資料としてよく紹介される例として、長野県木島平村根塚遺跡（弥生時代後期後半）出土の「大」の文字を刻んだ土器がある。資料を実見した石川日出志によると、これは発掘時のスコップまたは移植ゴテで偶然ついた傷（ガジリ）であり、文字ではないとの判断である。ただ、このような誤認にもそれなりの根拠があった。まず同遺跡では明らかに朝鮮半島南部伽耶地域から搬入された、柄頭に渦巻の装飾を施した鉄刀も出土している（吉原2002、土生田2006：181ページ）から、朝鮮半島南部との交流を背景として土器にも文字が刻まれたと推測できたこと。また、根塚遺跡例の

「大」の間違った書き順の例が6世紀の朝鮮半島にも知られていること（平川 2004a：83ページ）、である。

2　中央と地方の関係強化のための文字

　古墳時代中期というと、中国の歴史書『宋書』「夷蕃伝倭国条」にみられる「倭の五王」（讃・珍・済・興・武）の時代である。このなかで、倭王・武（ワカタケル）は478年に遣使、宋の皇帝に上表文を提出しており、その全文が『宋書』「夷蛮伝倭国条」に掲載されている。その上表文は、中国の史書・経書に関する広い知識を有する人物が、晋代の語句用例を意識・参照して起草した文章であった。また、この上表文は、晋代の語句用例を多用する高句麗や百済の外交文書と共通するので、こうした晋志向の伝統をもつ中国系の人々、あるいはその影響下に育った人々が倭国に渡来し、倭国の王権中枢には、そういった人々が文筆業務に関与していたことが推測できる（田中 2005）。外交のための文字の重要性はこの時期でも変わらない、というより前代以上に大きくなったのであろう。

　古墳時代中期、このように外交に必要な文字が今度は、日本列島内の中央と地方の関係維持のために使われるようになる。この時期の中央では、文字を操る倭人は相当増えたと考えてよいし、同時に、地方でも文字が認識できる人々がそれなりにいたことがうかがえる。というのは、銘文を有するこの時期の鉄剣・鉄刀が、王権が所在した近畿地方中央部から遠く離れた地域で3振出土しているからである。

　文字が中央と地方の関係維持に使われるようになったこの段階を、平川南（2004b）はさらに2つの段階に細分する。すなわち、王から臣下に対して銘文を刻んだ刀を下賜した段階、次に地方豪族が王に仕えた由来を刀剣や鏡に記した段階、である。もちろん、この第一段階の根拠となる考古資料は一例のみであるから、確かに、王から臣下に対して銘文を刻んだ刀を下賜する習俗は、地方豪族が王に仕えた由来を刀剣や鏡に記す習俗よりも早く始まった

のであろうが、下賜する習俗は5世紀、6世紀を通じて残っていたと考えたい。また佐藤長門（2004）は、前述の東大寺山古墳出土の素環頭大刀も含めてこの第一段階の刀を「下賜刀」、第二段階の刀を「顕彰刀」と、それらの性格を区別する。

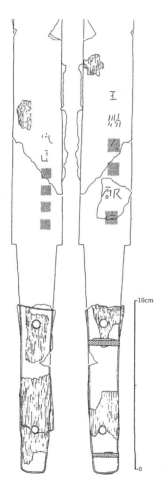

図4　稲荷台1号墳出土の「王賜」
銘鉄剣（滝口・田中1988）

　もうひとつ重要と思われるのは、文字を刻んだ刀を下賜するという行為が、鉄製武具という当時の威信財を媒介にした中央と地方との関係のなかで、その一部としておこなわれたということである。この時期、中央の王権が違った地方のエリートたちに新旧とりまぜた甲冑のセットを戦略的に配布していた（藤田1988）。平野卓治（2013）は、紙・木に記された資料が残りにくいという考古学的困難に留意しつつも、冊書・制書による官の任命などのように文字だけを媒介にする中国のケースと、日本の古墳時代中期のケースは区別できることを指摘している。

　まず、平川（2004b）の言う第一段階の根拠となる資料は、千葉県市原市稲荷台1号墳という、中期中葉(TK208)の径27.5mの円墳から出土した全長73cm、剣身60cmの鉄剣である（図4）。この円墳には埋葬施設が2基あって、鉄剣は、金銅装蝶番金具附装の横矧板鋲留短甲（破片）と共に中央の埋葬施設から出土した。また北の埋葬施

設から鉄製胡籙が出土している（滝口・田中 1988）。この鉄剣の表に「王賜□□敬□」、裏に「此廷□□□□」の合計 12 文字が銀象嵌されている。銘文の釈読を行った平川（1988）は次の 4 点を特徴として挙げる。

1．冒頭に年号・干支を欠いており、ある出来事の記念物や特定個人の検証を目的とするものではないこと

2．王の固有名詞がなく、王とだけ表記しても容易に通用したと思われること

3．「王」字は裏面の「此廷□」部分より一段高く「抬頭」（貴人に関する語に敬意を表して改行し、他行より上に書く書法）という書式をとり、「王賜」の象嵌を他より若干太くすることで強調する一方、以下の□□に下賜対象者たる人名が入る可能性は低いこと

4．短文を剣の関に近いところに記してあること

上記 3、4 のほかに、剣の鎬を意識して左右に寄せて記してあることも挙げ、中国の剣と共通する特徴をもっているとした（平川 2004a）。

　古墳時代中期の房総半島において、横矧板鋲留短甲を中心とした甲冑、胡籙を出土した中期古墳のほとんどが稲荷台古墳のような 25 〜 30m の円墳である。この地域で前方後円墳には甲冑のセット副葬がみられるのに対し、円墳ではすべて短甲のみを副葬するという格差を田中新史（1975）は指摘する。実際、稲荷台 1 号墳が立地する市原台地（国分寺台）は、東京湾にそそぐ養老川流域にあって、その河口左岸域には、中期前半の市原市姉崎二子塚古墳（103m の前方後円墳）が存在する。後円部埋葬施設から中国製虺龍文鏡、倭製勾玉文鏡、鋸歯文・波文の入った鏡の外区片、金銅装眉庇付冑、滑石製品、玉類が、前方部の埋葬施設から銀製垂飾付耳飾 2 連、轡、鉄鏃、直弧文石枕などが出土した。

　佐藤（2002）は、5 世紀段階の王権構造は大王と地域首長が婚姻などの人格的関係に基づいて緩やかな連合体制を築いていたとする立場から、「王賜」銘鉄剣は二次的・間接的に稲荷台 1 号墳の被葬者に下賜されたと想定する（佐藤 2004）。この二子塚古墳に埋葬された首長の配下に、稲荷台 1 号墳の被

葬者があった可能性はある。

　次に、平川（2004b）の言う地方豪族が王に仕えた由来を刀剣や鏡に記した段階、佐藤（2004）の言う「顕彰刀」の例が埼玉県行田市埼玉稲荷山古墳出土の「金錯銘鉄剣」と熊本県和水町江田船山古墳（全長 62m の前方後円墳）出土の「銀象嵌銘鉄刀」である。和歌山県隅田八幡神社所蔵の国宝人物画像鏡も、平川の枠組みの一例である。

　埼玉稲荷山古墳は 5 世紀第 4 四半期（TK47）に築かれた 120m の前方後円墳である。埼玉古墳群は、関東では千葉県富津市内裏塚古墳群と茨城県小美玉市玉里古墳群と並んで、奈良盆地など中央で前方後円墳の築造が廃れた 6 世紀も継続的に大型前方後円墳が築かれた稀有な古墳群であり、埼玉稲荷山古墳は埼玉古墳群で最初に築かれた大型古墳である。

　1968 年に発掘調査がおこなわれ、墳丘主軸に併行して設置された全長 5.7m、最大幅 1.2m の礫槨と主軸に直行して設置された全長 6.5m、幅 1.9m の粘土槨が後円部墳頂で検出された。全長 73.5cm、剣身長 60cm の「金錯銘鉄剣」、いわゆる「辛亥銘鉄剣」が発見されたのは、未盗掘であったその礫槨の棺内である。そのほかの棺内の副葬品としては、頭部におかれた環状乳対置式画紋帯神獣鏡、遺骸の両側に鉄剣と鉄刀（金錯銘鉄剣は左腰の下）、左側に矛、遺骸に装着した帯金具、足元に挂甲、棺外には頭部付近に馬具（轡・引手・f 字形鏡板・三環鈴・辻金具・雲珠・鈴杏葉）、足の外に鞍と鐙、右側に矛が検出された（斎藤・柳田・栗原 1980）。

　金錯銘鉄剣には表面 57 文字、裏面 58 文字、合計 115 文字の銘文が次の通り金象嵌されている（図5）。

（表）辛亥年七月中記乎獲居乎獲居臣上祖名意富比垝其児多加利足尼其児名弖巳加利獲居其児名多加披次獲居其児名多沙鬼獲居其児名半弖比
（裏）其児名加差披余其児名乎獲居臣世々為杖刀人首奉事来至今獲加多支鹵大王寺（時）在斯鬼宮時吾左治天下令作此百練利刀記吾奉事根原也

内容は「辛亥の年七月中記す。乎獲居(おわけ)の臣。上祖、名は意富比垝(おおひこ)、其の子、多加利足尼(たかりのすくね)。其の子、名は弖巳加利獲居(てよかりわけ)。其の子、名は多加披次獲居(たかひしわけ)。其の子、名は多沙鬼獲居(たさきわけ)。其の子、名は半弖比(はてひ)。其の子、名は加差披余(かさひよ)。其の子、名は乎獲居の臣。世々、杖刀人の首と為り、奉事し来り今に至る。獲加多支鹵大(わかたける)王の時、斯鬼宮(しのみや)に在る時、吾、天下を左治し、此の百練の利刀を作らしめ、吾が奉事の根原を記す也」。

この銘文には、辛亥という年（471年と推定）や作刀を命じた乎獲居、その時期の大王である獲加多支鹵など倭人の名前が漢字で記されており、倭人が漢字を操れるようになったことが明白である。また内容は8代にわたる系譜を連ねており、下賜されたものではない。つまり、中央のワカタケル大王本人ではなく、杖刀人という大王に仕えた役職の乎獲居が刀を作らせた、銘文の原稿を作成したことに意義がある。漢字の使い方の特徴として、日本語一音に漢字一文字をあてる方法で倭人名を表記していることがある。

同様の「顕彰刀」の例として、熊本県和水町江田船山古墳出土の「銀象嵌銘鉄刀」、あるいは「治天下銘大刀」がある。1873年に発掘された際、後円部の横口式家形石棺（奥行2.2m、幅1.1m、高さ1.45m）内から、現在国宝に指定されている多数の副葬品と共に発見

図5　埼玉稲荷山古墳出土「辛亥」銘鉄剣（斎藤ほか1980）

された。副葬品は冠帽類、耳飾類、沓、武器武具類、馬具類、装具類、鏡にわけられる（菊水町史編纂委員会 2007）。

　冠帽類には、金銅製冠帽、忍冬文立飾付冠、亀甲文冠、飾金具が、耳飾類には金製耳環 1 組、垂飾付耳飾 2 種 2 組が、沓は金銅製飾履が含まれる。武器武具類には銀象嵌銘鉄刀、龍文素環頭大刀、銀飾素環頭大刀を含めて 20 振の鉄刀、6 口の短剣、3 本の鉄鉾、衝角付冑 1 鉢、錣 3 点、横矧板鋲留短甲 2 領、革綴式頸甲 1 点、肩甲 1 点、鉄鏃一括がある。馬具類には金銅 f 字鏡板付轡、素環轡、輪鐙、辻金具 3 点、釣金具 2 点、三環鈴がある。装具類は鍍金銅板帯金具である。

　鏡は次の 6 面である。57 字の銘文を伴う神人車馬画像鏡、画紋帯対置式神獣鏡（4 文字一組、12 組の銘文を伴うが判読ほぼ不可能）、画紋帯同向式神獣鏡（四言の常套句のみの 4 文字一組、14 組 56 文字の銘文を伴う）、画紋帯環状乳神獣鏡、浮彫式獣帯鏡、獣形鏡。

　銀象嵌銘鉄刀の棟の部分に次の 75 文字が刻まれている。

　　治天下獲□□□鹵大王世奉事典曹人名无利弖八月中用鉄釜并四尺廷刀八
　　十練九十振三寸上好刊刀服此刀者長寿子孫洋々得□恩也不失其所統作刀
　　者名伊太和書者張安也

　銘文中の獲□□□鹵大王はワカタケル大王と推定されている。刀を作らせたのは、典曹人という役職についていた无利弖、刀を実際に作ったのは伊太和で、辛亥銘鉄剣と同様、日本語一音に漢字一文字をあてる方法で倭人名を表記している。文章を草したのは張安という、中国系と推測できる人物である。文書行政を担う中国系渡来人を地方でも抱えることができたのだろうか。あるいは、中央に文章起草だけを依頼したのであろうか。古墳の時期も埼玉稲荷山古墳とあまり変わらないし、また画紋帯神獣鏡が副葬された点でも両古墳は共通する。

　日本史を考えるうえで重要なのは、「杖刀人」や「典曹人」といった「人

制」がすでにできあがっていたことを示している（吉村 1993）ことである。「人制」というのは、各地の首長層が中央の王権と仕奉関係を結び、地域の首長が地域から上番して王権の職務の一部を分担奉仕する体制である。

　以上の顕彰刀 2 振が中央から遠く離れた関東と九州で出土していることは、水野（2000）が想定するように「杖刀人」や「典曹人」として大和にいる間にこれらの刀を作らせたにしても、地方でも文字が認識できる人々がそれなりにいたことをうかがわせる。

　古墳時代中期の顕彰刀と同様の漢字の使用例としては、和歌山県隅田八幡神社所蔵の国宝人物画像鏡がある。この鏡は、中国鏡の文様を模倣して作られた日本製の鏡である。文様帯の外側に、干支年号、人物名、地名を含む次の 48 文字の銘文が鋳出されている。

　　癸未年八月日十大王年　孚弟王在意柴沙加宮時斯麻念長奉　遣開中費直
　穢人今州利二人等　取白上同（銅）二百旱　作比竟

　干支年号の癸未年は 443 年か 503 年のどちらかである。人名の孚弟王は、即位前の継体大王に比定する説が強い。この場合、癸未年は 503 年となる。またこの鏡の乳の位置に注目し、型式学的見地から森下（1993）がこの鏡の年代を 5 世紀後葉以降に比定する。本来内区のスペースを乳によってほぼ均等に区分し、その間に神像や獣像等を配置してゆくのであるが、この鏡では乳による区分けをおこなわずに神像を順に埋めていったため、乳の位置は不規則で、かつ原鏡の踏み返し鏡と比較すると、神像が 1 体省略されてしまっている。5 世紀後半以降の仿製鏡は乳を用いないものが数多くなり、5 世紀後葉から 6 世紀前葉の代表的な系列となる旋回式獣像鏡系は乳を全く用いない。つまり、この鏡は乳を用いなくなるまでの過渡的な特徴を示すと森下は考えるのである。

　さて、地名の「意柴沙加」はオシサカで、ここでも日本語地名一音に一文字をあてている。内容については、「斯麻」が「大王」に長く仕えることを

念じて鏡を製作させたという製作の契機を記し、それを記念して長くとどめることであった（森下 2004）。この鏡が隅田八幡神社の近辺で発見されたものであれば、中央に近い紀伊地域でも、文字だけではなく鏡といった威信財を媒介にして、王権との関係を維持する習慣が強かったことがわかる。

　そのほかの古墳時代中期の文字使用例は、鏡の縁に「夫火鏡<ruby>鏡<rt>それひのかがみ</rt></ruby>」の3文字が鋳造後に刻まれた、京都市幡枝1号墳出土の四獣鏡（森下 1993）と宮崎県高鍋市の持田25号墳（櫃本 1971）出土の四獣鏡である。共に日本で製作された仿製鏡で、鏡の縁の外面に、鋳造後に文字を彫り込んだものである。火鏡とは、光を集めて火種をつくるための鏡である。これらは、森下（1993）による外区の型式学的分析により5世紀後葉に比定されている。持田鏡、幡枝鏡の銘の字体や刻画の順序が一致し、櫃本（1971）が言うように、きわめて近い工人によって刻まれた文字である。しかしながら、鏡の文様には差がある。これらの鏡の内区は4乳の間に4頭の獣を配したものであるが、幡枝鏡の乳はほぼ四角形に配置され、内区を等分して獣像を配置しているのに対し、持田鏡では獣像、乳ともに歪んだ位置関係にあり、獣像をまず彫った後、その間を埋めるように乳を配したものである。したがって、鏡の文様の製作者と鋳造後に文字を刻んだ人物とは異なるものと森下（1993）は考える。

　出土地は不明ながら、明治大学博物館も同様に鏡の縁の外面に鋳造後に「□火竟」と文字を彫り込んだ鏡を所蔵している（新井・大川 1997）（図6、7）。文字の線の中に石室内に用いられた顔料が沈んでいる。内区主紋様は4乳で4区画されているが、持田鏡と同様、均等には区分されておらず、乳の配置のバランスが悪い。それぞれの区画に、神像を表現したと思われる像と頸が著しく細長くなった獣形を交互に配している。縁の外面に彫り込まれた文字の字体・筆法は持田鏡、幡枝鏡と同一である。字形を細かく検討すると、明大鏡は幡枝鏡が同一であり、「火」の第2画の棒が縦に入り、「竟」の下の「貝」の字の「目」の部分がより縦長になるという点で、持田鏡はやや異なる。新井（新井・大川 1997）は、このような微妙な差異はあるものの、これらの銘文の刻銘は同一の工人によるものと推定し、また鏡体・法量という点

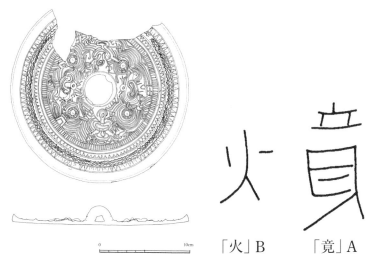

図6　明治大学所蔵「□火竟」銘鏡　　図7　明治大学所蔵鏡の「□火竟」
　　（新井・大川 1997、図3）　　　　　銘（新井・大川 1997、図4）

から見ると、3者は共通していることから、同一工房の製品と考える。

　これらは、鏡の銘文に関する文字知識をもった人間によって刻まれたもの
と森下（2004）は考えている。そして、平野卓治（2013）は、これを王権周辺
だけではない文字の展開と評価する。また、明大鏡を見てもらった北京大学
考古文博学院教授の楊哲峰氏からは、この文字は中国人によるものとは考え
られない、とのコメントをいただいた。

3　下級エリート・工人までもが習得した文字

　古墳時代後期、6世紀になると、対外的には仏教の伝来（538年）があっ
て、複雑な教養や論理を文字にとどめた経典が日本にもたらされた。すぐに
写経は開始されたはずで、内容の伝達と同時に文字の利用も社会に浸透して
いったはずである（東野2005）。国内的には、5世紀の人制を基礎に、伴造―
部民制を組織し、地域支配のシステムとして国造制や屯倉を設置する。さら

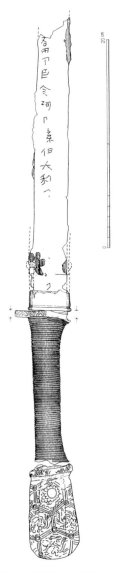

図8　岡田山1号墳出土の
　　　「額田部臣」銘鉄地銀
　　　象嵌円頭大刀（松本
　　　1987、図版7）

に、欽明天皇の時期の「丁籍」と呼ばれる戸籍の編成があって、文字・漢字の使用は、役人たちの間では一般的になっていたと推測できる。

　しかしながら、この時期の考古資料は少ない。それでも、文字使用の展開に大きなヒントとなる歴史的事実として、6世紀の部民制における和文表記である。人制と部民制との対応関係を挙げてみると、養鳥人→鳥養部、典馬人→馬養部、陶人→陶作部というように、人制では表記は漢語でありながら日本語読みであるのに対し、部民制では日本語順の標記へと転換している（吉村1993）。つまり、漢字がより日本語的に使われるようになったということなのである。

　6世紀の数少ないエリート層の文字使用の例としては、6世紀後半築造の島根県松江市岡田山1号墳（21.5mの前方後方墳）から出土した「額田部臣」銘鉄地銀象嵌円頭大刀をあげることができる（松本1987）（図8）。大刀は後方部にある横穴式石室玄室の石棺状施設より、銘文を伴わない金銅装三葉環頭大刀、銀金銅装円頭大刀、現存しない大刀と共に出土した。大刀以外には、長宜子孫内行花文鏡、鉄鏃・弓金具といった武器、刀子、鉄地金銅張ハート形十字透文鏡板付轡・鞍金具・雲珠・辻金具・鉄環・銅鈴といった馬具、金銅製空玉・耳環などの装身具、須恵器などが出土した。

　この銘文を伴う鉄地銀象嵌円頭大刀は1915年の発掘時には切先も含めて82cmの長さがあ

ったが、現在は先端部を欠失しており、残存長 52cm である。鉄製柄頭に亀
甲 繁 鳳凰文が銀象嵌されている。刀身の佩表（刀を身につけたときに外側とな
る面）に銀象嵌された「額田マ（部）臣□□□素□大利□」銘が残る。『出雲
国風土記』の大原郡の条に、屋裏郷の新造院の造立者として「前少額田部臣
押嶋」の名が見え、同郡の条の終わりに郡司として「小領外従八位上額田部
臣」と名を連ねている（山本・松本 1987）。銘文の「額田マ（部）臣」は額田
部を管轄する伴造とみられ、額田部臣→額田部首→額田部という重層構造を
平野（2013）は推定する。

　岡田山 1 号墳は前方後方墳とはいえ、墳長 21.5m と小規模で、また家形
石棺の内法も長さ 1.15m、幅 35cm と非常に小さい。さらに横穴式石室の構
造が九州の横穴式石室と非常に類似しており、首長や工人が直接九州と交流
した可能性を土生田純之（1983）は指摘する。小規模な古墳と埋葬施設、ま
た九州的な石室構造は被葬者像を考えるうえで重要である。

　銘文のなかで読める文字が少ないので、これが「下賜刀」になるか「顕彰
刀」になるかは即断できないが、いずれにせよ、5 世紀に本格的に始まった、
内政のための文字利用が 6 世紀でも重要な社会的機能を担っていたことは確
かである。

　2 例めは、兵庫県養父市（但馬地域）箕谷 2 号墳出土の銅象嵌「戊辰年」
銘大刀（7 世紀）である（谷本 1987）（図 9、10）。刀は残存長 66.8cm、刀身長
65cm を測る直刀で、刀を身につけたときに内側となる面、佩裏の関に近い
部分の刀身棟寄りに 6 文字からなる銘文が象嵌されている。銘文は「戊辰年
五月□」と読むことができ、干支による年号と月が記されている。刀は追葬
時の床面で検出されたが、須恵器から推定される箕谷 2 号墳の築造時期と、
この大刀が吊手孔付足金具を装備した横佩きであることから、「戊辰年」は
608 年の可能性が最も高いと町田章（1987）は見做している。この種の大刀
は 6 世紀後半に出現し、6 世紀の最末期ないし 7 世紀初頭に全国的に普及し
ていくからである。おそらく、初葬時の副葬品が追葬時に置き直されたもの
であろう。

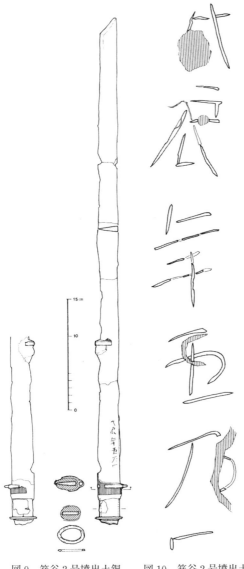

図 9　箕谷 2 号墳出土銅
　　　象嵌「戊辰年」銘
　　　大刀（谷本1987、
　　　第58図）

図10　箕谷 2 号墳出土
　　　大刀の「戊辰年」
　　　銘拡大図（谷本
　　　1987、第 59 図）

古墳は南北14m、東西12mの楕円形の小規模な円墳で、全長8.6m、奥壁幅1.2m、高さ1.7mの無袖横穴式石室からこの刀は発見された。石室内からは、ほかに46点の須恵器、「戊辰年」銘鉄刀を含み4振の直刀、鉄鏃19点、馬具（素環鏡板1点、鉄環2点、鉸具4点、金銅装の杏葉3点、鉄地金銅張辻金具17点、不明金具2点）、金メッキ銅製の耳環3点が出土した。古墳は6世紀末〜7世紀初頭に築かれたが、7世紀に少なくとも2回の追葬があった。5基からなる小群集墳の箕谷古墳群では唯一馬具を伴った古墳である。とはいえ、古墳の小さな規模は、被葬者の地位をある程度反映しているともいえる。

箕谷 2 号墳の横穴式石室は、同時期の但馬地域の首長墓と推定されるコウモリ塚古墳の全長 12.4m、玄室長 7.4m、右片袖横穴式石室や文堂古墳の全長 10.4m、玄室長 4.4 〜 4.9m、両袖横穴式石室に比べると、規模が小さく、袖を有していないという点でワンランク落ちる。また戊辰銘大刀も、金銅装の部分が限定的であるのに対し、文堂古墳に複数本副葬された装飾付大刀のなかで、頭椎大刀は全面が金銅で装飾されていることに比べると、やはりワンランク落ちる。した

がって、深谷淳（2019）は、地域首長に次ぐ、有力家長クラスの人物を被葬者と推定する。また奥壁隅に土師器を据える行為は、渡来系集団によって営まれた古墳群に見られることから、被葬者が渡来系集団と接点をもっていた可能性も推定する。

　3 例めは 7 世紀前半の福岡市元岡 G-6 号墳の横穴式石室から出土した庚寅銘大刀である（大塚 2013、2018）（図11、12）。大刀は長さ74.5cm で、銘文は峰の部分に金象嵌で、「大歳庚寅正月六日庚寅日時作刀凡十二果練

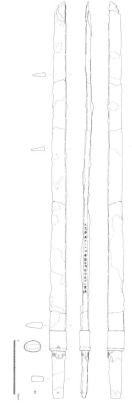

図 11　元岡 G-6 号墳出土の庚寅銘大刀（大塚 2018、Fig. 8）　　図 12　元岡 G-6 号墳出土の庚寅銘拡大図（大塚 2018、表紙）

（?）」の 19 文字が刻まれていた。正月六日が庚寅の日になる庚寅の年は 570
年だけなので、570 年に作られた刀である可能性がきわめて高い（坂上
2013）。内容的には、刀を作らせたことが記してあるので、一種の顕彰刀で
あろう。

　羨道も含む横穴式石室からは鉄鏃 70 本、鉄矛、刀 2 振、刀子 12 口、刀装
具類、馬具（引手、輪金具片、鐙の吊り金具、轡）が出土した。小札は一片も出
土していないので、武具は副葬されていなかったと考えられる。墳丘は中世
に削平されて規模が不明である。多角形墳の可能性も否定できないが、不正
円形と推定される。横穴式石室は両袖単室で、平面プラン台形を呈し、南東
隅と南西隅は鋭角に入り込む。北壁幅 1.68m、南壁幅 2.39m、東可部幅
2.50m、西壁幅 241m を測る。この古墳も、箕谷 2 号墳のケースに近く、ト
ップクラスのエリートが埋葬されたとは考えにくい。逆に言うと、5 世紀に
文字を操れたのは埼玉稲荷山古墳や江田船山古墳の被葬者といった地域首長
とその取り巻きが中心であったのに対し、6、7 世紀になると有力家長層も
文字を操れるようになったといえる。

　このように、階層的にあまり高くない人々も文字を操れるようになった証
拠として、須恵器に刻まれた文字を挙げることができる。新聞報道である
が、石川県能美市和田町の国史跡和田山・末寺山古墳群の和田山 23 号墳（円
墳、直径 22.5m）から出土した古墳時代中期（5 世紀末）の須恵器 2 点に、「未」
と「二年」の文字が刻まれていたという。須恵器は、1977 年に行った発掘
調査で墳丘の西側周溝から約 50 個が出土したなかの 2 個だった。小型の壺
（口径 10.4cm、高さ 15.3cm）の側面には、2cm 四方の大きさの「未」、高坏（口
径 11.8cm、高さ 5 cm）の蓋の表面には、縦 3.5
cm、横 1.3cm で「二年」の文字が刻まれていた。串のような道具で刻んだ
とみられる。王権の工房など中央の生産組織では 5 世紀後半以降、生産・貢
納管理などにも暦が利用され始めた可能性があるが、それらが地方において
出土していることも、中央と地方を結んだ人制の問題と関連して理解される
べき、と田中史生（2015）は評価する。

また、大阪府堺市野々井 25 号墳
の墳丘北側周溝内からは、肩部に
「門出」など 5 文字、体部に「□林
右」など 8 文字が刻まれた、5 世紀
末と推定される須恵器の壺が発見さ
れた（野上・大谷 1984：60 ページ）。
文字は焼成前に刻まれたものである。
古墳は東西 7.5m 前後、南北 10m 以
上の長方形墳とされ、陶邑古窯址群
のなか、栂丘陵北部に位置する（中
村ほか 1987：56 ページ）。

同じ陶邑古窯址群のひとつで、泉
北丘陵の西端に位置する堺市光明池
234 号窯跡の灰原（窯本体は土砂採取
のため失われていた）からは、「伊飛
寅安留白作」とヘラ描きされた陶棺
片が発見された（中村 1976：104-105
ページ）（図13）。この破片は四柱式
陶棺の体部片とみられ、長辺
14.5cm、短辺 10cm、厚さ 1.5cm を
測る。伊飛寅、安留白は陶棺の作者
の名前と推定される（森本 2011：74
ページ）。

さらに、滋賀県野洲市桜生<ruby>（さくらばさま）</ruby> 7 号
墳から出土した須恵器短頸壺の体部
中ほどに 7 文字がヘラ描きされてい
る（図14）。この短頸壺は、横穴式
石室内において破損された後、一部

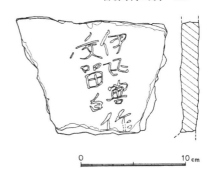

図 13　光明池 234 号窯跡出土のヘラ描
き「伊飛寅安留白作」文字を伴
う陶棺片（中村 1976）

図 14　桜生 7 号墳出土のヘラ描き文字
を伴う須恵器短頸壺（大崎 1992、
第 25 図）

が石室外に持ち出された状況で出土した。古墳は6世紀後半に築造されてから7世紀半ばまでの間に2回の追葬が行われた（3時期の土器群が石室内及び前庭部周辺から出土）が、この短頸壺がどの段階に伴うのか、特定することが難しい。また形態的な特徴からも、その時期を特定することは困難と発掘担当者は言う（大崎1992）。

　文字の一部は土器の破片とともに失われているが、「此者□□首□□」と読める。5文字目の「首」が「おびと」であるとすると、氏姓制度の姓と解釈することで「此者」以下の「首」姓をもつ人名が記されていた可能性がある（大崎1992：36ページ）。

　いずれにせよ、これら3点は焼成前に文字が刻まれており、工人によるものと考えられる。この頃になると、役人だけでなく工人も漢字を操れたことは確からしい。6世紀には須恵器は完全に日本化しているが、渡来系集団が須恵器製作にまだ関与している可能性もあって、その場合は、渡来系集団だからこそ漢字を操れたとも解釈できる。特に陶邑は王権直轄の須恵器製作工房であるから、その可能性はある。

お わ り に

　以上、古墳時代における文字の利用について概観した。世界史の中で古墳時代のケースが特筆されるのは、中国との外交の必要性から文字の利用が始まった、という点である。メソポタミアでは経済的必要性から楔形文字が創出され、中国では祭儀と政治の必要性から甲骨文字が創出されたケースとは大きく異なる。これは文明の周縁地域に位置するという地理的要因が大きいであろう。またこの時期は、外交の玄関口であった北部九州を除いて、地方豪族は文字を認識できる人が少なかったためか、鏡の銘文の存在意義があまり重視されていなかった時代でもある。

　5世紀になって外交における文字の重要性・有効性を強く認識した古墳時代の中央の王権は、今度は文字を内政のために有効活用し始めた。具体的に

は、王から臣下に対して銘文を刻んだ刀を下賜した「下賜刀」の段階、そして地方豪族が王に仕えた由来を刀剣や鏡に記した「顕彰刀」の段階であるが、「顕彰刀」は刀に限らず隅田八幡神社所蔵の国宝人物画像鏡のケースもあるから、在地豪族自己顕彰のための文字、と位置付けられよう。また在地豪族自己顕彰が社会的機能を果たせるようになったのは、仮に地方豪族が文字を習得したのが中央に出仕したときであったとしても、在地でも地方豪族のとりまき達が文字を認識できるようになっていたからであろう。

　世界史のなかでは、豪族の自己顕彰のための文字の利用は、強いて言うとマヤ文明と共通するかもしれない。古典期マヤの碑文の内容は、王の個人の業績、あるいは個人史を通じた王朝史の記録が主要なテーマである（Marcus 1992、日本語では例えば寺崎 2004）。古典期マヤの場合、拮抗する勢力の都市国家同士が競争しあっていたから（例えば Freidel 1986、Sabloff 1986）、巨大な石碑を立てて、王が自己を顕彰する意味は大きかった。

　もちろん、5 世紀でも外交のための文字の重要性は変わらない、というより倭王・武の宋の皇帝への上表文が示すように、4 世紀以上に重要になったことは間違いない。それと同時に、内政のための文字、自己顕彰のための文字の重要性は 6 世紀にも継承された。

　文字を認識できる人々の階層は 6 世紀になって、さらに広がったようだ。地域で第 2、第 3 ランクの首長はもちろん、工人までも文字を操れるようになった。ただ、工人には渡来人もそれなりにいたようであるから、日本全国すべての工人たちが文字を使えたかについては、不明である。また考古学的にはデータが絶対的に不足しているものの、東野（2005）は、7 世紀の律令制の展開以前の 6 世紀に仏教という文字を大量に使う宗教が入ってきたことの意義を評価している。

　メソポタミア文明のように、経済活動のための文字の利用は、日本では木簡の出現を待たねばならない。首都に運ばれる税の荷札がその好例であるが、古墳時代が終焉を迎えて以後であるので、本章では触れない。

1)　平川南（2004b）の枠組みも本章の枠組みに一部共通する。まず中国王朝との外交上の必要性、次いで、国内政治において王から臣下に対して銘文を刻んだ刀を下賜、そしてその次に地方豪族が王に仕えた由来を刀剣や鏡に記す。

2)　この石硯の認識は、弥生時代前期後半から中期後半にかけての三重の環濠をもつ集落である松江市田和山遺跡から出土した石硯（岡崎2005）が契機となっている。これ以降、弥生時代の石硯が福岡県筑前町薬師ノ上遺跡（柳田・石橋2017）、同町野東小田中原遺跡（柳田2017）など、多数確認されている（柳田2018；久住2019）。

3)　刀子の発見が重要なのは、韓国慶尚南道義昌郡所在、茶戸里遺跡の紀元前1世紀後半に比定される1号墓から刀子1口と筆5点が発見（李ほか1989）されたからである。また、朝鮮半島と日本列島との交易拠点である勒島では、紀元前1世紀の硯が弥生時代中期後半の土器や鉄製の棹秤権と共に発見された。

引 用 文 献

新井悟・大川磨希1997「新収蔵の倣製鏡―火竟銘をもつ倣製鏡の新例について―」『明治大学博物館研究報告』第2号、49-61ページ。

李健茂・李榮勲・尹光鎮・申大坤1989「義昌茶戸里遺蹟發掘進展報告（Ⅰ）」『考古学誌』第1輯、5-174ページ。韓国考古美術研究所

石母田正1971『日本の古代国家』岩波書店

大崎哲人1992『桜生古墳群発掘調査報告書』滋賀県教育委員会・滋賀県文化財保護協会

大塚紀宜（編）2013『元岡・桑原遺跡群22』福岡市埋蔵文化財調査報告書第1210集

大塚紀宜（編）2018『元岡・桑原遺跡群30』福岡市埋蔵文化財調査報告書第1355集

岡崎雄二郎2005「環濠内出土石板状石製品について」『田和山遺跡』松江市教育委員会

金関恕・小田木治太郎・藤原郁代（編）2010『東大寺山古墳の研究』東大寺山古墳研究会・天理大学・天理大学付属参考館

菊水町史編纂委員会2007『菊水町史　江田船山古墳編』熊本県和水町

鬼頭清明1987「戊辰年銘大刀銘文の釈読」谷本進（編）『箕谷古墳群』128ページ。兵庫県八鹿町教育委員会

久住猛雄2019「西新町遺跡の「板石硯」の提起する諸問題―交易における文字使用の可能性―」考古学研究会岡山例会2019年5月11日資料

斎藤忠・柳田敏司・栗原文蔵監修1980『埼玉稲荷山古墳』埼玉県教育委員会

坂上康俊 2013「庚寅銘鉄刀の背景となる暦について」大塚紀宜（編）『元岡・桑原遺跡群 22』76-84 ページ。福岡市埋蔵文化財調査報告書第 1210 集

佐藤長門 2002「倭王権の転成」鈴木靖民（編）『倭国と東アジア』（『日本の時代史』2）220-246 ページ。吉川弘文館

佐藤長門 2004「有銘刀剣の下賜・顕彰」平川南（編）『支配と文字』（『文字と古代日本』1）25-42 ページ。吉川弘文館

鈴木靖民 1983「石上神宮七枝刀銘についての一試論」國學院大學文学部史学科（編）『坂本太郎博士頌寿記念日本史学論集』上、97-236 ページ。吉川弘文館

滝口宏監修・田中新史（編）1988『「王賜」銘鉄剣概報―千葉県市原市稲荷台 1 号墳出土』吉川弘文館

武末純一 1991「弥生時代の楽浪系土器と三韓系土器―瓦質土器を中心に―」『地方史研究』第 41 巻第 5 号、9-20 ページ。

武末純一・平尾和久 2016「〈速報〉三雲・井原遺跡番上地区出土の石硯」『古文化談叢』第 76 集、1-11 ページ。

田中新史 1975「5 世紀における短甲出土古墳の一様相―房総出土の短甲とその古墳を中心として―」『史館』第 5 号、80-103 ページ。

田中塚 1981「三角縁神獣倭鏡のイコノグラフィー」『古鏡』（『日本の美術』No. 178）、56-67 ページ。至文堂

田中史生 2005「武の上表文―もうひとつの東アジア」平川南（編）『文字による交流』（『文字と古代日本』2）194-213 ページ。吉川弘文館

田中史生 2015「倭の五王の対外関係と支配体制」仁木聡（編）『前方後方墳と東西出雲の成立に関する研究』島根県古代文化センター研究論集第 14 集、141-155 ページ。

谷本進（編）1987『箕谷古墳群』兵庫県八鹿町教育委員会

常松幹夫 2018「博多湾沿岸における文字資料」『伊都国人と文字』第 4 回伊都国フォーラム：三雲・井原遺跡国史跡指定記念シンポジウム、20-23 ページ。糸島市教育委員会

寺崎秀一郎 2004「マヤ文明の絵文字」菊池徹夫（編）『文字の考古学Ⅱ』139-186 ページ。同成社

東京国立博物館・九州国立博物館（編）2008『重要文化財東大寺山古墳出土金象嵌銘花形飾環頭大刀』（東京国立博物館蔵重要考古資料学術調査報告書）東京国立博物館

東野治之 2005「古代日本の文字文化―空白の六世紀を考える」平川南（編）『古代日本　文字の来た道』86-102 ページ。大修館書店

東野治之 2008「金象嵌銘花形飾環頭大刀の銘文」東京国立博物館・九州国立博物館（編）71-74 ページ。

中村潤子 1992「鏡作り工人の文字認識の一断面」森浩一（編）『考古学と生活文化』同志社大学考古学シリーズⅤ、435-453 ページ。

中村浩 1976『陶邑Ⅰ』大阪府文化財調査報告第 28 輯　大阪府教育委員会

中村浩・高島徹・小林義孝 1987『陶邑Ⅵ』大阪府文化財調査報告第 35 輯　大阪府教育委員会

野上丈助・大谷治孝（編）1984『図録・記された世界―大阪府下出土の墨書土器・文字瓦と木簡展』大阪府立泉北考古資料館

蓮岡法暲・勝部昭・松本岩雄・宮沢明久・西尾克己・山崎修（編）2002『神原神社古墳』加茂町教育委員会

土生田純之 1983「横穴式石室にみる古代出雲の一側面」『関西大学考古学研究室開設三拾周年記念考古学論集』571-593 ページ。関西大学

土生田純之 2006「日本出土の馬形帯鉤の史的意義」藤尾慎一郎（編）『東アジア地域における青銅器文化の移入と変容および流通に関する多角的比較研究』179-299 ページ。国立歴史民俗博物館

櫃本杜人 1971「仿製鏡の火鏡銘について」『考古学雑誌』第 56 巻第 3 号、1-22 ページ。

平川南 1988「銘文の解読と意義」滝口宏監修・田中新史（編）『「王賜」銘鉄剣概報―千葉県市原市稲荷台 1 号墳出土』18-26 ページ。吉川弘文館

平川南 1999「福岡県前原市三雲遺跡群の刻書土器」『考古学ジャーナル』No. 440、10-15 ページ。

平川南 2004a「古代日本の文字世界」菊池徹夫（編）『文字の考古学Ⅱ』73-118 ページ。同成社

平川南 2004b「総説―文字による支配」平川南（編）『支配と文字』（『文字と古代日本』1）1-7 ページ。吉川弘文館

平野卓治 2013「文字」一瀬和夫（編）『時代を支えた生産と技術』（『古墳時代の考古学』5）224-234 ページ。同成社

深谷淳 2019「戊辰年銘大刀とミヤケ」木許守・金澤雄太（編）『和の考古学―藤田和尊さん追悼論文集―』339-350 ページ。ナベの会

福永伸哉・杉井健（編）1996『雪野山古墳の研究』滋賀県八日市市教育委員会

藤田和尊 1988「古墳時代における武器・武具保有形態の変遷」『橿原考古学研究所論集』第 8、425-527 ページ。

町田章 1987「戊辰年銘大刀」谷本進（編）『箕谷古墳群』122-127 ページ。兵庫県八鹿町教育委員会

松本岩雄（編）1987『出雲岡田山古墳』島根県教育委員会

水野正好 2000「日本に文字が来たころ」平川南（編）『古代日本の文字世界』8-47 ページ。大修館書店

森浩一 2003『僕の古代史発掘』角川選書

森下章司 1993「火燧銘仿製鏡の年代と初期の文字資料」『京都考古』第 73 号、1-9 ページ。

森下章司 2004「鏡・支配・文字」平川南（編）『支配と文字』（『文字と古代日本』1）10-24 ページ。吉川弘文館

森本徹（編）2011『倭人と文字の出会い』大阪府立近つ飛鳥博物館

柳田康雄 1983『三雲遺跡Ⅳ』福岡県文化財調査報告書第 65 集　福岡県教育委員会

柳田康雄 2017「福岡県筑前町東小田中原遺跡の石硯」『纒向学研究』5、105-110 ページ。

柳田康雄 2018「弥生時代の長方形板石硯」『國學院大學研究開発推進機構　第 44 回日本文化を知る講座「倭・日本における漢字文化の受容と国家形成」』

柳田康雄・小池史哲（編）1982『三雲遺跡Ⅲ』福岡県文化財調査報告書第 63 集福岡県教育委員会

柳田康雄・石橋新次 2017「福岡県筑前町薬師ノ上遺跡の石硯」『平成 29 年度九州考古学会総会研究発表資料集』

山本清・松本岩雄 1987「総括」松本岩雄（編）『出雲岡田山古墳』183-188 ページ。島根県教育委員会

吉原佳市 2002『根塚遺跡』長野県木島平村教育委員会

吉村武彦 1993「倭国と大和王権」『岩波講座日本通史』第 2 巻（古代 1）175-210 ページ。岩波書店

吉村武彦 2006「〈言語と文字〉総説」吉村武彦（編）『言語と文字』（『列島の古代史』6）1-10 ページ。岩波書店

和氣清章 1999「片部・貝蔵遺跡の墨書土器」『考古学ジャーナル』No. 440、16-21 ページ。

Freidel, David A. 1986 Maya Warfare: An Example of Peer Polity Interaction. *Peer Polity Interaction and Socio-Political Change*, edited by Colin Renfrew and John F. Cherry, pp. 93-108. Cambridge, Cambridge University Press.

Marcus, Joyce 1992 *Mesoamerican Writing System*. Princeton, Princeton University Press.

Sabloff, Jeremy A. 1986 Interaction among Classic Maya Polities: A Preliminary Examination. *Peer Polity Interaction and Socio-Political Change*, edited by Colin Renfrew and John F. Cherry, pp. 109-116. Cambridge, Cambridge University Press.

15世紀甲斐国における井堰の築造について
——大善寺領を対象に——

西 川 広 平

は じ め に

　日本中世史の研究において、灌漑史に関する研究は領主制や村落構造の基盤として古くから盛んに行われてきた[1]。中でも、中世段階に遡る井堰（用水路）の築造に関する研究は、紀ノ川支流の穴伏川から取水する紀伊国桛田荘の文覚井（一ノ井、二ノ井、三ノ井）[2]や、1394（明徳5）年から1405（応永12）年頃にかけて作成されたと推定されている「山城国上野荘指図」および1495（明応4）年に作成された「山城国桂川用水差図」（いずれも京都府立京都学・歴彩館蔵）に描かれている桂川西岸の井堰群[3]等を対象にして、数多くの成果が蓄積されている。

　しかしながら、先行研究による考察の対象は、畿内・近国を始めとする西国の事例に偏重しており、東国の事例は15世紀以前に遡る研究がほとんどなく[4]、専ら16世紀の戦国期における戦国大名権力の領国経営や村落間のネットワーク、および新宿等の開発過程の解明と関連して考察の対象とされているに過ぎない[5]。

　こうした状況において、15世紀以前に遡る東国の井堰築造に関する研究事例を蓄積することが、当該分野における研究の進展上、必要不可欠であるといえよう。

　そこで本章では、これまで十分に研究されていない15世紀東国の井堰築

造の事例として、甲府盆地東部に所在する真言宗の古刹大善寺（山梨県甲州市勝沼）の寺領に関わる井堰を対象に考察する。当該地域は中世には甲斐国東郡と称し、日川とその支流が形成した複合扇状地上に位置するが、この周辺地域に点在した同寺の寺領と井堰との関係については、関連する史料が僅少であることにより、現在のところ先行研究は管見の限り存在しない。

したがって本章では、従来注目されてこなかった、大善寺に伝来した「金丸」と呼ばれる仏具に記された銘の内容をもとにして、この課題に迫りたい。

1　大善寺による井堰の築造

考察を始めるにあたって、「甲斐国志草稿」（柏木本）に記載された大善寺伝来の金丸銘（史料1）を対象に、その内容の読解を行う。

【史料1】[6]

　　甲斐国山梨郡柏尾山大善寺常住也
　　^等者信州佐久郡伴野住式部公長慶書之
　　当山之用水寺家ム子ヘンヲ以セキヲホル事、于願主栄賢末代為公用也、同寺家ノクヤクヲトスメテセキヲホリイタスナリ、当山之寺領ヒシ山内ニアリ、代四貫弐百文所也、此内五百文ハコクカニスス也、此内壱貫二百文ハ願主栄賢始シツクル也、不動之仏共田在所チカ山分、夏秋クツヤシキ畠代三百文、同道上ニ弐百文之畠、宮西カヨウチ弐百文、合七百文所、願主栄賢
　　薬師之エシキメン、宇多田ノ内八反、此内一反ハコクカノヤクニフス、旦那栗原沙弥道源也、薬師仏共田壱貫弐百文、岩崎大工彦四郎屋敷也、新祈シン薬師油田三貫文所、岩崎郷内旦那岩崎武田小太郎信光、願主栄賢、薬師之仏共メン、夏秋神願之下畠、代弐貫文所、檀那栗原出羽守入道、願主栄賢

近山分年貢八百文〆毎年霜月十五日柏尾権現ニテ御祭一山之　付也、大
善寺常住カナ丸一・茶釜一、時別当成楽坊、
于時寛正四癸未年十二月晦日

　史料1には1463（寛正4）年12月晦日の年記があり、大善寺に常住する信
濃国佐久郡伴野荘（長野県佐久市）出身の式部公長慶が銘を作成したことが
記載されている。それによると、大善寺が寺家を対象にして「ム子ヘン」
（ムネヘツ＝棟別）に労役を賦課し、井堰築造の普請を実施したという。史料
中に「当山之用水」とあることから、この井堰は大善寺の支配下に置かれ、
寺領の灌漑に利用したと考えられよう。

　この際、栄賢が願主となり普請を実施し、「寺家ノクヤク」（公役または役
供）を停止して井堰築造の夫役に振り替えられたことがわかる。すなわち、
寺家に対して棟別に夫役を賦課した見返りに、寺家に係る「クヤク」の負担
が免除されることで、井堰築造の労働力が確保されたのである。

　また史料1には、井堰の築造に関する記載内容に続いて、大善寺の寺領が
菱山（甲州市勝沼町）に4貫200文あり、このうち500文の寺領は国衙役が
賦課される対象となっていたことが見える。そして、願主栄賢が1貫200文
を「始シツクル」とあることから、彼が菱山の寺領を新規に開発して拡張
し、さらにそれを大善寺に寄進したことがわかる。史料1には、寺領の井堰
築造に続いて菱山の開発地に関する記載があるとともに、いずれも栄賢によ
る開発・寄進と記されていることから、菱山に所在した寺領の灌漑を目的
に、この井堰は築造されたのであろう。

　さらに史料1には、菱山の寺領に続けて、「チカ山」（近山）にある「不動
之仏共田」（仏供田）、および「夏秋クツヤシキ畠代」300文・「同道上」にあ
る200文の畠、「宮西カヨウチ」200文の合計700文の寺領が記載されてい
る。これらの寺領には、いずれも願主として栄賢の名前が見え、彼による寄
進地をまとめて記載したと判断される。

　続いて史料1には、「薬師之エシキメン」（会式免）として「宇多田」内に

おける 8 段の土地が記載されており、このうち 1 段は「コクカノヤク」（国
衙役）の賦課対象となっていた。この土地は「栗原沙弥道源」が大善寺に寄
進した寺領とある。また、「薬師仏共田」（仏供田）1 貫 200 文として「岩崎
大工彦四郎屋敷」が記載されているほか、「新祈シン」（寄進）の「薬師油田」
3 貫文として岩崎郷内の土地が記載され、旦那である「岩崎武田小太郎信光」
および願主の栄賢が寄進したとある。さらに、「薬師之仏共メン」（仏供免）
として「夏秋神願之下畠」代 2 貫文の土地が記載され、檀那である「栗原出
羽守入道」および願主の栄賢が寄進したという。

　このように、15 世紀後半、菱山（甲州市勝沼町菱山）・近山（所在地不明）・
夏秋（甲州市勝沼町勝沼）・宇多田（山梨市歌田）・岩崎（甲州市勝沼町上岩崎・下
岩崎）に大善寺の仏事に係る費用を負担する寺領が所在したことを、史料 1
から確認できる。図 1 のとおり、これらの寺領のうち夏秋・宇多田・岩崎は
日川流域に分布しているが、願主の栄賢とともに、旦那（檀那）とされる
「栗原沙弥道源」や「岩崎武田小太郎信光」・「栗原出羽守入道」といった、
日川流域に拠点を置いた東郡の国人で、鎌倉期・南北朝期以降に成立した武
田家庶流にあたる栗原家・岩崎家の一族が関わり、大善寺に寄進されたこと
が判明する。このうち「栗原沙弥道源」については、「武田源氏一統系図」[7]
で栗原家の初代にあげられている武続（甲斐国守護武田信成の子）の子で出羽
守を称した信通の脚註に「号巨海、道源」とあることから、道源は栗原信通
に該当すると推測される。また、「栗原出羽守入道」についても、栗原家歴
代で出羽守を称したのは、同系図上では信通とその子信明の 2 名に限られて
いるため、この両名のいずれかに該当すると考えられる。一方、願主とされ
る栄賢については、具体的な経歴が不明であるが、上記の国人層とともに大
善寺の寺領開発・寄進に広範に関わっていることを考慮すると、大善寺の関
係者であるとともに、彼自身も周辺地域の国人層の出身であったと推測され
る。

　したがって、史料 1 の金丸銘は、15 世紀後半段階における大善寺と甲斐
国東郡の国人たちとのネットワークの存在を裏付ける重要史料であると判断

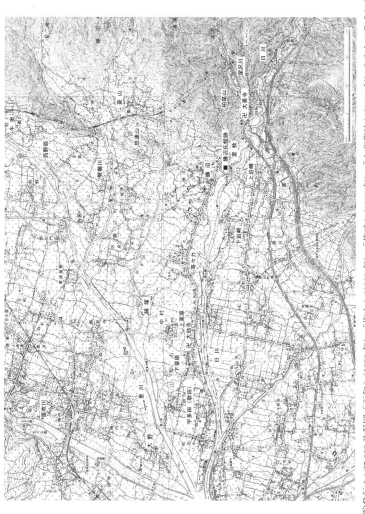

図 1　大善寺周辺図

国土地理院発行 1：25,000 地形図「石和」（1990 年）、「塩山」（1990 年）、「笹子」（1990 年）、「大菩薩峠」（1986 年）をもとに作成した。

されよう。

2　守護・国人による大善寺への寺領寄進

　第1節で考察したとおり、大善寺の寺領は、甲斐国東郡の国人である栗原家・岩崎家の一族から寄進されたことが史料1に見える。この結果を踏まえて、第2節では大善寺が所蔵する中世文書により、これらの寺領の形成過程を具体的に考察する。

　最初に、栄賢が井堰を築造した菱山について対象としたい。史料2は武田信春による寄進状である。

【史料2】[8)]
　　　奉寄進柏尾山大善寺々領事
　　右当国菱山内丸山村、所奉寄進也、仍寄進之状如件、
　　　貞治四年閏九月廿一日
　　　　　　　　　修理亮信春（花押）

　史料2によると、1365（貞治4）年、安芸・甲斐両国の守護武田信武の孫で、父信成の跡を嗣いで甲斐国守護を継承したとされる信春が、菱山のうち丸山村を大善寺に寺領として寄進したとある。この丸山村が、史料1に見える菱山の寺領に該当するのであろうか。

　このことを確認するために、1560（永禄3）年正月20日の年記が記された付箋のある年月日不詳「武田晴信判物」[9)]を見ると、「甲州柏尾山大善寺寺領等之事」として、「三貫文　菱山郷丸山村処ヲ切而　是者野仁而御座候」とある。すなわち、16世紀に菱山郷の丸山村における「野」に3貫文の貫高が設定されており、同地が大善寺領として認識されていたことが判明する。

　ここで、改めて史料1を見ると、菱山の大善寺領4貫200文のうち、栄賢が1貫200文を「始シツクル」とあるため、この開発地分を除くと菱山の寺

領は3貫文となる。これは史料2により武田信春が大善寺に寄進した菱山の
うち丸山村の寺領3貫文と一致する。すなわち、1365（貞治4）年に菱山の
うち丸山村における山野3貫文を守護武田家が寄進した後、15世紀後半に
国人層の出身と考えられる栄賢が新規に菱山にて開発した田地1貫200文
と、その灌漑に要するために築造された井堰を、大善寺に寄進したと判断さ
れる。

　丸山村については、現在甲州市（旧勝沼町）の大字である菱山に小字とし
て確認できないが、類似する小字名として小丸・丸林・丸首がある。このう
ち1714（正徳4）年3月に作成された「甲州山梨郡栗原筋菱山村田畑検地水
帳」（山梨県立博物館蔵）には、「丸林」「丸つふり」の地名が見え、それぞれ
丸林、丸首の小字に該当すると判断される。また小丸には、同市の有形民俗
文化財に指定されている「小丸山百番観音」が菱山にある思連（おもれ）山
から続く尾根の北端付近に所在する。このことを踏まえると、丸山村とは菱
山のうち北部の鬢櫛川流域または中部の田草川流域に該当すると推測され
る。

　なお、1583（天正11）年卯月26日付で「柏尾山」（大善寺）に宛てられた
「徳川家朱印状写」[10]には、「菱山内弐貫五百文」の寺領が記載されており、
菱山村内の大善寺領の一部は、武田家滅亡後、徳川家康が甲斐国を統治する
時代まで、引き続き維持されていたことがわかる。

　それでは、史料1に記載された菱山以外の大善寺の寺領の経緯は、どのよ
うな状況であったのだろうか。ここでは栗原沙弥道源が寄進したという「宇
多田」（歌田）における8段の寺領について、史料3および4を踏まえて考
察する。

【史料3】[11]
　　　進上申田の事
　　　　合田八段者
　右乃田在所甲斐国宇多田の郷の内、ふわた四段ハ経田、四段ハ三昧、彼

の田を御年貢御公事物つく田、うしのとしよりとらのとしまて両年御未

進に合十五貫文の方に、永代むけ進上申候所実正也、其ために代々のふ

にん・うりけん本文書相副て進上仕候、もし浄宝六郎か於子孫兎角申物

候ハ、ふけうの仁たるへく候、仍為後日状如件、

　　　　　　　卯
　　応永六年二月七日　　　　　　　　　　　　続吉（花押）
　　　　　　　とし

　　進上申候主　甲斐国栗原住人　衛門六郎

　史料3は、1399（応永6）年2月7日に、甲斐国栗原の住人で「衛門六郎」
を称した「続吉」なる人物が、宇多田郷における8段の田地とその手継証文
（補任状・売券）を、丑年・寅年（応永4、5）2年間における年貢・公事の未進
分15貫文分と引き替えに質物として、誰かに譲渡した譲状である。史料中、
続吉は宇多田郷に隣接する栗原郷の住人とあることから、国人栗原家の一族
であると考えられている[12]。また面積の一致から、当該田地は史料1に見
える宇多田のうち8段の土地に該当すると判断される。

　ところで、当該田地の内訳を見ると、史料3には「宇多田の郷の内、ふわ
た四段ハ経田、四段ハ三昧」とある。ここで、1351（観応2）年6月20日付
で「国別当」および「留守所」が「最手房丸」に宛てて発給した「東三昧田
名主職補任状」（A）[13]を見ると、「補任　甲斐国東三昧田肆段　宇多田郷内御
堂後在之、名主職事」とある。この内容は、宇多田郷内の「御堂」の背後に
所在する「東三昧田」4段の土地について、宇多田郷の北西に隣接する「大
野郷住人」（山梨市大野）より「後家尼道忍」「六郎三郎」「五郎次郎」等が、
1342（暦応5）年2月18日、1349（貞和5）年10月20日、1350（観応元）年
10月26日にそれぞれ買得した3通の売券に従い、「最手房（丸）」を当該土
地の名主職に補任するとのことである。

　また、1387（嘉慶元）年12月13日付で「留守所」が花押を据えて「柏尾
大善寺」に宛てて発給した「国衙八幡宮法華経田四反職補任状」（B）[14]には、
「補任　甲斐国々衙八幡宮法華経田四反職之事」とあり、「綿塚右衛門入道常

法」による「嘉慶元年十二月十三日付寄進状」に従い、大善寺を国衙八幡宮の「法華経田」4段の名主職に補任する内容が記載されている。

　これらAとBの両文書は、後補の包紙で一括されて大善寺に収蔵されていたが、Aに見える「東三昧田」4段が史料3の「四段ハ三昧」に、またBに見える「法華経田」4段が史料3の「四段ハ経田」にそれぞれ該当すると判断されよう。

　このような経緯を経て伝領された宇多田郷内の田地8段であるが、史料3により続吉は当該田地を誰に譲渡したのであろうか。また、いつ当該田地が大善寺の寺領となったのであろうか。この問題に関連して、次の史料4を見てみよう。

【史料4】[15)]

　　奉寄進
　　　甲斐国山梨子郡内柏尾山大善寺領事
　　　　合田八段者　在所宇多田有之
　　右彼田地者、為国衙経三昧田、然間相副補任文書、為常俊現当二世所奉寄進当寺也、於子々孫々中有致違乱輩者、為不孝之仁、常俊跡一分不可令知行、仍為後証寄附之状如件、
　　　　応永六年己卯十一月廿四日
　　　　　　　　前河内守沙弥常俊（花押）
　　　別当　宰相律師御房

　史料4は、史料3の約9か月後にあたる1399（応永6）年11月24日付で、宇多田にある合計8段の「国衙経三昧田」が、大善寺領として「前河内守沙弥常俊」から「別当　宰相律師御房」に譲渡された寄進状である。この田地が、史料3に記載された「ふわた四段ハ経田、四段ハ三昧」から成る宇多田郷の8段の田地に該当することは間違いない。したがって、史料3により続吉が当該田地を譲渡した相手は史料4の常俊であり、また史料1で「宇多田

ノ内八反」の土地を大善寺に寄進したとある栗原沙弥道源すなわち栗原信通に常俊が該当すると判断される。このように、1399（応永6）年11月の時点で宇多田郷の田地が大善寺の寺領として帰属したのである。

　以上のとおり、史料1に見える大善寺の寺領は、14世紀後半に甲斐国守護武田家や東郡の国人栗原家による寄進により形成されたことが確認できる。

3　大善寺周辺における灌漑の状況

　ここまで大善寺の寺領の形成過程について考察したが、史料1に見える栄賢が菱山の寺領を灌漑するために築造した井堰は何処に所在したのであろうか。また宇多田郷ほかの寺領の灌漑はいずれの水利体系に属したのであろうか。本節では、この課題について考察を進める。まず近世の菱山村の水利体系に関して史料5を見ていきたい。

【史料5】[16]
　　　　　　差上申済口証文之事
　佐々木道太郎御代官所甲州山梨菱山村小前村役人惣代長百姓次郎左衛門
　より田安領知同州同郡牛奥村外壱ヶ村役人江相掛用水出入申立、去午十
　二月中牧野大和守様へ奉訴訟候処、当正月廿五日於御諚定所場所熟談被
　仰付、則支配領地御出役有之場所ニ而熟談内済仕候趣意、左ニ奉申上
　候、
一、右出入訴訟方ニ而者、田反別九町五反歩余之内四町歩余用水之儀
　　者、山崎川水元ニ而まとふ川江引入候水、并牛奥村与左衛門脇内出石
　　尊堂立石三ヶ所涌水共、宮川江落所々ニ而堰上ヶ養来候処、相手方之
　　もの共如何心得候哉、去々巳年五月中俄ニ右まとふ堰差塞、牛奥村地
　　内字東田江引入、夫より新規新堰相立掛ケ渡、井等補理畑畔藪又者屋
　　敷添等堀割石尊堂立石弐ヶ所涌水とも不残一纏ニいたし、鬢櫛川すの

こ橋上江落、同所ニ而堰上ケ牛奥村・西之原村用水ニ引入候間、宮川
に者水一滴も通水無之御田地相続方難相成候間、新規堀筋埋立、先前
仕来相守候様被仰付度候、（省略）

　史料5は、1846（弘化3）年に菱山村と牛奥村（甲州市塩山牛奥）および西
之原村（同西野原）との間で争われた水利をめぐる相論において、菱山村の
主張をまとめた文書である。これによると、菱山村では9町5反歩余の田地
の約半分に及ぶ4町歩余に掛かる井堰について、山崎川を水源に「まとふ
川」に引き入れた水と牛奥村の与左衛門の屋敷脇にある内出・石尊堂・立石
の3か所の涌水を、いずれも「宮川」に引き入れて井堰に引水したとある。
しかしながら、牛奥村・西之原村では、巳年5月中に「まとふ堰」を封鎖し
て牛奥村地内の東田へ水を引き入れ、新堰を設置した。また、石尊堂・立石
の涌水をまとめて、鬢櫛川にあった「すのこ橋」の上に引水し堰上げをした
ため、「宮川」の水が減少して水不足が生じる事態となったという。

　このように、菱山村では「宮川」から引水して村内の田地を灌漑していた
ことがわかるが、『甲斐国志』巻之二十三山川部第四「鬢櫛川」項[17]には、
「大滝ノ下流牛奥・菱山二村ノ間ヲ流ル、菱山ニテ宮川ト云フ、又北ノ方ヨ
リ牛奥山中ノ二渓合流シテコレニ入リ牛奥・山村ノ南ヲ歴テ重川ニ会ス、縁
河ノ諸村皆ナ漑田ス」とあり、菱山村では牛奥村との境界を流れる鬢櫛川を
「宮川」と呼称していたという。

　図1のとおり、鬢櫛川は大善寺領が所在した丸山の推定地の一つである小
字小丸のある思連山の山麓北部を東から西へと流れている。したがって、史
料1に見える栄賢が開発した菱山の大善寺領が、史料2に見える丸山の山野
の一部を田地に開発した寺領であるとした場合、栄賢が築造した井堰は鬢櫛
川から取水する用水路であったと考えられる。また丸山が小字丸林・丸首に
該当するとした場合には、田草川および周辺の沢からの取水も推測される。

　続いて、菱山以外の寺領の状況について考察する。史料1に寺領の所在地
として見える夏秋や宇多田は、いずれも大善寺の南を東西に流れる日川の流

域に位置している。その日川水系から引水する井堰である「深沢渠」について、『甲斐国志』山川部には日川と合わせて次のような記載がある。

【史料 6】[18]

　柏尾ノ境内ニ至リ深沢川 官道ニ𣇃橋アリ、長十二間幅一丈高欄付キ板橋御普請所ナリ、深沢橋・柏尾橋・横吹橋・大橋等ノ名アリ、勝沼村造替ノ事ヲ主トル 流レ注ギ勝沼・等力・上下栗原・歌田・一町田中ノ村南ヲ経テ

笛吹川ニ会ス、(省略) 柏尾山ニテ深沢川ノ水ヲ引クヲ深沢渠ト云フ、

勝沼以西ノ諸村ハ皆三日川ノ水ヲ分チテ漑田ス、勝沼村ヨリ東ハ山登エ

谿深シ、因テ古代ハ日影・初鹿野二村トモ総ベテ深沢ト称ス、

　史料 6 によると、深沢渠は大善寺領である柏尾山[19]において日川の支流である深沢川から引水する井堰であり、日川扇状地の扇頂部に位置する勝沼村（甲州市勝沼町勝沼）以西の村落は、いずれも「三日川」（日川）から取水して灌漑していたという。

　現在の深沢渠すなわち深沢用水の流路は、大善寺境内の東側で深沢川から取水し、大善寺山門前を横切り、「勝沼氏館跡」（甲州市勝沼町勝沼）のある段丘面の北辺を流れ、館跡の北の旧甲州道中と小佐手小路（御先手小路）の交差点から小佐手小路に沿い北流する流れと、旧甲州道中に沿って勝沼宿を西流する流れに二分されていることを確認できる[20]。

　ここに登場する「勝沼氏館跡」とは、武田信虎の弟信友を初代とする勝沼家、もしくは 16 世紀における東郡の国衆である勝沼今井家の居館跡と考えられている、15 世紀前半から 16 世紀にかけて設けられた中世武家館の遺構である。その外郭域の発掘調査の結果、東郭外側の核外家臣屋敷と推定されている区域から、図 2 のとおり、「溝 SGD04」および「溝 SGD05」と登録された二筋の東西方向に並ぶ素掘り溝が検出された[21]。

　このうち前者は、調査区内で 32m が確認され、砂礫の堆積状況から、東から西に流れる水路と判断されている。溝内には段差構造を備え、下流側では幅員 1.5m、深さ 50cm を計測できるが、上流側では幅員 1.1m、深さ

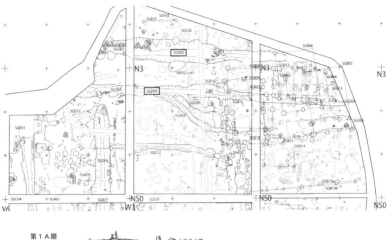

第1A期

第2A期

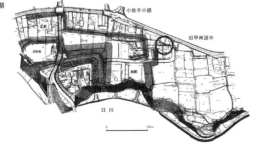

『史跡勝沼氏館跡―外郭域発掘調査報告書（中世編）―』（甲州市文化財調査報告書第三集）
甲州市教育委員会、2009 年に収録されている第 11 図・第 12 図・第 15 図・第 111 図・第
113 図をもとに作成した。
第1A期・第2A期の全体図の丸囲みは、遺構図の範囲を示している。

図2　勝沼氏館跡遺構図

30cm あり、東に向かうにつれ浅くなっている。さらに左岸には部分的に石積護岸に改修した跡が見られるという。

　また後者は、前者の北側に並走するように、調査区内で 25m が確認され、砂礫の堆積状況から流水路と判断されている。後者は前者の覆土の上部から掘り込まれているため、前者より新規に設けられたことがわかるが、前者と同様に段差構造を備えており、構造的類似性から、前者の機能を受け継いだ水路と考えられている。なお、後者の 6m 北側には、旧甲州道中に沿って現在の深沢用水が平行している。

　これらは「勝沼氏館跡」に水を供給する深沢用水の前身となる水路と考えられており、その築造時期は前者が「第 1 期」とされる 15 世紀、また後者は「第 2 A 期」とされる 16 世紀前葉と推定されている。また、後者は「建物 SGB06」が設けられた「第 3 期」とされる 16 世紀中葉には埋められて、現状の深沢用水にその機能が移されたことが推測されている[22]。

　このように、史料 1 が作成された 15 世紀後半段階において、「勝沼氏館跡」に引水する深沢用水の前身である井堰が当該地域に設けられていたことが判明するが、史料 1 に見える夏秋の地名は、現在も勝沼地区の小字として確認でき、その位置は大善寺境内の西、「勝沼氏館跡」の東にそれぞれ隣接しており、深沢用水の灌漑域に属している。夏秋の寺領は、栄賢による寄進地「夏秋クツヤシキ畠代三百文」「同道上ニ弐百文之畠」および栗原出羽守入道・栄賢による寄進地「薬師之仏共メン、夏秋神願之下畠、代弐貫文」のいずれも畠地であるが、これらの土地が所在する地域一帯は、大善寺境内の山林である柏尾山を水源とし深沢川から引水する深沢渠（深沢用水）の灌漑域であり、水利上でも直接大善寺および 16 世紀初頭に成立する勝沼家以前に同館跡に居住したであろう国人層の影響下に置かれていたと考えられよう。なお、夏秋の寺領の寄進者として栗原出羽守入道の名前が見えることから判断すると、15 世紀後半段階における「勝沼氏館跡」の居住者は、栗原家の一族であった可能性がある。

　最後に、宇多田郷の灌漑状況について考察する。次の史料 7 は、1870（明

治3）年の歌田村明細帳である。

【史料7】[23]

　一、當村用水堰　弐ヶ所　　　　　　　　　　　御普請所

　　　　　是ハ下栗原村宿頭ゟ壱ヶ所、同村下ゟ壱ヶ所、日川を引取申候、

　　　　　御普請所大破之節者御入用被下置候、且又大破・小破ニ不抱年々

　　　　　金壱分ツ、定式ニ被下置候、大破御普請ニ而御入用被下置候節も

　　　　　右定式金者被下置候

　史料7によると、19世紀後半の歌田村には二筋の井堰があり、同村の東に隣接する下栗原村（山梨市下栗原）の「宿頭」および「村下」においてそれぞれ日川より取水しており、領主から普請に要する費用の支給を受けられる「御普請所」に指定されていた。この下栗原村で取水する井堰について、1842（天保13）年に作成された下栗原村明細帳[24]には、「當村用水　日川を堤上ケ不残仕付申候、谷々出水等者一切無御座候」とある。

　また下栗原村の東隣にある上栗原村（同上栗原）でも、1870（明治3）年の同村明細帳には、同村の用水田高15町3段8畝23歩のうち7町7畝1歩は、「下栗原村水上ニ而日川ゟ用水引取申候」と記されている[25]。

　このように、上栗原・下栗原・歌田の3か村は、いずれも下栗原村内で日川から取水する井堰の水掛りに依拠していたことがわかるが、同村内には本章において再三触れてきた栗原家の館跡が所在する。

　同館跡は、近世の甲州道中栗原宿に北接する大翁寺とその周辺が伝承地となっており、1455（康正元）年に没した栗原出羽守の開基と伝える北東の妙善寺境内にあった荒神堂と大翁寺南西角の弁財天が、館の鎮守であったと伝承されている。また、「甲斐国志草稿」（内藤本）に収められている1806（文化3）年の栗原宿絵図には、大翁寺境内の東辺を除く三辺を囲む幅の広い堀と、西側に設けられた土橋が描写されているが、堀の痕跡は現在でも寺域の南辺に沿って残り、地籍図でも幅11〜15mの細長い地割を同様の位置に確

認でき、土塁の一部が境内北側の墓地や東側の竹藪内に遺存するという[26]。

　ここで改めて『山梨県歴史の道調査報告書』第4集[27]に画像が掲載された1806（文化3）年の栗原宿絵図を見ると、大翁寺境内の南側を東西に伸びる甲州道中が「上栗原村境」で南に向きを変えてから、さらに東に屈折して上栗原村内に至る地点において、東西方向に西流する日川の流路に「御普請所」と記載され、日川から取水する井堰が描写されている。この井堰が、下栗原村の「宿頭」「水上」で日川から引水し、上栗原・下栗原・歌田の3か村が利用する井堰に該当すると判断されよう。

　このような立地を踏まえると、この井堰は居館が近接する栗原家によって掌握されていたと考えられる。史料1に「宇多田ノ内八反」と見える大善寺の寺領も、「栗原沙弥道源」が寄進したことを踏まえると、当該寺領はこの井堰により灌漑していたと推測される。

　以上のように、史料1に見える大善寺の寺領における灌漑状況は、いずれも大善寺および栗原家を中心とする周辺地域の国人層の影響下に置かれていたのである。

おわりに

　以上、大善寺に伝わった1463（寛正4）年の年記がある金丸銘を起点に、大善寺の寺領の形成過程とその灌漑の状況について考察した。この結果を集約すると以下のとおりである。

⑴　15世紀後半、大善寺は寺院に所属する寺家を対象にして棟別に夫役を賦課した見返りに「クヤク」の負担を免除することで労働力を確保し、寺領である菱山の開発地を灌漑するための井堰を築造した。また、大善寺の周辺に位置する菱山・近山・夏秋・宇多田・岩崎には、大善寺の仏事に係る費用を負担する寺領が所在した。

⑵　これら大善寺の寺領は、14世紀後半に甲斐国守護武田家や東郡の国人栗原家による寄進により形成された。

⑶　大善寺の寺領における灌漑状況は、いずれも大善寺および栗原家を中心
　とする周辺地域の国人層の影響下に置かれていた。

　これまで筆者が考察してきた 16 世紀段階における甲斐国内の井堰の築造
では、戦国大名武田家、並びに国衆・土豪層の水利権を吸収・統合した地域
の拠点的な寺社権力（地域寺社）による勧農機能のもとで、村落間の結集に
よる井堰の維持・管理が事実上行われていたことを指摘したが[28]、本章に
よる考察の結果、それを遡る 15 世紀段階において、井堰の築造は地域寺社
や国人層によって担われていたことを確認できた。このことは、当該時期の
甲斐国では、地域寺社や国人層が未だ勧農権を有し、主体的に開発を展開し
ていたことを示しているのではなかろうか。

　ところで、本研究では、当該時期における文献史料とともに、考古学によ
る発掘調査のデータを踏まえて考察したが、冒頭で指摘したとおり、文献史
料が僅少な東国における当該分野の研究を進めていくためには、史料批判を
ともなった文献史学と考古学とのデータの相互比較や検証作業を行うことが
必要であろう。

　こうした取り組みを前提にして、東国における井堰築造の研究事例の厚み
を増していくとともに、広範な地域に及ぶ村落間のネットワークにより井堰
の運営が見られた、15 世紀段階における西国地域の事例と比較することを、
当該分野における今後の課題としていきたい。

　1)　寶月圭吾『中世灌漑史の研究』吉川弘文館、1943 年初版、1983 年復刊。喜多
　　　村俊夫『日本灌漑水利慣行の史的研究』総論篇・各論篇、岩波書店、1950・
　　　1973 年等。
　2)　文覚井に関する研究史は、海津一朗編『紀伊国桛田荘』同成社、2011 年のう
　　　ち、第 2 章「穴伏川流域用水群と文覚井」（海津一朗・高木徳郎・額田雅裕）お
　　　よび第 3 章「紀伊国桛田荘文覚井再考—紀ノ川支流、穴伏川流域における水利
　　　秩序の形成—」（前田正明）に詳述されている。
　3)　金田章裕『微地形と中世村落』1993 年、吉川弘文館、第三「自然堤防帯の村
　　　落」一「桂川の河道変遷と東寺領上桂荘」等。なお、桂川上流の山国荘域にお
　　　ける井堰築造の事例として、西川広平「井堰の開発と環境—丹波国山国荘下黒

田村塩野垣内の事例─」(『民衆史研究』66、2003 年、同『中世後期の開発・環境と地域社会』高志書院、2012 年に再録)がある。

4)　高島緑雄『関東中世水田の研究─絵図と地図にみる村落の歴史と景観─』日本経済評論社、1997 年等。

5)　西川広平①「中世甲斐国における井堰の開発」(『帝京大学山梨文化財研究所研究報告』14、2010 年)、同②「戦国期における川除普請と地域社会─甲斐国を事例として─」(『歴史学研究』889、2012 年)、いずれも前掲註3)西川著書に再録。同③「戦国期の地域寺社における井堰築造と地域景観─甲斐国 窪八幡神社を対象にして─」(『紀要』史学 63、中央大学文学部、2018 年)。阿部浩一「戦国・織豊期の地域開発と社会意識の変化」(井原今朝男編『中世の環境と開発・生業』(環境の日本史第3巻)吉川弘文館、2013 年)。日野市郷土資料館編『日野用水開削 450 周年記念特別展─日野人が守り育てた緑と清流─』日野市教育委員会、2018 年等。

6)　『山梨県史』資料編7中世4考古資料、山梨県、2004 年(以下『山』資7と略す)第3部第4章12「大善寺」項303号。

7)　『山梨県史』資料編6中世3下県外記録、山梨県、2002 年、資料編第1部第3編181。「武田源氏一統系図」の成立過程については、西川広平「武田氏系図の成立」(峰岸純夫他編『中世武家系図の史料論』下巻、高志書院、2007 年)を参照されたい。

8)　『山梨県史』資料編4中世1県内文書、山梨県、1999 年(以下『山』資4と略す)617号「武田信春寄進状」大善寺文書。

9)　『山』資4　629号「武田晴信判物」大善寺文書。なお本史料には、菱山以外の大善寺の寺領として、「二貫四百文」が於曽(甲州市塩山上於曽・下於曽)・山村(甲州市勝沼町山村)・夏秋(甲州市勝沼町勝沼)に所在したことが記載されている。

10)　『山』資4　632号「徳川家朱印状写」大善寺文書。

11)　『山』資4　621号「続吉譲状」大善寺文書。

12)　佐藤八郎校訂『甲斐国志』第4巻(大日本地誌大系 47)雄山閣、1998 年再版、巻之九十七人物部第六「栗原氏」項。

13)　『山』資4　612号「東三昧田名主職補任状」大善寺文書。

14)　『山』資4　618号「国衙八幡宮法華経田四反職補任状」大善寺文書。

15)　『山』資4　623号「前河内守沙弥常俊寄進状」大善寺文書。

16)　『勝沼町誌』勝沼町役場、1962 年、440-441 頁「弘化三年(一八四六)差上申済口証文之事」。

17)　佐藤八郎校訂『甲斐国志』第2巻(大日本地誌大系 45)雄山閣、1998 年再版(以下『国志』2という)巻之二十三山川部第四「鬢櫛川」項。

18）『国志』2　巻之二十三山川部第四「三日川」項。

19）『国志』2　巻之二十三山川部第四「柏尾山」項には、柏尾山を「大善寺山林ナリ」と記されている。

20）『史跡勝沼氏館跡―外郭域発掘調査報告書（中世編）―』（甲州市文化財調査報告書第3集）甲州市教育委員会、2009年、第1章「勝沼氏館跡の立地と歴史的環境」第1節「地理的環境」。

21）前掲註20）報告書 第3章「遺構」第5節「水路、溝」。なお、本文の勝沼氏館跡における溝遺構に関する記載内容は本項目を参照した。

22）前掲註20）報告書 第6章「調査の成果」第2節「外郭施設の時期変遷」。

23）『山梨県史資料叢書 村明細帳』山梨郡編、山梨県、1995年（以下『村明細帳』という）2号「明治三年（一八七〇）歌田村明細帳」。

24）『村明細帳』3号「天保十三年（一八四二）下栗原村明細帳」。

25）『村明細帳』4号「明治三年（一八七〇）上栗原村明細帳」。なお本史料によると、上栗原村の残り7町6段8畝22歩の田地は、等々力村（甲州市勝沼町等々力）・綿塚村（同綿塚）・上栗原村（山梨市上栗原）・中村（同中村）の4か村による共同の用水であり、等々力村にて年々旱損することが頻繁に生じたという。

26）『山』資7第1部第1章9「栗原氏館」項。

27）『山梨県歴史の道調査報告書』第4集 甲州街道、山梨県教育委員会、1985年。

28）前掲註5）西川①②③論考を参照されたい。

子産石の民俗

——四国地方を中心に——

遠 部　　慎

は じ め に

　「星に願いを」ではないが、時としてヒトは「石」に願いをこめる。石に
込められた、その思いが多様であることは、民俗学でもよく知られている
（野本 1975、1982）。その中に、出産習俗を巡って「石」が存在する。

　現代社会においては、女性の社会進出が指摘されているが、それに伴うと
晩婚化もまた進むという（赤川 2004）。難産ともいえる高度な出産体系（奈良
2012）を選択したヒトの晩婚化、および高齢出産が進むことは、ヒトの社会
が大きく変容したことを意味する。また、出産という仕組み自体も、集落か
ら病院へと変化する中で、テクノロジーという意味においても（松岡 1999）、
大きくその習俗も変化している。そのため急速に出産にまつわる習俗につい
ての情報が失われており、その情報を収集することは急務と言える。

　そこで、本研究では出産にあたり、小石を扱う習俗に着目することにし
た。こうした習俗は新谷尚紀（1984）による研究があるが、近年ほとんど注
目されることがない。さらに、四国地方は検討例が少ないままであった。し
かしながら事例も蓄積されつつあり、新谷（1984）による検討も全国規模の
分析のため、個々の例を詳細に検討されていない部分があった。そこで、四
国地方をモデルケースとして、事例を集成し、その検討を行うことで、産育
習俗の理解の一助としたい。なお、本文中では敬称等は省略した。ご寛恕願

いたい。

1　研究史と研究方法

　四国地域における産育にまつわる習俗としての「石」についての検討は、『産育習俗語彙』（柳田・橋浦1935）、『産育習俗』などを踏まえた新谷尚紀による「境界の石」という労作がある（新谷1984）。新谷の検討は、全国的な傾向を検討し、石を子授けと安産に意味づける事例が全国的にみられるのに対し、産神とする現象は地域的には限定的となることを明らかにした、きわめて重要な作業といえる。本稿では、新谷の検討を踏まえ、個々の事例を分析するにあたり、産後に行われる「産飯」の事例と区別して、まず前者について検討する形をとる。これは、本研究が民俗学的な部分を多く含むものの、産育習俗の出産にまつわる部分の石という素材に焦点をあてる性格であることと、新谷が分析した段階で概ね明らかとなっているが、「子授石」と「産飯」という2つの習俗が連続している事例が、ほとんど確認できないからである（丸山1978）。つまり、新谷が検討した小石に関する産育習俗の事例を細分する形で、事例の整理を行うこととする。

　本研究では、文献資料や聞き取り作業を基に、筆者の管見にふれた四国地域における石の出産に関する産育習俗に関する事例を「子産石」として、集成し、それらの事例について、若干の整理を行う。なお、石でも大型のものはいったん検討対象からはずし、小石を用いた習俗事例を記録化する方針をとる。

2　四国地方の事例

　本研究では、分析対象とした四国地方の四県から11例の事例を集成しえた。新谷の集成以降大きく増加したとは言い難いが、本稿は現状を把握することを主目的とするものであり、個々の事例について文献記録等に記載されたものを紹介しつつ、筆者の聞き取りや現地で確認した例を加え、その概要

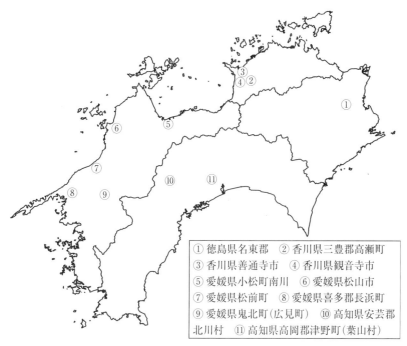

図1　子産石（習俗）の分布（筆者作成）

① 徳島県名東郡　② 香川県三豊郡高瀬町
③ 香川県善通寺市　④ 香川県観音寺市
⑤ 愛媛県小松町南川　⑥ 愛媛県松山市
⑦ 愛媛県松前町　⑧ 愛媛県喜多郡長浜町
⑨ 愛媛県鬼北町(広見町)　⑩ 高知県安芸郡
北川村　⑪ 高知県高岡郡津野町(葉山村)

を把握することにしたい。

① 　徳島県名東郡：和田の子持地蔵

　和田の子持地蔵の小石を抱いて寝ると安産によい、という（恩賜財団母子
愛育会1975、新谷1984）。

② 　香川県三豊郡高瀬町（現三豊市高瀬町）：梅の宮

　「三豊郡高瀬町では麻の上栂の中腹に祀った山の神の「梅の宮」もお産の
神として知られている。床下や縁の下に納められている小石の一つをお借り
して、肌身離さずつけていて、安産後赤子の名前や生年月日を書きつけ、同
じような美しい小石を新しく添えて二個にしてお返しするものである。」（市

原1977)

③　香川県善通寺市

　善通寺は弘法大師空海の生誕地とされる大変由緒のある、四国霊場第75番札所として、たくさんのお遍路さんが訪れる。子授け石を授与していて、毎晩寝る前にこの石でお腹をさすると子宝に恵まれるといわれる。無事の子供が生まれたら、写真を添えて、石をお寺にお返しする。石をお腹に当て、寝る前に時計回りにまわしながら、お祈りすると子供が授かる、という。

④　香川県観音寺市：三嶋神社一方宮

　三嶋神社内にある「一方宮」は、安産の神様である木華開屋姫命を祀ってある。神功皇后が神の御霊をお腹にあてて、無事に出産したと言い伝えられており、県内外から安産祈願をする参拝客が訪れる。

　赤ちゃんを授かったら、お宮の床下から丸い石を持ち帰り、安産を祈願する。無事に出産した後は、祈願した石ともう一つ新しい石をお宮にお返しする。この新しい石は安産の幸せを次の人に分かち合うためである。境内には数多くの絵馬が奉納され、床下には元気に生まれた子どもたちの名前を書いた石が確認できる。戌の日の安産御祈祷は午前9時から14時までである。「イッポウサン」とも呼ばれ小石に名前を書くが、海を隔てた伊吹島でも産育習俗として知られている（内藤1987）。

⑤　愛媛県西条市小松町南川：香園寺

　四国霊場第61番札所香園寺の子安大師でも、丸い石を持ち帰り、安産を祈願する。無事に出産した後は、祈願した石ともう一つ新しい石をお宮にお返しする。「寺伝によれば人皇三一代用明天皇の病気平癒を祈願して聖徳太子が創建したという。天平年間（八世紀）には行基菩薩が杖を留めたといわれ大同年間（九世紀）には弘法大師が四国巡錫の石切、当山の麓で難産に苦しんでいる女人を加持したところ、無事男の子を安産ししばらく当寺に滞

在、唐より持ち帰った大日如来の像を本尊の胎内に納めて護摩秘宝を修し、安産・子育て・お身代り・女人成仏等祈祷の秘法を残したと伝えられている」(鴨 1992)。「香川県の三豊・仲多度地区では、子宝に恵まれぬ人、安産や子の生長を祈る夫人が子安大師に詣でて霊験を願う。また、五か月の着帯を済ますと、一宝宮（花稲）に詣でて「こんな玉のように可愛らしい子が生まれますように」と拝殿下の小石を一個持ち帰り、出産後その石に名前を書き、別にきれいな小石を一個用意して、二個にしてお礼参りをする」(豊玉町誌編集委員会 1974)。三豊・仲多度地区から香園寺までは 50km 以上あり、また徳島県名西郡にまで（梶 1936）及ぶ広い信仰圏として注目される。「子安さん」と呼ばれ、親しまれている（愛媛県教育委員会 1979)。

⑥　愛媛県松山市：石手寺

　四国雲場第 51 番札所の石手寺は著名で「訶梨帝母堂は入母屋造の小さな祠で、この堂の前にはおびただしい小石が積み重ねられている。手にとって見ると「子の年の女」などと書いてある。聞けばこれは安産の神様で、この小祠から小石をもらって帰り、安産すると二つにして返すそうである。こうした鎌倉時代のすぐれた建造物にささやかな庶民信仰が結びついていることに非常な興味を感じた」(武田 1973) とある。森 (1977) は「鬼子母神」信仰とし、出産・安産とし、「堂前の小石を持ち帰り、願いごとが叶えられれば、同大の小石を別に添えてお礼詣りをする。氏名年齢などを書いた石がそこにはうず高く積まれている」と記述する。「子授け石」(杉岡 1997) ともいう。久万地域でも、松山の石手寺より「石を借ってきて、子供が生まれたら石を返す」(花谷 1982) とある。また持ち帰った石は「塩水で清め、不浄がかからない場所に安置してお願いを続ける」(松前町東公民館 2010)。

　久万高原町（旧美川村）日野浦でも、昭和 8 年生まれの女性が松山市内で出産した際に（昭和 38、41 年）、明治 34 年生まれの母親が石手寺に行き、石を持ってきて、同じような石を母が川から拾って来て返した、という聞き取りを得た（20190121 聞き取り）。日野浦から石手寺までは 50km ほどあり、信

仰圏としては興味深い事例である。また、砥部町でも80代の女性が石手寺
（20190212聞き取り）まで行っている。

⑦ 愛媛県伊予郡松前町：高忍日賣神社

高忍日賣神社は、松前町大字徳丸宮浦にあり、主祭神は、祖神高忍日賣大
神である。「産婆、乳母の祖神とも等神ともいわれ全国一社という」（松前町
誌編集委員会1979）。社伝によれば、神武天皇の父、聖徳太子、源頼朝など数
多くのエピソードが伝わる。「松山藩の祈願所伊予郡総氏神として、厄除・
祈雨・安産の祈願」が行われたという（武知1985）大木の根元のあたりには、
産土と書かれ、砂が敷きつめられ、小石が確認される。中には子供らしき名
前の書かれた石が存在する。看板には「砂か石を持って帰ってお守りにし
て、無事産まれましたら倍にしてお返し下さい」とある。「うぶすな様」と
親しまれ、丸石は「円満石」と呼ばれる。かなり広範囲の信仰が予測される。

⑧ 愛媛県大洲市喜多郡長浜町（現大洲市長浜）

「喜多郡長浜町の沖合い遥かにある青島の伊予崎の弁天さまは、島の女性
たちが安産守護を祈るところである。願掛けに際し、浜石を持参して供え、
その代りにそこの石をもらって帰って祀ると安産するとのことである」（森
1977）。

⑨ 愛媛県広見町（現宇和郡鬼北町）

「妊娠祈願にはこのほか、各種の迷信めいた風習もあった。子のない者は
赤ちゃんの生まれた家の産神（うぶがみ）に供えた石をもらって懐中に入れ
たり、産飯（うぶめし・出産直後に産神に供えたご飯）を食奪へさせてもらっ
たりした。後産をまたいだり、赤ん坊の皮膚をぬぐった真綿を身に付けるな
ど、産気の"感染"を受けようとする努力も払われた。また、他家の子をも
らって育てていると実子が生まれるということも信じられ、多くの人がこれ
を実行した。」（広見町誌編さん委員会1985）。産前、産後に石にまつわる習俗

が存在することには注意が必要である。

⑩　高知県安芸郡北川村：柏木の子安地蔵

　「柏木の子安地蔵にお参りし、お堂の地蔵様の前に、お返しとして沢山積んである丸い小石のなかから一つを請けて来て、仏壇のわきにまつるお大師様の傍らに「お地蔵様」としてまつり、無事に出産を終えると、遅くとも一年以内に附近の川原から綺麗な丸い小石を一つ拾って来て、これに子供の住所と氏名を書き、さきに請けて来た小石を添え、子供を連れてお願解きに行くが、人によっては紅白の布やカネの緒、涎掛け、または小さな藁草履を奉納する。そしてこのように子安地蔵に願掛けをして生まれた子供を「お地蔵様の子供」とよぶ。この子安地蔵の縁日は正月、七月、九月の二十四日」である（神尾 1975）。小石には、生年月日も書き、新しい小石は「海の彼方にある霊界からやってくる子供の魂」（坂本 1997）を象徴するものとされる。このような祈願は、和田観正寺の子安地蔵、久江ノ上円福寺などでも行われていた[1]。

⑪　高知県葉山村：有宮神社（現高岡郡津野町）

　「高岡郡葉山村床鍋の有宮神社では、親石1個と小石（海浜または川原の白石）を持参して祈願し、小石2個を貰って帰り、子宝に恵まれると数個の小石を持ってお礼詣りをしていた」（坂本 1977）。時期は正・五・九月の 25 日の祭礼に持参し、解願の際には、子どもと一緒に数個の白石を持って奉納する（桂井 1973）[2]。親石は「少し大きめ」で、小石は「海のかなたにある霊界からやってくる子供の魂を象徴するもの」（坂本 1998）と考えられている。

　このほかに参考となりそうな事例に、室戸岬に「子授けの岩」という岩があり、女性が小石を投げ入れると子宝に恵まれるといういい伝えがある。石ではないが、『日本の民俗 33 愛媛』（野口 1973）に愛媛県越智郡「宮窪町浜では、産神さんをスナトコサンといって、今治市吹上公園のところにあると

いい、妊娠すると親戚の人がお札をもらいに行く。ここから砂をいただいてきて、安産であると倍にして返す」という。

『川島町史』(1973) によると、大字久保田の旧美濃屋（酒造業）の屋敷跡には、「おふなたはん」を祀った石室が残されており、おふなたはんの代表的なもので、その石室内に宝篋印塔の宝珠かと思われる石が祀られ、子のない婦人が、これをこっそり持ち帰ると子宝に恵まれるという伝説がある[3]。

3 考　　察

以上得られた文献調査例や聞き取り事例を、もとに分布、目的、石の利用形態、採取後の行為、産後の扱いについて、整理する。まず四国全県にほぼ分布することが明らかになった。地蔵、神社、寺などで行われるケースが多く、11 例のうち 3 例が四国遍路の札所であることも興味深い。子産石を利用する目的は、安産ないしは子授けで、石の場所は神社、寺、地蔵など信仰的な場所が目立つ。石の利用状況は、小石を 1、2 個用い、多くは持ち帰り、中には肌身離さない（高瀬町）、といった状況で、お返しは新たに石を添えて返す、といった状況である。越智郡の事例を参考にすれば（野口 1973）、石でなく砂を持ち帰る場合でも同様の作法となる[4]。

ここで、注目したいのは、産後の扱いで、お返しに新たな石を添えて返す、ということである。こうした行為はほぼ共通する。この観点に照らした場合、親石（利用した石）と子石（新たな石）という関係性が窺われる（図 2）。

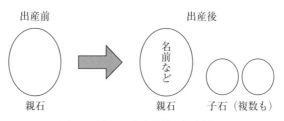

図 2　子産石：出産前後の保有状況

表1　子産石の習俗（筆者作成）

所在地	目的	石の場所	石の利用形態	行為	産後	出典
①徳島県名東郡	安産	和田の子持地蔵		抱いて寝る		新谷 1984
②香川県三豊郡高瀬町	子授け・安産	山の神（麻の上梅）の床下・縁の下	小石1つ	肌身離さず	同じような石を添えて返す	市原 1977
③香川県善通寺市	安産	善通寺	丸い石	お腹をさする	写真を添え、同じような石を添えて返す	
④香川県観音寺市	安産	三嶋神社内「一方宮」床下	丸い石	1つ石を持って帰る	同じような石を添えて返す	内藤 1987
⑤愛媛県西条市小松町南川	安産	香園寺子安大師	丸い石	1つ石を持って帰る	同じような石を添えて返す	豊玉町誌編集委員会 1974
⑥愛媛県松山市	子授け・安産	石手寺の祠	丸い小石1つ	家へ	他の石を添えて返す	恩賜財団母子愛育会 1975
⑦愛媛県伊予郡松前町	子授け・安産	高忍日賣神社の産土神社	砂か石	持って帰りお守りにする	倍にして返す	松前町誌編集員会 1979
⑧愛媛県喜多郡長浜町	安産	伊予崎の弁天さま	浜石を供える	1つ石を持って帰る		森 1977
⑨愛媛県鬼北町（広見町）	子授け	赤ちゃんの生まれた家	産神（うぶがみ）に供えた石	持って帰り、懐中に入れる		広見町誌編さん委員会 1985
⑩高知県安芸郡北川村	子授け・安産	松林寺子安地蔵	丸い小石1つ	家でおまつり	河原の石を添えて返す	神尾 1975
⑪高知県高岡郡津野町（葉山村）	子授け	有宮神社（床鍋）	親石1個、小石2個（海浜・川原の白石）	小石2個を持って帰る	数個の小石を持ってお礼参り	桂井 1973

表2　親石・小石の属性

	親石	小石
大きさ	やや大きめ	小石
入手先	神社ほか	川原ほか
使用の有無	有	無

　その場合の、子石は新たなものであり、図2のような関係で出産前、出産後に保有され、その後循環していくものと、考えられる。また、保有された後、入手したその場へ回帰性の高い習俗として位置付けることが可能で、そのような観点で先史社会への照射もまた可能となろう。特に、高知県は北川村の事例の、親石は「少し大きめ」（坂本1998）という記述は、重要と考える。この記述を参考に、親石・小石の関係を整理すると表2のようになる[5]。

　出産に際し、入手する石を「親石」、返却含め、加える石を「子石」とすると、親石は神社等で入手し、小石は川原などでの入手となり、親石／子石で入手する場所が異なる。また、文字を書くなどの使用の有無でも整理でき、基本的に親石は使用される。

お わ り に

　四国地方における「子産石」の民俗事例を集成し、その傾向等を検討した。その結果、現在のところ11例と数は少ないながらも、四国地方のすべての県に、子産石の事例が存在することがわかった（図3）。また、その習俗もかなり共通していることも確認できた。今回、十分な調査が行えなかったが、聞き取り調査等含め、継続的に調査を行うことでさらなる事例の追加が期待されよう。全国的に最も事例が少ないとされた四国地域で、新谷の集成以降3倍以上の事例が蓄積されたことは、他地域においても丹念に事例を集積すれば、数多くの事例が確認できる可能性が高いことを暗示しており、

図3　実際に奉納された子産石（筆者撮影）

今後各地で調査検討を行う必要があるだろう。

　桂井（1956）の記述にあるような「こどもできた家で産の飯というのを炊いて床の間に供えるというのは、いまでも県下の村々で見聞することである。例えば土佐郡土佐村や土佐山村、長岡郡後免町長岡などでは茶碗に飯を盛り、その飯に指でおさえたあとをつけて床の間に供え、こうすると笑窪ができると言っているのや、その飯に指で二カ所あとをつけておいて雨だれ石の小石一個を添えて三日、七夜、十一日、三十三日とまつって石を元にもどす」というような、産後の「産飯（ウブメシ）」などや、子産石の事例が数多く知られる九州地方との関係などが予測される部分については検討を行わなかったが、それらについては稿を改めたい。

　こうした産育習俗にまつわる習俗が失われつつある昨今、聞き取りなどの作業は急務と言える。目前の考古資料を読み解くうえで、遠回りのような小レポートかもしれないが、本分析が上黒岩岩陰遺跡の石偶などについて考えていくうえで、ささやかな参考となれば幸いである。

　謝　辞
　本研究の発端となるのは、ふと手にしたいくつかの書籍であった。引用しながらいくつかの文献を紐解いているうちに、本稿ができ上がった。日頃から関心は少なからずあったものの、偶然の出会いを含め、心より感謝したい。また急な問い合わせにも拘わらず、史料の確認をしていただいた方々に感謝したい。なお、本稿執筆

にあたり、各地の事例や情報収集などで、梅野光興、太田由美子、大本敬久、高橋徹、山口早苗、吉村典子、愛媛県立図書館、上黒岩遺跡考古館、中央大学考古学研究室、の諸先生、諸氏、諸機関には大変お世話になった。心より、御礼申し上げたい。

1) お礼参りは、小石のほかに「紅白の布や鉦の緒、子供の着物、ヨダレ掛け、草履などを奉納するものもある」（坂本 1997）。また当該地域では、町内のほか徳島県海部郡から香園寺まで安産祈願にいった、という。
2) 桂井の記述によれば、祭礼には「親石 1 個に子石 2 個を持参し、子授け、安産を祈願して、2 個の子石をもらって帰る」（桂井 1973）とある。
3) 通常宝篋印塔の宝珠は通常 15 ～ 20cm 程度であり、大型と考え、今回の分析では除外した。
　　このほかに、神功皇后の伝承と関連する事例は九州地方などを中心に多く確認される。万葉集には、「深江の駅家を去ること二十里ばかり、路の頭に近くあり。公私の往来に、馬より下りて跪拝せずといふことなし。古老相伝へて、「往者、息長足日女命（おきながたらしひめのみこと）、新羅の国を征討したまふ時に、この両つの石をもちて、御袖の中に挿著みて鎮懐と為したまふ。実には御裳の中なり。このゆゑに行人この石を敬拝す」とある。北川町の事例も海をイメージする部分があり、山と海の関係を考える上で興味深い。
4) 産土（うぶすな）のことなど含め（谷川 1975）、砂を持ち帰る事例（天保 2（1831）年：松山市井手神社、松前町高忍日賣神社など）についても今後検討が必要であろう。
5) 泉鏡花の『草迷宮』（1908）において、老婆は「子産石と申しまして、小さなのは細螺、碁石ぐらい」と述べていることから、最小のものは 1 ～ 2 cm 程度と考えておきたい。例えば衛門三郎の石など、『予陽塵芥集』などに「一寸八分」と記載されているが（伊予史談会 1985）、掌に握るサイズとしては、5 cm 程度を基本的な大きさが基本であろうか。

参 考 文 献

赤川学 2004『子どもが減って何が悪いか』ちくま新書
飯尾恭之 2003「サンカの人々の共有文化の検証」『歴史民俗学』17、30-56 ページ、批評社
泉鏡花 1908『草迷宮』（岩波文庫 1985 年）
市原輝士 1977「香川県の祝事」『四国の祝事』45-87 ページ、明玄書房
伊予史談会編 1985『西海巡見志・予陽塵芥集』愛媛県教科図書株式会社
愛媛県教育委員会 1979「小松町ふるさとこみち」『えひめのふるさとこみち東予編

その2』69-75 ページ、愛媛県

恩賜財団母子愛育会 1975『日本産育習俗資料集成』第一法規出版株式会社

梶完次 1936『徳島縣下の産育に関する傳説風習俗信調査』

桂井和雄 1956『郷土の生活』高知市役所・高知観光協会

桂井和雄 1973「安産祈願」『四国の民間信仰』178-182 ページ、明玄書房

神尾健一 1975「北川村における産育習俗」『北川村の民俗Ⅰ』11-58 ページ、北川村教育委員会

鴨重元 1992「神社」『小松町誌』1465-1472 ページ、小松町

川島町史編集委員会 1982『川島町史下巻』川島町

近藤直也 2013「徳島県下における岐神信仰に関する言説：一九七〇年代から二〇〇〇年にかけて」『九州工業大学大学院情報工学研究院紀要．人間科学篇（26）、164-46』46-164 ページ、九州工業大学大学院

坂本正夫 1977「高知県の祝事」『四国の祝事』151-200 ページ、明玄書房

坂本正夫 1997「民俗」『北川村史通史編』993-1126 ページ、北川村教育委員会

坂本正夫 1998『土佐の習俗―婚姻と子育て』高知市文化振興事業団

新谷尚紀 1984「境界の石―産石と枕石と―」『日本民俗学』156、1-46 ページ、日本民俗学会

杉岡泰 1997「石手寺玉の石伝説」『石の博物誌Ⅱ瀬戸「石」海道』144-151 ページ、創風社出版

武田明 1973『四国文化財散歩』学生社

武知八重子 1985「産土の神々を訪ねて」『伊予市の歴史と文化』12、39-40 ページ、伊予市歴史文化の会

谷川健一 1975「産屋の砂」『増補古代史ノオト』200-216 ページ、大和書房

豊玉町誌編集委員会 1974『豊玉町誌』豊玉町

内藤敏典 1987「伊吹島の民俗」『香川の民俗』48、21-22 ページ、香川民俗学会

奈良貴史 2012『ヒトはなぜ難産なのか』岩波書店

西田栄 1962「愛媛県上黒岩縄文遺跡第一次調査略報（上浮穴郡美川村ヤナゼ所在）」『伊予史談』164.165 号、1-5 ページ、伊予史談会

野口光敏 1973『日本の民俗愛媛』第一法規出版株式会社

野本寛一 1975『石の民俗』雄山閣

野本寛一 1982『民俗探訪石と日本人』雄山閣

花谷英代 1982「産育」『久万の民俗』95-100 ページ、北九州大学民俗部

広見町誌編さん委員会 1985「第9編民俗」『広見町誌』1275-1366 ページ、広見町

松前町誌編集委員会 1979「高忍日売神社」『松前町誌』941-943 ページ、松前町

松前町東公民館 2010『北伊予の伝承Ⅹ』松前町東公民館

松岡悦子 1999「産下環境の変遷―テクノロジーとその有効性」『講座人間と環境第

5 巻出産前後の環境―からだ・文化・近代医療』142-171 ページ、昭和堂

丸山久子 1959「出産をめぐる習俗」『講座日本風俗史 11』224-244 ページ、雄山閣

丸山久子 1978「石のおかず」『講座日本の民俗 3 人生儀礼』106-119 ページ、有精
堂

森正史 1977「愛媛県の民間療法」『中国・四国の民間療法』289-336 ページ、明玄
書房

山内浩著作集出版委員会 1983『山と洞穴―学術探検の記録―』関洋紙店印刷所

柳田國男・橋浦泰雄 1935『産育習俗語彙』国書刊行会

執筆者紹介（執筆順）

小林　謙一（こ ばやし けん いち）　研究員　中央大学文学部教授

建石　徹（たて いし とおる）　奈良県地域振興部次長（文化資源担当）

河西　学（か さい まなぶ）　帝京大学文化財研究所研究員

工藤　雄一郎（く どう ゆういちろう）　学習院女子大学国際文化交流学部准教授

永田　悠記（なが た ゆう き）　客員研究員　富士宮市教育委員会学芸員

佐々木　憲一（さ さ き けん いち）　明治大学文学部教授

西川　広平（にし かわ こう へい）　研究員　中央大学文学部准教授

遠部　慎（おん べ しん）　客員研究員　久万高原町教育委員会学芸員

考古学と歴史学

中央大学人文科学研究所研究叢書　73

2020 年 3 月 15 日　初版第 1 刷発行

編著者　小　林　謙　一
発行者　中　央　大　学　出　版　部
代表者　間　島　進　吾

〒 192-0393　東京都八王子市東中野 742-1
発行所　中　央　大　学　出　版　部
電話 042(674)2351　FAX 042(674)2354
http://www2.chuo-u.ac.jp/up/

Ⓒ　小林謙一　2020　ISBN978-4-8057-5357-6　㈱ TOP 印刷

中央大学人文科学研究所研究叢書

15　現代ヨーロッパ文学の動向　中心と周縁　　A 5 判　396頁
　　　　　　　　　　　　　　　　　　　　　　　　　　　　　4,000円

際だって変貌しようとする20世紀末ヨーロッパ文学
は、中心と周縁という視座を据えることで、特色が鮮
明に浮かび上がってくる。

16　ケルト　生と死の変容　　　　　　　　　　A 5 判　368頁
　　　　　　　　　　　　　　　　　　　　　　　　　　　　　3,700円

ケルトの死生観を、アイルランド古代／中世の航海・
冒険譚や修道院文化、またウェールズの『マビノー
ギ』などから浮かび上がらせる。

17　ヴィジョンと現実　　　　　　　　　　　　A 5 判　688頁
　　十九世紀英国の詩と批評　　　　　　　　　　　　　　　6,800円

ロマン派詩人たちによって創出された生のヴィジョン
はヴィクトリア時代の文化の中で多様な変貌を遂げ
る、英国19世紀文学精神の全体像に迫る試み。

18　英国ルネサンスの演劇と文化　　　　　　　A 5 判　466頁
　　　　　　　　　　　　　　　　　　　　　　　　　　　　　5,000円

演劇を中心とする英国ルネサンスの豊饒な文化を、当
時の思想・宗教・政治・市民生活その他の諸相におい
て多角的に捉えた論文集。

19　ツェラーン研究の現在　　　　　　　　　　A 5 判　448頁
　　詩集『息の転回』第一部注釈　　　　　　　　　　　　　4,700円

20世紀ヨーロッパを代表する詩人の一人パウル・ツェ
ラーンの詩の、最新の研究成果に基づいた注釈の試
み、研究史、研究・書簡紹介、年譜を含む。

20　近代ヨーロッパ芸術思潮　　　　　　　　　A 5 判　344頁
　　　　　　　　　　　　　　　　　　　　　　　　　　　　　3,800円

価値転換の荒波にさらされた近代ヨーロッパの社会現
象を文化・芸術面から読み解き、その内的構造を様々
なカテゴリーへのアプローチを通して解明する。

21　民国前期中国と東アジアの変動　　　　　　A 5 判　592頁
　　　　　　　　　　　　　　　　　　　　　　　　　　　　　6,600円

近代国家形成への様々な模索が展開された中華民国前
期（1912〜28）を、日・中・台・韓の専門家が、未発
掘の資料を駆使し検討した国際共同研究の成果。

22 **ウィーン　その知られざる諸相**
　　もうひとつのオーストリア

A 5 判　424頁
4,800円

　　20世紀全般に亘るウィーン文化に、文学、哲学、民俗音楽、映画、歴史など多彩な面から新たな光を照射し、世紀末ウィーンと全く異質の文化世界を開示する。

23 **アジア史における法と国家**

A 5 判　444頁
5,100円

　　中国・朝鮮・チベット・インド・イスラム等における古代から近代に至る政治・法律・軍事などの諸制度を多角的に分析し、「国家」システムを検証解明する。

24 **イデオロギーとアメリカン・テクスト**

A 5 判　320頁
3,700円

　　アメリカン・イデオロギーないしその方法を剔抉、検証、批判することによって、多様なアメリカン・テクストに新しい読みを与える試み。

25 **ケルト復興**

A 5 判　576頁
6,600円

　　19世紀後半から20世紀前半にかけての「ケルト復興」に社会史的観点と文学史的観点の双方からメスを入れ、複雑多様な実相と歴史的な意味を考察する。

26 **近代劇の変貌**
　　「モダン」から「ポストモダン」へ

A 5 判　424頁
4,700円

　　ポストモダンの演劇とは？　その関心と表現法は？　英米、ドイツ、ロシア、中国の近代劇の成立を論じた論者たちが、再度、近代劇以降の演劇状況を鋭く論じる。

27 **喪失と覚醒**
　　19世紀後半から20世紀への英文学

A 5 判　480頁
5,300円

　　伝統的価値の喪失を真摯に受けとめ、新たな価値の創造に目覚めた、文学活動の軌跡を探る。

28 **民族問題とアイデンティティ**

A 5 判　348頁
4,200円

　　冷戦の終結、ソ連社会主義体制の解体後に、再び歴史の表舞台に登場した民族の問題を、歴史・理論・現象等さまざまな側面から考察する。

中央大学人文科学研究所研究叢書

43 **メルヴィル後期を読む**

A 5 判 248頁
2,700円

複雑・難解であることが知られる後期メルヴィルに新
旧二世代の論者6人が取り組んだもので、得がたいユ
ニークな論集となっている。

44 **カトリックと文化** 出会い・受容・変容

A 5 判 520頁
5,700円

インカルチュレーションの諸相を、多様なジャンル、
文化圏から通時的に剔抉、学際的協力により可能とな
った変奏曲（カトリシズム（普遍性））の総合的研究。

45 **「語り」の諸相**
演劇・小説・文化とナラティヴ

A 5 判 256頁
2,800円

「語り」「ナラティヴ」をキイワードに演劇、小説、祭
儀、教育の専門家が取り組んだ先駆的な研究成果を集
大成した力作。

46 **档案の世界**

A 5 判 272頁
2,900円

近年新出の貴重史料を綿密に読み解き、埋もれた歴史
を掘り起こし、新たな地平の可能性を予示する最新の
成果を収載した論集。

47 **伝統と変革**
一七世紀英国の詩泉をさぐる

A 5 判 680頁
7,500円

17世紀英国詩人の注目すべき作品を詳細に分析し、詩
人がいかに伝統を継承しつつ独自の世界観を提示して
いるかを解明する。

48 **中華民国の模索と苦境** 1928〜1949

A 5 判 420頁
4,600円

20世紀前半の中国において試みられた憲政の確立は、
戦争、外交、革命といった困難な内外環境によって挫
折を余儀なくされた。

49 **現代中国文化の光芒**

A 5 判 388頁
4,300円

文字学、文法学、方言学、詩、小説、茶文化、俗信、
演劇、音楽、写真などを切り口に現代中国の文化状況
を分析した論考を多数収録する。

50 **アフロ・ユーラシア大陸の都市と宗教**　　A 5 判　298頁
3,300円

アフロ・ユーラシア大陸の都市と宗教の歴史が明らか
にする、地域の固有性と世界の普遍性。都市と宗教の
時代の新しい歴史学の試み。

51 **映像表現の地平**　　A 5 判　336頁
3,600円

無声映画から最新の公開作まで様々な作品を分析しな
がら、未知の快楽に溢れる映像表現の果てしない地平
へ人々を誘う気鋭の映像論集。

52 **情報の歴史学**　　A 5 判　348頁
3,800円

「個人情報」「情報漏洩」等々、情報に関わる用語がマ
スメディアをにぎわす今、情報のもつ意義を前近代の
歴史から学ぶ。

53 **フランス十七世紀の劇作家たち**　　A 5 判　472頁
5,200円

フランス17世紀の三大作家コルネイユ、モリエール、
ラシーヌの陰に隠れて忘れられた劇作家たちの生涯と
作品について論じる。

54 **文法記述の諸相**　　A 5 判　368頁
4,000円

中央大学人文科学研究所「文法記述の諸相」研究チー
ム11名による、日本語・中国語・英語を対象に考察し
た言語研究論集。

55 **英雄詩とは何か**　　A 5 判　264頁
2,900円

古来、いかなる文明であれ、例外なくその揺籃期に、
英雄詩という文学形式を擁す。『ギルガメシュ叙事詩』
から『ベーオウルフ』まで。

56 **第二次世界大戦後のイギリス小説**　　A 5 判　380頁
4,200円
ベケットからウインターソンまで

12人の傑出した小説家たちを俎上に載せ、第二次世界
大戦後のイギリスの小説の豊穣な多様性を解き明かす
論文集。

中央大学人文科学研究所研究叢書

64　続　英雄詩とは何か
A 5 判　296頁
3,200円

古代メソポタミアの『ギルガメシュ叙事詩』からホメロス、古英詩『モールドンの戦い』、中世独仏文学まで英雄詩の諸相に迫った論文集。

65　アメリカ文化研究の現代的諸相
A 5 判　316頁
3,400円

転形期にある現在世界において、いまだ圧倒的な存在感を示すアメリカ合衆国。その多面性を文化・言語・文学の視点から解明する

66　地域史研究の今日的課題
A 5 判　200頁
2,200円

近世～近代の地域社会について、庭場・用水・寺子屋・市場・軍功記録・橋梁・地域意識など、多様な視角に立って研究を進めた成果。

67　モダニズムを俯瞰する
A 5 判　336頁
3,600円

複数形のモダニズムという視野のもと、いかに芸術は近代という時代に応答したのか、世界各地の取り組みを様々な観点から読み解く。

68　英国ミドルブラウ文化研究の挑戦
A 5 判　464頁
5,100円

正統文化の境界領域にあるミドルブラウ文化。その大衆教養主義から、もう一つの〈イギリス文化〉、もう一つの〈教養〉が見えてくる。

69　英文学と映画
A 5 判　268頁
2,900円

イギリス文学の研究者たちが、文学研究で培われた経験と知見を活かし、映画、映像作品、映像アダプテーション、映像文化について考察した研究論文集。

70　読むことのクィア　続 愛の技法
A 5 判　252頁
2,700円

ジェンダー、セクシュアリティ、クィア研究によって、文学と社会を架橋し、より良い社会を夢見て、生き延びるための文学批評実践集。

71　アーサー王伝説研究　中世から現代まで

A 5 判　484頁
5,300円

2016年刊行『アーサー王物語研究』の姉妹編。中世から現代までの「アーサー王伝説」の諸相に迫った、独創的な論文集。

72　芸術のリノベーション

A 5 判　200頁
2,200円

オペラ・文学・映画

歌曲「菩提樹」、オペラ《こびと》《影のない女》《班女》、小説『そんな日の雨傘に』、「食」と映画などを現代の批評的視点から。

＊価格は本体価格です。別途消費税がかかります。